批評從心

中國當代文學論集

張 新 穎 著

現代文學研究叢刊

文史哲出版社印行

國家圖書館出版品預行編目資料

批評從心：中國當代文學論集 / 張新穎著. --
　初版. -- 臺北市：文史哲, 民 94
　　面： 公分. -- (現代文學研究叢刊; 19)
　含參考書目
　ISBN 957-549-628-7 (平裝)

　1.中國文學 – 歷史 – 現代（1900-　　）2.中國
文學 – 評論
820.908　　　　　　　　　　　　94021688

現代文學研究叢刊　19

批評從心：中國當代文學論集

著　　者：張　　　新　　　穎
出 版 者：文　史　哲　出　版　社
http://www.lapen.com.tw
登記證字號：行政院新聞局版臺業字五三三七號
發 行 人：彭　　　正　　　雄
發 行 所：文　史　哲　出　版　社
印 刷 者：文　史　哲　出　版　社
臺北市羅斯福路一段七十二巷四號
郵政劃撥帳號：一六一八〇一七五
電話886-2-23511028 · 傳真886-2-23965656

實價新臺幣三八〇元

中華民國九十四年（2005）十一月初版

ISBN 957-549-628-7

自　序

　　這一冊中國當代文學批評選集，所收文章，最早的寫於 1987 年，最近的是 2004 年所寫。十八個年頭，我從二十歲到三十七歲。

　　這期間也做過一丁點兒臺灣文學研究，1997 年以來又在現代文學上用力，因爲都各有專書，這裏就不再編選了。似乎滿意自己並不是一個專門的當代文學批評家，但在這十八個年頭，從未離開過當代文學和當代文學批評。

　　一冊小書，文字不多，多是後來寫的，卻也把大三大四剛開始試著寫的四篇文章都放了進來。問自己，爲什麼呢？也許是青春消逝之後的惶惑和危機感，使得旺盛的生命階段愈發令人留戀吧；況且那是八十年代後期，文學也正處在旺盛的階段。

　　但我也並不願意，這個選集只是對過往的當代文學的歷史、過往的個人批評活動和青春歲月的一份見證；我還希望，它能夠見證現在的起點和新的開始，不論是文學的還是個人的。譬如關於文學的語言困境的探討，就只能算是個開始，換句話說，它有可能朝向未來。

　　言爲心聲，批評作爲一種特殊的言說話語，所言理當亦爲心聲。"批評從心"，就是這個意思。這應該是很簡單的道理吧，但現在也只是說起來簡單而已。

張　新　穎
2004年12月18日
於上海復旦大學

批 評 從 心

中國當代文學論集

目 次

輯　四　小說：九十年代和今天

輯 五 詩、歌、散文與當代文化

輯 一

語言困境

現代困境中的語言經驗

一

主體本身是一個複雜的動態建構過程。中國捲入世界範圍的現代性潮流，由此而發生的現代中國主體的建構過程，必然不可能是一個單純的事件，多方糾纏、矛盾重重的思想和實踐，常常有意無意間與此牽涉勾連。牽涉勾連之所以難以避開，也許就是因爲，現代中國主體的建構，是中國現代性的根本問題之一，無論是否有足夠的意識和清醒的自覺，都直接或間接通到此根。

我當然沒有能力對這個複雜問題做全面的描述和論說，這裏我只是想從語言 —— 現代文學語言 —— 的角度，特別是現代困境中的語言經驗，談一些淺顯的看法。

二

以前講中國現代文學，說魯迅的《狂人日記》是新文學的第一篇白話小說，後來發現有更早的新文學白話小說，就含混地說是第一篇「成熟」的現代白話小說。什麼叫「成熟」呢？很難確定一個普適的標準；更值得追問的是，《狂人日記》是「白話」小說嗎？

爲了確立和鞏固中國新文學的合法性，新文學的開山人物胡適之寫《白話文學史》，周作人講《中國新文學的源流》，著力從一個相對封閉的歷史維度上，爲新文學尋求傳統中國文學史資源的支援，拓通前後承接和發展的關係。其功甚偉，這裏不論；問題是，中國現代文學發生的複雜情境和它不得不置身其中的多種力量互相纏繞、彼此衝突的世界，被有意識地簡單化和明晰化了。用單純、明瞭、清晰的方式描述和解釋中國現代文學，爲什麼總給人以難免隔膜、不夠真切的感覺，恐怕這是

一個很大的原因吧。

《狂人日記》的語言並非「明白如話」，除了「吃人」的題旨顯豁，全篇作品難懂之處甚多；仔細思量起來，就是「吃人」二字，也包含了很費解的意思。它的語言不同于胡適之《白話文學史》所指的白話是顯然的 —— 不妨想像一下，用《水滸傳》或者《老殘遊記》的語言來重寫《狂人日記》，會成爲什麽樣子；即使有人有能力用《紅樓夢》的語言來重寫，結果恐怕也不宜做十分樂觀的預期。毋寧說，《狂人日記》的語言非常「歐化」—— 姑且這樣用這個詞吧，我們通常不假思索地把不熟悉、不習慣、不親切的表達方式一概稱爲「歐化」—— 可終究還是漢語。這是什麽樣的漢語呢？不是白話，表面上又很近似白話，不是文言（除了開篇有意識用文言寫的小序），又保留了諸多文言的成分、用法和特殊的感受性；「歐化」，表明它正面對和經受著傳統中國系統之外的一種力量，這種力量，已經打破了傳統中國系統的封閉性，這個時候再說「中國」，已經不容易界限分明地說清何爲「中」，何爲「外」了。但《狂人日記》的語言到底是非常「歐化」，還是顛倒過來說，非常「化歐」，仍然是一個問題。現代漢語（我願意用這個詞來代替通常用以指稱現代文學語言的「白話」或「現代白話」）從它誕生之初就不得不面對錯綜複雜的現代世界，就不得不帶著叢結的問題在各種力量關係中鍛造自身，而且，非如此，就不足以成就現代文學，也不足以表達現代中國主體的精神遭遇。《狂人日記》語言的奇突和生澀、銳利和深厚、力量和困難，一定程度上正可以對應於一個現代中國主體的精神情境。

關於語言與主體精神的關係，章太炎早就有「文字者語言之符，語言者心思之幟」[1]的明識。無「心思」則無主體，不與「心思」往返相通的語言則不是主體性的語言。章太炎一再闡發他「用國粹激動種性」的主張，是因爲「國粹」保存了「心思」，是個人的主體性覺醒和主體性建設的文化根源。

魯迅繼承了這一思想中的核心精神，即以個人的主體性的確立爲根

---

1 章太炎：《規新世紀》，原載《民報》1908 年第 24 號。

本要務；同時又堅持，要完成此種確立，則必須立基於個人自身的歷史和現實境遇，必須從個人最深切處（「心思」）出發進行落實。其落實之處，一個重要的方面，即爲語言的鍛造。

寫作《狂人日記》之前很多年，在東京留學時期，周氏兄弟一面前往《民報》社聽章太炎講《說文解字》，聽他張揚「用國粹激動種性」一類的主張，一面卻盡心搜求和翻譯域外小說。一般看來，這是兩種性質相當矛盾的事，在當時的魯迅那裏，卻正合乎其思想的邏輯。他以極端的方式 —— 幾乎可以說是，在相當矛盾的兩個極端之間 —— 進行著摩擦力巨大的精神和文學試驗，也是鍛造語言主體性的實驗。

這兩個極端，一端是「自此始入華土」的「異域文術新宗」[2]。1909年先後出版的兩冊《域外小說集》，收入波蘭的顯克微支、俄國的契訶夫、迦爾洵、安特來夫、英國的王爾德、美國的愛倫·坡等七個國家、十位作家的十六篇作品，其中魯迅翻譯了安特來夫的《謾》與《默》、迦爾洵的《四日》三篇小說。作家作品的選擇，不僅如譯者在序言中自許的那樣「至審愼」，而且滲透於此種選擇中的現代意味是相當濃烈的。但是這種濃烈的現代意味似乎出現得過早，在當時的社會文化環境中無法彌漫開來，注定了《域外小說集》無聲無息的孤獨命運。這種過早出現的孤獨用另一件事來比照可以看得更清楚：大約十年後，留美歸國後的胡適調查外文書籍的出售情況，他在書店裏看到的外文作品，都是與歐美的新思潮無緣的，「怪不得我後來問起一位有名的英文教習，竟連 Bernard Shaw 的名字也不曾聽見過，不要說 Tsheckhov 和 Andrejev 了⋯⋯」[3] 1921年《域外小說集》出新版本，魯迅在前一年以周作人的名義寫了一篇序，其中對十多年前的遭遇仍然耿耿於懷，他特別解釋說，這些短篇裏，「所描寫的事物，在中國大半免不得很隔膜；至於迦爾洵作品中的人物，恐怕幾於極無，所以更不容易理會。同是人類，本來決不至於不能互相瞭解；但時代國土習慣成見，都能夠遮蔽人的心思，所以往往不能鏡一般

2　魯迅：《〈域外小說集〉序言》，《魯迅全集》第 10 卷第 155 頁，北京：人民文學出版社，1981 年。

3　胡適：《歸國雜感》，原載《新青年》1918 年 1 月號。

明，照見別人的心了。幸而現在已不是那時候……」[4]

　　與選譯作品的現代精神內涵和選譯者本身過早產生的現代意識這一端恰成強烈反照，另一端卻是譯文的古奧，古奧至文言文的極限處。魯迅在新序裏承認是「句子生硬，『詰屈聱牙』」，而當初的序言卻自稱「詞致樸訥」。「樸」，即是回到過去的意思，《域外小說集》特意用古字古義，正可見章太炎的深刻影響。問題是，之所以選擇這樣做的內在實質是什麼？《域外小說集》的誕生，簡直可以稱之為一個翻譯奇觀，一方面它一反清末的意譯風尚，「弗拂戾時人」[5]，也嚴格直譯；另一方面這種直譯所用的卻是古奧的漢語。這就像是在相距最遠的兩端尋求親近、貼合，企圖在最不可能的情形中創造出可能性。它的結果不免是「生硬」的，但正是這刺眼的「生硬」，表露了兩種語言及其內含的文化意義系統之間磨擦的艱難和劇烈。

　　僅僅把《域外小說集》的直譯理解成照搬過來是遠遠不夠的，甚至可能是錯誤的：這樣理解的直譯，往往是以所譯的語言及其文化意義為本位，如果用漢語來進行翻譯，漢語只不過是傳達所翻譯的物件的工具。《域外小說集》的野心，卻是想以異域的思想和文學來試驗漢語的接受性，通過有意識地追求艱難、劇烈的磨擦，試驗漢語再造、新生的能力。通常所理解的直接照搬式的直譯，不把與個體自身內部發生深切關係作為必須的條件，而魯迅是把不與個體自身內部發生深切關係的介紹西方近代觀念的做法斥之為「偽」的。不與自身內部發生深切關係，不產生巨大的磨擦，又怎麼能改造和建設自身呢？《域外小說集》序言裏所說的「籀讀其心聲，以相度神思之所在」，深意正在於此。

　　《域外小說集》的譯者在把個體從異域的文學和思想那裏獲得的感受訴諸於漢語的時候，有意識地使用盡可能古的字詞義，這與魯迅「白心」的思想緊密相合。這個「白心」，是與中國知識份子的文化傳統正相反的東西，是被這一傳統污染之前的、執著於內部生命真實的心靈狀態，《域外小說集》選擇盡可能古的漢語，也就是想盡可能地越過這一文化

---

4 魯迅：《〈域外小說集〉序》，《魯迅全集》第 10 卷第 163 頁。
5 魯迅：《〈域外小說集〉略例》，《魯迅全集》第 10 卷第 157 頁。

傳統，而求接近于這一傳統之前的「白心」狀態的語言。這顯然也是一種在不可能中創造可能性的企圖。對於魯迅的思想邏輯而言，對應於個體內部的深處，他理想中所要求的語言也應該處於民族文化的內部的深處。

從外在的社會效果來看，這個翻譯實驗是失敗了，但對魯迅個人來說，甚至對正在孕育之中的中國現代文學語言來說，卻不能忽略和輕看其不同一般的意義：用日本學者木山英雄的話來說，就是，「通過這樣的磨擦，作爲譯者自身的內部語言的文體感覺才得以形成吧。」[6]就此而言，《狂人日記》的出現並非空穴來風。常有論者驚異新文學之初就出現這樣「成熟」的作品，其實一個現代中國主體的「心思」和語言掙扎求生、磨擦鍛煉的艱難歷程隱約其後。

三

主體並非容易獲取一個質的規定性，對一個人，對一個民族，對一種個人使用的民族語言，尤其是在二十世紀的劇烈變動中創造性地生成著的現代文學語言，輕言何謂主體性，何謂非主體性，往往失之武斷、片面和表面化。

胡風的理論語言和路翎的與胡風理論緊密關聯的小說語言，常常爲人詬病：當其時，就有人指責爲糾纏夾雜，不忍卒讀，甚至有害青年文心；半個多世紀後的今天，有自覺者檢討現代漢語的主體性，仍以爲這樣的行文讀上去頗爲不適，閱讀伊始，就可能撞得鼻青臉腫。毛病出在哪里？其中一說，是「歐化」。「歐化」扭曲了現代漢語，使得現代漢語的論述和創作變得像是翻譯文體，現代漢語的主體性也因此喪失。

如果此說成立，首先就必須此說的前提成立，也就是說，先就存在著不扭曲的現代漢語，它是與翻譯文體涇渭分明的，它先在地就具有主體性。這樣的現代漢語是什麼樣的？它怎樣呈現於文學創作中？有人舉《紅樓夢》、金庸的武俠小說、汪曾祺的創作爲漢語創作的範例。這誠然

---

6 木山英雄：《「文學復古」與「文學革命」》，《學人》第 10 輯第 260 頁，南京：江蘇文藝出版社，1996 年。

都是不可替代的作品，各自文學語言的意義我們領悟得遠遠不夠，但是，漢語的主體性就寓居於這樣的樣本之中嗎？語言的主體性可以被已經出現的獨特作品定型化？可以從中提取普適的標準？如果說這樣的作品才符合民族的審美傳統和語言習慣，那麼，主體性可以化簡或等同於審美傳統和語言習慣？現代以來的中國人的審美傳統和語言習慣已經固化了？現代以來的中國人的審美與語言能夠與他們的現實境遇和精神活動相分離而抽取純粹的「中國作風」與「中國氣派」？

　　胡風和路翎的語言之所以會讓人覺得糾纏夾雜、撞得鼻青臉腫，更深刻的原因不是「歐化」，而是「現實化」（仿照「歐化」給出這樣一個說法）。此時的中國現實，早已經全面地經受著世界現代性潮流的擊打和裹挾。

　　在二十世紀四時年代中國混亂複雜、殘酷激烈的現實情境中，胡風個性鮮明地指出，「文藝創造，是從對於血肉的現實人生的搏鬥開始的。」「對於血肉的現實人生的搏鬥，是體現物件的攝取過程，但也是克服物件的批判過程。」[7]在胡風的思想裏，物件不是作爲客體、作爲物來進行觀察、分析、定性，主體和物件之間的相互搏鬥，也就意味著物件不是凝固的、完成了的客體形象，而有自己的活的獨立意志；與它們之間的關係，究其實質是對話的交際關係，由於這樣的對話，才會引發深刻的自我鬥爭。這是需要特別注意的一點，胡風所強調的主體和物件的搏鬥是要轉化爲主體內部的「自我鬥爭」的，表達的過程也一直是主體內部「鬥爭」的過程，也正因爲如此，胡風本人的理論寫作充滿了持續的內在緊張性。這種持續的內在緊張性造成了表述上的鮮明個性，而爲人不喜的冗長糾纏，其實正是內在搏鬥的過程所透顯的思想痕迹。

　　在創作中最能充分體現這種血肉搏鬥並把搏鬥充分內在化，從而有力地支援著胡風理論主張的，在抗戰以來的文壇上，當然首推路翎的小說。從路翎的敍述中強烈凸現出來的「在重壓下帶著所謂『歇斯底里』

7　胡風：《置身在爲民主的鬥爭裏面》，《胡風全集》第 3 卷第 187-189 頁，武漢：湖北人民出版社，1999 年。

的痙攣、心臟抽搐的思想與精神的反抗、渴望未來的萌芽」[8]，諸如此類的徵候，都可以看成是激烈的心靈糾葛的文字顯現。在路翎的小說中，很難看到對外在事物的「客觀」敘述，他的作品雖然涉及長久的歷史和廣闊的現實，但「生活本身的泥海似的廣袤和鐵蒺藜似的錯綜」，以及「生活的一個觸手糾纏著另一些觸手，而它們又必然各自和另外的觸手絞在一起」[9]的特徵，全都是經過充分的內在化 —— 經過緊張的「自我鬥爭」 —— 才敘述出來的。在長篇小說《財主底兒女們》的題記裏，路翎坦言：「我特別覺得苦惱的是：當我走進了某一個我所追求的世界的時候，由於對這某一個世界所懷的思想要求和熱情的緣故，我就奮力地突擊，而結果弄得好像誇張、錯亂、迷惑而陰暗了：結果是暴露了我底弱點。但這些弱點，是可以作爲一種痛苦的努力而拿出來的；它們底企圖，僅僅是企圖，是沒有什麼可以羞愧的。我一直不願放棄這種企圖，所以，也由於事實上的困難，就沒有再改掉它們。」[10]路翎沒有改掉的，某種意義上正可以說是面對現代劫難而艱難掙扎的中國現實圖景。定型化的閱讀習慣和要求被這種「奮力地突擊」的語言撞得鼻青臉腫，也並不是多麼奇怪的事情。

　　並不是「歐化」使胡風和路翎喪失了文體的自覺和語言的主體性，而是他們以與中國現實的緊張「肉搏」和「奮力地突擊」，去艱難獲取中國主體的誠實語言。

　　如果一定要用扭曲這樣的辭彙，那麼這種語言的誠實正在於這種扭曲上，對歷史、現實和自身經驗的誠實使得未經虛飾和掩藏的扭曲發生了。這裏不妨引用雅克·德裏達（Jacques Derrida）的見解：「文字痛苦的自我彎曲使得歷史在獲得密碼的同時反省自身……而歷史則被自身的經驗性所規定。」[11]

8　路翎：《我與胡風》，《胡風路翎文學書簡》第 10 頁，合肥：安徽文藝出版社，1994 年。

9　胡風：《一個女人和一個世界 —— 序〈餓餓的郭素娥〉》，《胡風全集》第 3 卷第 99-100 頁。

10　路翎：《題記》，《財主底兒女們》（上）第 1 頁，北京：人民文學出版社 1985 年第一版。

11　雅克·德裏達：《愛德蒙·雅畢斯與書的疑問》，《書寫與差異》（上冊）第 105 頁，張

四

　　語言的主體性，不只關涉語言的使用者，而且應該同時關涉用語言創造出來的世界。

　　胡風和路翎曾經談到過小說的語言問題，在路翎 80 年代末的回憶文章《我與胡風》裏，生動地描述了當年的討論。

　　胡風說路翎小說的語言是歐化的形態，人物對話也缺少一般的土語、群眾語言，胡風還轉述向林冰的意見，說路翎寫的工人，衣服是工人，面孔、靈魂卻是小資產階級。胡風還說，「人物缺少或沒有大眾的語言，大眾語言的優美性就被你擯棄了，而且大眾語言是事實，你不尊重事實了。」

　　「我說我的意見是，不應該從外表與外表的多來量取典型，是要從內容和其中的尖銳性來看。工農勞動者，他們的內心裏面是有著各種的知識語言，不土語的，但因爲羞怯，因爲說出來費力，和因爲這是『上流人』的語言，所以便很少說了。我說，他們是悶在心裏用這思想的，而且有時也說出來的。我曾偷聽兩礦工談話，與一對礦工夫婦談話，激昂起來，不回避的時候，他們有這些辭彙的。有『靈魂』、『心靈』、『愉快』、『苦惱』等辭彙，而且還會冒出『事實性質』等辭彙，而不是只說『事情』、『實質』的。當然，這種情況不很多，知識少當然是原因，但我，作爲作者，是既承認他們有精神奴役的創傷，也承認他們精神上的奮鬥，反抗這種精神奴役創傷的，胡風便大笑了。喜歡大笑也是他的特徵。我說，精神奴役創傷也有語言奴役創傷，反抗便是趨向知識的語言，我說，我還是浪漫派，將萌芽的事物『誇張』了一點。胡風又大笑了。我還說，在語言奴役創傷的問題裏，還有另外的形態。負創雖然沒有到麻木的程度，但因爲上層的流氓，把頭，地痞性的小官與惡霸地主，許多是用土語行幫語，不用知識語言，還以土語行幫語爲驕傲；而工農不准說他們的土語，就被迫說成相反的了。勞動人民他們還由於反抗有時

寧譯，北京：三聯書店，2001 年。

自發地說著知識的語言。胡風贊成我的見解，他說，這樣辯論很好。」[12]

在一封給胡風的信裏，路翎還做過這樣的辯解：「文句上的毛病，那起源是由於對熟悉的字句的曖昧的反感：常常覺得它們不適合情緒。」[13]

路翎小說裏的人物，儘管職業、身份、階層各異，講的卻差不多是同一種語言，也就是作者的語言。在這一點上，與陀思妥耶夫斯基非常相似，而他們所受的責難也非常相似，列·托爾斯泰甚至也爲此而批評陀思妥耶夫斯基。但是，問題的癥結在於，巴赫金在討論陀思妥耶夫斯基的語言時指出，「採擷語言的多種成色，爲主人公寫出鮮明不同的『語言個性』，這些原則唯有在塑造客體性的完成論定的人物形象時，才會獲得重大的藝術意義。人物的客體性越強，他的語言面目就越鮮明突出。」[14]這也就意味著，某一社會階層的典型性語言是客體性很強的語言。而對於陀思妥耶夫斯基和路翎來說，他們並非是要塑造「客體性的完成論定的人物形象」，而是在一個永遠也無法完成的過程中探索他們的人物和他們自己的進行著複雜劇烈的精神活動的內心世界，他們犧牲了所謂的語言個性，擯棄了客體性，而獲得了主體的存在。這也就是胡風所說的人物的「活的意欲」—— 卓越的批評家胡風敏銳地感受到了這種主體性的降臨極其非同一般的文學意義：「在路翎君這裏，新文學裏面原已存在了的某些人物得到了不同的面貌，而現實人生早已向新文學要求分配座位的另一些人物，終於帶著活的意欲登場了。」[15]而胡風所說的精神奴役創傷和路翎敏感著的語言奴役創傷，及其對它們的反抗，並非就是某種本質性的規定，也並不靜止地存在於客觀物件上，只要去剖析去揭示就能夠露出其面目，而是活動於主體的精神世界中並通過主體的全部活動顯現出來。

路翎對待自己小說中的人物，如同對待進行小說敍述的自己，常常

12　路翎：《我與胡風》，《胡風路翎文學書簡》第 6-7 頁。

13　路翎 1943 年 5 月 13 日致胡風的信，《胡風路翎文學書簡》第 68 頁。

14　M·巴赫金：《陀思妥耶夫斯基詩學問題》第 251 頁，北京：三聯書店，1988 年。

15　胡風：《一個女人和一個世界 —— 序〈饑餓的郭素娥〉》，《胡風全集》第 3 卷第 100 頁。

非常「殘酷」：讓他承受著持續不斷的精神折磨和搏鬥，逼迫他達到極度緊張的狀態，並把這種狀態下的自我意識呈現出來。而在精神折磨和搏鬥狀態下的自我意識的呈現，就使得一切客體物、穩固定型的東西、中性的存在、外在的經歷，全都融入這血肉的活的過程中而成為精神的因素。路翎的自我鬥爭，形象化地轉化為作者和人物之間的對話，這意味著路翎面對他的人物的時候，面對的是一個具有充分價值的主體，而不只是作者的語言講述的物件。路翎小說中的大部分人物都由此而獲得充分的主體性，這樣，作者在敘述這些主體性人物的時候，他是面對著主體說話，而不是在主體的背後說話，也就不能用定性的客觀化語言 —— 這種語言往往是主體不在場的判斷的語言、指物的語言，也被稱為「背靠背的語言」。說到這裏，也就回到了上面所說的胡風和路翎關於語言問題的討論。

而現代的搏鬥經驗，在一個意義上也正是主體間的語言搏鬥經驗。

五

魯迅的「掙扎」、胡風的「肉搏」、路翎的「突擊」，是現代中國探求個人主體性、民族主體性、語言主體性的未完成的實踐。沒有憑空設想的現代文學語言的主體性，無論這種設想如何美好和誘人。不可能脫離現代中國人已經經歷和仍將要繼續經歷的現代過程而空言語言的主體性。

而把現代過程中的「掙扎」、「肉搏」、「突擊」等各種經驗，深化到語言「掙扎」、「肉搏」、「突擊」的複雜過程中來探索、歷險、痛苦、歡樂，正是深入到現代文學的核心展開的工作，也是深入到現代中國主體的建構過程中展開的工作。

2002 年 4 月 20 日　客居韓國釜山大學

（載《上海文學》2002 年第 8 期）

行將失傳的方言和它的世界

──從這個角度看《醜行或浪漫》

一

　　中國當代小說家的語言自覺，近些年來漸成一種「小氣候」。這其間說不上有多少「共識」，不同作家的思想見解和創作實踐往往互相矛盾、彼此辯難、衝突不已，但它們卻表露了一個共同的前提：對文學來說，通行的現代漢語/普通話的不足，以及寫作者在其中所感受到的限制。

　　也就是說，一個需要共同面對的問題，「抓住」了一些以各自不同的方式來面對它的作家們。

　　這樣也就容易明白，我在這裏所說的中國當代小說家的語言自覺，一，指的不是個人的語言修養和語言能力的提高，這通常是在對現行標準充分承認的前提下進行的，它的意義是個人的，而不是語言的；二，指的也不是作家的語言哲學觀念，譬如說在「第三代」詩人那裏，「詩到語言爲止」、「語言即世界」一類的觀念產生過重要的影響，也波及小說界，但這樣的語言哲學觀念可以在抽象的層次討論，可以在不涉及具體創作、不涉及具體語言種類（如現代漢語）的層次上討論。在這裏，重要的是中國小說家在現代漢語/普通話的寫作實踐中各自的困惑、反省和「突圍」之道。

　　從這個意義上來看當代文學，其特殊的價值和與其相對應的要害問題，就有可能會逐漸顯現。我們至少應該注意到賈平凹的小說語言意識和實踐，莫言汪洋恣肆的「胡說」，李銳堅持多年的對現代白話傳統的質疑性思考，韓少功的「准詞典式」寫作，張承志文體的異質因素。說到

張承志，我們更多地著眼於他的精神立場和他的文字所承載的內容，往往忽略了他語言上與標準的現代漢語/普通話之間的巨大差異以及由此而來的文體上的獨特魅力。

我還願意提到劉震雲，他的《故鄉面和花朵》、《一腔廢話》，有強烈的語言追求，但這種追求不怎麼被當回事，作者的苦心不被解。這種語言追求的前提也就是那個需要共同面對的問題，劉震雲自己的說法是：「漢語在語種上，對於創作已經有了障礙。這種語種的想象力，就像長江黃河的河床，其功能在很大程度上沙化了，那種乾巴巴的東西非常多。生活語言的力量被破壞了。這種語言用於以往那種『新理想』的創作，即使是誇張一點，也足夠了。但是像《一腔廢話》這樣的，想用這種語言表達一種非常微妙的狀況，就非常捉襟見肘，非常不夠用。」「一個作家存在的意義是什麼？無非是對一種語種的想象力負責。這需要一個過程。我們的語言在沙漠裏呆得太久了。」[1]

我同意這個意思，不同意在表達這個意思的時候「語種」這個詞的用法。因為一說到「語種」的問題，就說到了根子上，而「語言的沙漠化」不是根子上的問題，還用那個比喻來說，長江黃河的河床，不是一開始就沙漠化了。但我非常認同「生活語言的力量被破壞了」這一基本判斷，更為「對一種語種的想象力負責」這一自我認同的「野心」而感奮。

「生活語言」—— 當代小說創作中還有多少「生活語言」？王鴻生在對一個年輕作家的批評中，敏銳地指出，小說的語言是「癱瘓的語言，無根的語言，沒有故鄉的語言。它無法脫離情節要素而自立，也沒有生命的質感和自然的氣息，更不會煥發某種經由地域文化長期浸潤而形成的韻致和光澤。主導這種語言的力量，既不是痛苦的人生經驗，也不是參悟不透的命運玄機，而是被竭力掩飾著的膚淺的說明衝動⋯⋯人、事、理均處在一個真正的『縮減的旋渦』之中，『生活世界』在這旋渦裏宿命般地黯淡下去，逐漸墮入『存在的遺忘』。」[2]在我看來，這種批評完全

---

1 劉震雲：《在寫作中認識世界》，林建法主編《中國當代作家面面觀·尋找文學的魂靈》第 147 頁，瀋陽：春風文藝出版社，2003 年。

2 王鴻生：《小說之死》，林建法主編《中國當代作家面面觀·尋找文學的魂靈》第 497

可以在更大範圍內針對某類創作的一般情形而言，而不僅僅是對個別作家；反過來說，之所以會導致這種狀況，導致「小說之死」，恐怕也不僅僅是個別作家的問題。

二

在另外一個意義上，即使是優秀的小說家，他作品的語言也可能是「沒有故鄉的語言」。余華曾經表達過類似的感受：對他這樣在南方小城鎮長大的人來說，用普通話寫作，差不多就好像是用一門外語寫作。也就是說，他的「生活語言」與「寫作語言」差不多是兩種不同的東西。只不過，余華把這門「外語」掌握得很好 —— 這主要是靠他個人的能力；但不能指望大多數作家都有這樣的能力，更根本地說，不能指望靠這樣的個人能力來掩蓋、來彌合「生活語言」和「寫作語言」之間的差異、斷裂和不可通約性。

我們可以想像這樣的過程：對於一個「生活世界」的語言與普通話差別很大的作家來說，寫作在某種程度上變成了「翻譯」：「生活世界」 —— 「生活語言」 —— 「寫作語言」。但從「生活語言」到「寫作語言」的轉換，是寫作者在暗中完成的，讀者看到的只是最終的紙面結果。

這個被掩藏起來的環節困難重重，其中當然包含了無法克服的問題。一個「翻譯者」的無奈、妥協、挫折，或者他的得意、喜悅、勝利，都藏在了紙面語言的背後。

我這樣想像的時候，預設了面對這個問題的是一個好作家，他為了自己的忠實而甘願去經受這個艱難的過程。但即使是一個這樣的好作家，時日既久，他也會慢慢習慣了寫作和「寫作語言」，習慣了用「寫作語言」來描述和思考，甚至當他想什麼的時候在他心裏響起的不再是方言的腔調而是普通話的聲音，這個時候，他的寫作可能就發生了相當大的變化，他不再需要把「生活語言」轉換成「寫作語言」，他不再需要去

頁。

暗中經歷這個痛苦的「翻譯」過程，他勝任直接用「寫作語言」來打量、描述、分析「生活世界」，他已經成為一個富有經驗的好作家，他可以把那個困難重重的環節拋棄了，他可以不再理會多餘的「生活語言」。

當這樣一種並非和「生活世界」相生相伴的「寫作語言」來「深入生活」的時候，「生活世界」就不能不面臨著被縮減、刪改、戲弄、強暴的威脅；還有比這更糟糕的，是「寫作語言」的極端自負把寫作完全變成了「寫作語言」的自說自話，自我表演，它似乎是在「寫生活」卻對「生活世界」視而不見，「生活世界」也就只有墮入「存在的遺忘」。

當然還可以設想另外的情形，就是一個作家，他的生活和他的寫作自始至終都是隔絕的，這樣他的寫作從一開始就不需要「生活語言」，他不需要在錯綜複雜的關係中糾纏，他可以讓他的寫作建造一個無所指涉的孤立世界。這不在我們討論範圍之內。

這樣想來，幾年前的《馬橋詞典》就是一部了不起的作品。韓少功把通常寫作過程中被暗中「翻譯」乃至被粗暴省略的「生活語言」從紙面的背後寫到了紙面上，而且放到中心聚光的位置，通行的標準語言通過對「馬橋詞語」紮根其中的「生活世界」的描述使這些方言土語得到有效的闡釋。「馬橋方言」不是韓少功的方言，他是一個外來者，也就是說，「馬橋方言」不是韓少功的自然語言，他需要去弄明白，需要有意識地去體會，需要用他的語言去「翻譯」。這個「翻譯」的過程和性質，與我們上面講的把自己的自然語言的某種方言「翻譯」成「寫作語言」的過程和性質正好相反：韓少功的「翻譯」凸顯了方言、「生活語言」的獨特性、差異性和豐富性，而另一種暗中的「翻譯」則把這些東西犧牲掉了，因為它需要「寫作語言」的勝利，需要「寫作語言」馴服「生活語言」、方言不能夠進入公共流通領域的個性，以保證寫作的進行。

但是，《馬橋詞典》仍然留下了不可克服的矛盾，這是韓少功的身份、方式和與這種語言的關係決定了的。儘管外來者韓少功對這種語言保持了足夠的謙遜和尊重，儘管他把「馬橋詞語」放到了中心的地位，這種方言仍然無法獲得充分的主體性。這不僅是說闡釋總不可能盡善盡美，用通行的現代漢語/普通話來闡釋方言一定會留下闡釋的「餘數」；更根

本的是，闡釋進行的時候，是通行的現代漢語/普通話在說話，而不是「馬橋詞語」在說話，「馬橋詞語」只能被動地等待著被描述、被揭示、被凸顯。它是在中心，可是它不是充分的主體。

三

那麼，方言能夠自己說話嗎？它不需要經過「翻譯」就能夠直接進入到文學寫作中？

1892 年，松江人韓邦慶創辦文藝期刊《海上奇書》，他自己的小說《海上花列傳》就在上面連載，1894 年出版完整的六十四回單行本。孫玉聲《退醒廬筆記》記載了他和作者的一段對話：「餘則謂此書通體皆操吳語，恐閱者不甚了了；且吳語中有音無字之字甚多，下筆時殊費研考，不如改易通俗白話爲佳。乃韓言：『曹雪芹撰《石頭記》皆操京語，我書安見不可以操吳語？』」[3]

韓邦慶這話說得理直氣壯，毫不掩飾爲人的狂傲和文學上的抱負。這部作品雖然不獲風行於時，三十多年後卻被新文學的開山人物胡適奉爲「吳語文學的第一部傑作」。1926 年亞東書局出版標點本《海上花》，前有胡適、劉半農序，合力推舉。胡適說，「方言的文學所以可貴，正因爲方言最能表現人的神理。通俗的白話固然遠勝於古文，但終不如方言的能表現說話的人的神情口氣。古文裏的人物是死人；通俗官話裏的人物是做作不自然的活人；方言土語裏的人物是自然流露的人。」[4]「死人」/「活人」的對立當然是胡適典型的「五四」式思維和判斷，「古文裏的人物是死人」正確與否這裏不論，但通俗的白話和方言土語的區別的確意義重大，關乎「神理」。「神理」這個詞出現在小說的《例言》裏，胡適是接過來順著用。

---

3 孫玉聲：《退醒廬筆記》，轉引自范伯群主編《中國近現代通俗文學史》（上）第 34 頁，南京：江蘇教育出版社，1999 年。
4 胡適：《海上花列傳序》，《胡適文集 4・胡適文存三集》第 408 頁，北京大學出版社，1998 年。

　　劉半農強調「地域的神味」，與胡適說的「神理」相通；但劉半農比胡適更敏感、更明確地指出了普通白話（通行的小說「寫作語言」）與方言土語（「生活語言」）之間的不平等關係，以及人們對這種不平等的「習慣」，對因此而「犧牲」「地域的神味」的「習慣」。劉半農是這樣說的：「假如我們做一篇小說，把中間的北京人的口白，全用普通的白話寫，北京人看了一定要不滿意；若是全用蘇白寫，那就非但北京人，無論什麼人都要向我們提出抗議的。反之，若用普通白話或京話來記述南方人的聲口，可就連南方人也不見得說什麼。這是什麼緣故呢？這是被習慣迷混了。我們以為習慣上可以用普通白話或京話來做一切文章，所以做了之後，即使把地域的神味犧牲了，自己還並不覺得。」[5]

　　新文學重要人物的鄭重其事，顯然不單是就作品論作品，而是從中國新文學的整體建設著眼的，胡適在序裏就很明白地說：「如果這一部方言文學的傑作還能引起別處文人創作各地方言文學的興味，如果從今以後有各地的方言文學繼續起來供給中國新文學的新材料，新血液，新生命，——那麼，韓子雲與他的《海上花列傳》真可以說是給中國文學開一個新局面了。」[6]

　　遺憾的是，這樣一個「新局面」並未出現；不但如此，就連這部作品本身也一直掙不脫失落的命運。以至於許多年後，對這部「失落的傑作」情有獨鍾而對它的命運耿耿於懷的張愛玲，費時費力，不僅將它翻譯成英文，而且把它改寫成國語。「我等於做打撈工作，把書中吳語翻譯出來，像譯外文一樣，難免有些地方失去語氣的神韻，但是希望至少替大眾保存了這本書。」[7]

　　韓邦慶和胡適說的「神理」，劉半農說的「神味」，張愛玲說的「神韻」，到底是什麼呢？為什麼用方言就能表現出來，用普通白話就會失去

5 劉半農：《讀〈海上花列傳〉》，《半農雜文》第一冊第 245-246 頁，北平星雲堂書店，1934 年；本文據上海書店 1983 年影印本引。
6 胡適：《海上化列傳序》，《胡適文集 4·胡適文存三集》第 412 頁。
7 張愛玲：《〈國語海上花列傳〉譯者識》，《國語海上花列傳 I·海上花開》第 2 頁，上海古籍出版社，1995 年。

呢？

　　從晚清就已經開始、至「五四」而大張旗鼓地推進的中國現代語文運動，目的是創造和規範一種統一的「普遍的民族共同語言」，它不僅反對文言，而且要超越方言。雖然文言的因素、方言的因素都可以利用，但它們只能作爲這種新的現代普遍語言的極爲有限的零星資源而被吸納，整體性的取向是被排斥的。方言的多樣性、差異性、特別是它的土根性，正是需要克服和犧牲的東西。

　　早在二十世紀之初，章太炎就對各種脫離語文的本根建造新語文的設想持強烈反對意見，他反對的不是現代語文的建設，而是極力主張要「有根柢」地達成這種建設。他身體力行，從當今民間語言入手，博考方言土語的古今音轉、根柢由來，從古語今語中探求古今一貫之理，以應將來現代語文之用。1908 年，撰成《新方言》，序中說：「世人學歐羅巴語，多尋其語根，溯之希臘、羅甸；今于國語顧不欲推見本始，此尙不足齒於冠帶之倫，何有於問學乎？」又說，「讀吾書者，雖身在隴畝，與夫市井販夫，當知今之殊言，不違姬、漢。」[8]劉師培在《新方言》後序中也說，「委巷之談，婦孺之語，轉能保故言而不失。」又說，「夫言以足志，音以審言；音明則言通，言通則志達。」並寄希望「異日統一民言」，「有取於斯。」[9]

　　且不說這一思路與中國現代語文運動的主流相違，單是這「推見本始」的工作，繁難艱深，與在現實的壓力和危機中急迫地想拿出應對性方案的歷史情境格格不入。大勢所趨，現代白話文應機運而生，隨時代而長。

　　語言的「神理」、「神味」、「神韻」，是與語言的「根柢」緊密相連的，之所以說方言是有「根柢」的語言，一方面，「但令士大夫略通小學，則知今世方言上合周漢者衆。」[10]另一方面，方言又是當今「生活世界」

8　章太炎：《新方言序》，《章太炎全集》（七）第 3 頁、第 5 頁，上海人民出版社，1999年。

9　劉師培：《後序一》，《章太炎全集》（七）第 135 頁、第 134 頁。

10　章太炎：《漢字統一會之荒陋》，原載《民報》第 17 號，1907 年。

的語言，是「生活語言」。兩方面 —— 語言的「根柢」和生活的「根柢」
—— 合起來，可以說方言是有歷史的活的語言。雖然中國現代語文運動
一開始就倡導並長期致力於言文一致的目標，但時至今日，「寫作語言」
和「生活語言」的分離仍然是創作中令人困擾的問題。

四

就這樣，我們遇到了張煒的《醜行或浪漫》，一部用登州話創作的長
篇小說。

登州地處山東半島東端，武周如意元年（西元 692 年）置州，明洪武
九年（1376 年）升爲府，1913 年廢。廢後很長時間裏，當地百姓仍習慣
沿用舊稱。我的祖父生於 1916 年，一生不理行政區劃的變更，不顧登州
府在他出生之前就沒了的現實，開口還是登州府如何如何。

登州話和普通話之間的距離，與吳語和普通白話之間的距離，當然
不好比；《海上花》的對白吳方言區以外的人讀不懂，《醜行或浪漫》卻
並沒有給山東半島以外的人造成多大的障礙。這當然主要是因爲普通話
本就以北方方言爲基礎。但北方方言的區域十分廣闊，各地語言的個性
和之間的差異，被籠而統之地「超越」了，産生出在這之上的、清除了
「土」性的普通話。各地方言是「土」的，除了「假洋鬼子」，沒聽有人
說普通話「土」，因爲普通話在「上邊」，離「土」遠；方言呢，不僅就
在「土」上，而且還有扯不斷的長長「土根」埋在土裏。登州這塊悠久
之地，它的方言「土根」自然也深；登州自古至今又一直是一塊生機盎
然的活潑之地，它的方言也不僵滯，也不拘泥，也不頑固，倒是根深葉
茂，生機盎然，活活潑潑。

張煒怎麼會用登州方言創作一部小說呢？《海上花》主要是用方言
寫對白，張煒的這部作品不僅裏面的人物說話用方言，整個作品的敍述
都順從著方言的聲韻氣口，滲透著方言的活潑精神。他是怎樣走到了這
一步？

簡單回答這個問題。對於一位有二十多年的創作歷史，並且貢獻了

中國當代文學極爲重要的作品的作家來說，他的文學語言經驗，不可不謂豐富；他的絕大部分作品，是用規範的現代漢語寫成的，而且，用通行的標準來衡量，也無法否認作家出色的語言才華。也就是說，他完全可以一直就用這樣的語言寫下去，規範，而且規範得才華出眾。但是，隨著民間的生活世界在他創作中越來越深入、越來越充分的展現，民間語言的因素也越來越突出地融入到作品中，譬如中篇《蘑菇七種》，長篇《九月寓言》等。民間語言因素的融入，拓開了一個創作的新境界。這樣一個新境界有著特殊的吸引力，吸引作家再進一步地走下去。

陳思和用「民間」的理論來重新梳理二十世紀中國文學史的一種走向，是九十年代以來中國現當代文學研究的一個重要創見。[11]隨著創作實踐不斷出現新現象，提出新問題，這一理論闡釋有可能進一步深化。文學表現民間，是依託語言來實現的，一、用規範的現代漢語/普通話來表現民間，二、用融入了民間語言因素但整體上仍基本規範的現代漢語來表現民間，三、用民間語言來表現民間，顯然處在不同的層面上。不僅是語言的層面不同，而且不同類型的語言所內涵的視角、價值立場、選擇傾向，也不相同。

用民間語言來表現民間，民間世界才通過它自己的語言真正獲得了主體性；民間語言也通過自由、獨立、完整的運用，而自己展現了自己，它就是一種語言，而不只是夾雜在規範和標準語言中的、零星的、可選擇地吸收的語言因素。

張煒登州出生登州長大，登州方言是他的「母語」，他讓這片土地的「生活語言」上升爲他自己的「寫作語言」── 更準確地說，是他自己的「寫作語言」下降爲這片土地的「生活語言」── 事情就是這麼簡單。

與語言的位移同理，文學裏的真正民間，更準確地說，不是把民間上升爲文學，而是把文學下降到民間 ── 事情也就這麼簡單。

---

11 見陳思和《還原民間－文學的省思》，臺北：東大圖書公司，1997 年。除了《民間的沈浮－從抗戰到文革文學史的一個嘗試性解釋》和《民間的還原－文革後文學史某種走向的解釋》兩篇長文外，還有評論張煒創作的《還原民間－談張煒〈九月寓言〉》。

五

　　現在，我們應該到裏面來看看這個登州方言的世界了。

　　主人公叫劉蜜蠟，她抗暴抗惡，踏上出逃（外力逼迫）和尋找（內心渴求）的坎坷長路，在大山廣野間奔跑流浪，二十多年後與當年的俊美少年重新聚首。小說的線索就是這一個豐碩健美女人的生命傳奇。

　　但是，線索串起的，卻是一個闊大的生活世界。如果在這部作品裏唯讀到一個人或幾個人的故事，就把這部作品讀小了。事實上，這個寬闊的生活世界比哪個人物都重要。所有的人物，都是這個生活世界的活生生的表現。這樣也許就可以理解，爲什麽作者在寫到劉蜜蠟之外的人、事、物，或者與劉蜜蠟關係不大的各種情形時，也總是興致盎然，涉筆成趣。

　　譬如，劉蜜蠟第一次出逃，尋找啓蒙老師 —— 也是她深愛的一個男人 —— 雷丁，得知雷丁跳河被槍打死，深更半夜在野外仰天大哭。接下來寫，白天，河兩岸紅薯掘出來了，成堆成簇曬著太陽；村子家家做南瓜餅，「人說吃多了這樣的餅身子就會長得圓鼓鼓的，從屁股到大腿胳膊，再到乳房。河邊姑娘小夥子在正午的莊稼地裏幹活，被太陽曬得舒心大叫。他們相互誇著，小夥子說：『瞧大腿像水桶似的，媽耶嚇人』、『哎呀胖成了犢子哩，保險你一冬不瘦。』姑娘紅著臉說：『你才是犢子哩，沒遮沒攔胡咧咧。』『那邊過來的更胖哩，哎呀我看清了，多大的婆娘哎。』劉蜜蠟聽到議論，就索性走到了地中央。年輕人見了趕路的主動搭話，還掏出兜裏的花生和杏子給她吃。『我來幫你們做活吧。』『做吧做吧，頭兒不在怎麽都行。』蜜蠟挨近的是兩個小媳婦，就問她們：『快有孩兒了吧？』一個搖頭說：『沒呢。不歇氣吃酸杏兒的時候才是哩。』另一個接上：『也有的到時候撒了潑吃辣椒，一口一個大紅辣椒眼都不眨。』她們嘖嘖著，都說這是早晚的事兒：『那些不懂事的男人哪，像小孩兒一樣怪能鬧騰，早晚有一天嘭嚓一聲，讓咱懷上了。』幾個人哈哈大笑。小媳婦說：『男人們真有辦法，能讓咱愛吃酸和辣什麽的。』另一個說：『那

得看是誰了。如果是俗話說的鹽鹹薄地，就生不出根苗了。』最後一句
讓蜜蠟瞪大了眼睛，長時間不再吱聲。有人問她：『大妹妹咱多句話兒：
你有了婆家還是沒有？』『沒有。』『嘮嘮，快許下個吧，大奶兒暄蓬蓬
的，日子久了也不是個法兒呀。』」[12]

　　所引的這一段（其實只是一個長自然段裏節出來的一小部分，全書的段落大都
很長，像沒有停息的生活世界），並不是作品裏特別突出的部分，單從字面上
看，方言土語的性質也不是特別強。我多少有些隨意地挑選一段能夠體
現作品一般情形的普通的文字，正是想說明這個方言的民間世界的一般
情形。

　　在作品裏，我們會遇到諸如「窩兒老」、「憷了瞪」、「書房」、「張口
叉」、「上緊」、「諕咦」、「來哉」、「砸了鍋」、「郎當歲」、「白不冽剌」、「潑
揍」、「老了苗」、「撒丫子」、「脫巴」、「酒漏」、「不喜見」、「壞了醋」、「攪
弄」、「迂磨」、「悍氣」、「物件」、「餓癆」、「潑皮」、「人家老孩兒」、「主
家」、「騷達子」等等字詞，從寫到紙面上的字詞來看，其中有的是北方
方言區共有的，大多是登州一帶獨用的；但即使是字詞共同的（這一類在
作品裏不少見），說話的「氣口」也絕不相同。也就是說，在方言裏，聲音
比文字重要，有不少方言是有音無字的；說到「氣口」，就更見方言的精
細微妙、源遠流長了。一種地方「氣口」不僅發散當時當地生活的氣息，
而且更能夠上接音古韻，所以有時特別有力和生動。

　　更進一步說，在鄉村民間世界裏，語言（也就是方言）遠比文字重要
得多，費孝通在他的名著《鄉土中國》中甚至認為，在傳統的中國鄉土
社會，語言即已足夠，哪里用得著文字？「這樣說，中國如果是鄉土社
會，怎麼會有文字的呢？我的回答是中國社會從基層上看去是鄉土性，
中國的文字並不是在基層上發生。最早的文字就是廟堂性的，一直到目
前還不是我們鄉下人的東西。我們的文字另有它發生的背景，我在本文
所需要指出的是在這基層上，有語言而無文字。」[13]「言為心聲」，鄉野
的「心聲」存在於鄉野之民的語言，文學表現民間，如果不能貼近這語

12　張煒：《醜行或浪漫》第154-155頁，昆明：雲南人民出版社，2003年。
13　費孝通：《鄉土中國　生育制度》第22-23頁，北京大學出版社，1998年。

言，也就與「心聲」隔了、遠了，自然也就與民間隔了、遠了。

我們從方言的角度來看《醜行或浪漫》，注重的不是一些特別的字、詞、句，而是這樣一種語言渾成一體的自然表達所呈現出來的一個整體性的世界的精神。

回頭看上面摘引的那一段敍述。這短短的一段，從食物（紅薯、南瓜餅、花生、杏子）說到身體（屁股、大腿、胳膊、乳房），從身體說到懷孕生殖（男人們「怪能鬧騰」，「嘭嚓一聲，讓咱懷上了」；生出「根苗」），轉換順暢，語言天成。這裏說的是鄉村生活的基本內容，突出的是它的「天然」的性質。一個現代的城裏人也會說，飲食男女是人生的基本內容 —— 這之間有什麼不同嗎？

對於一個現代人來說，飲食男女，不論哪一項，都是個人的、個體化的，這首先是因爲，一個現代的身體是私有的、個體的；而在這裏，在這片鄉野民間，身體的本性還沒有脫離生活領域，沒有徹底個體化，沒有和外界分離，這與現代那種狹隘意義和確切意義上的身體和生理截然不同。在這裏，身體的因素被看作是群體性的，同一切自我隔離和自我封閉相對立，同一切無視大地和身體的重要性的自命不凡相對立，它的體現者不是孤立的生物學個體，也不是私己主義的個體，而是人類群體，並且是生生不息的人類群體。身體的因素具有積極的、肯定的性質，在這樣的身體形象中，主導的因素是豐腴、生長、繁殖和興旺，而且帶有一種從本性發出的歡樂。[14]

劉蜜蠟健壯豐碩，女性特徵突出，這一點作品屢屢彰顯；這樣的女性身體，也許只有在大地之上的民間世界裏才水靈俊秀，在氣韻生動的方言描述裏才生氣勃發。民間大美，絕不是一個孤立和隔絕的概念，這其實是對與之相聯的整個生活世界的積極肯定，是對人類繁衍不息的生命過程的積極肯定。說句實在話，也只有身心被民間精神充分浸染過的作家，才敢寫「豐乳肥臀」，像莫言，像張煒：莫言寫得放肆而大氣磅礴，張煒寫得深蘊而意遠情長、光彩照人。大地之上的身體，與各種各類現

---

14 這裏的論述化用了巴赫金討論「拉伯雷的創作與中世紀和文藝復興時期的民間文化」時對「物質－肉體因素」的觀點，見《巴赫金全集》第 6 卷第 22-24 頁，石家莊：河北教育出版社，1998 年。

代空間/房間裏的身體是不一樣的。現代的人體觀念，或者更進一步，時尚的人體觀念，與這種民間觀念的懸殊差異，反映出來絕不僅僅是所謂的「審美」觀念的變化，而是人、身體與整個生活世界的關係的重大變化。韓少功在他的長篇作品《暗示》裏，談到了他稱之爲「另一個無性化時代」的「骨感美人」：「這些超級名模們在 T 型舞臺上骨瘦如柴、冷漠無情、面色蒼白、不男不女，居然成爲了當代女性美的偶像。骨瘦如柴是一種不便於勞動和生育的體態，冷漠無情是一種不適於在公共集體中生活的神態，烏脣和藍眼影等等似乎暗示出她們夜生活的放縱無度和疲憊不堪，更像是獨身者、吸毒者、精神病人以及古代女巫的面目。體重或三圍看來已經逼近了生理極限，她們給人的感覺，是她們正掙扎在餓死前的奄奄一息，只是一片飄飄忽忽的影子，一口氣就足以吹倒，隨時準備犧牲在換裝室裏或者是走出大劇場的那一刻。」顯然，韓少功並不想克制自己，他認爲這些「身體自殘」的超級模特，「表現爲她們對生命正常形象的一步步遠離」。[15]劉蜜蠟「潑吃」「潑長」、「大白臉龐喜煞人」、「大奶兒暄蓬蓬」、「大腚」、「渾實」，這樣的「大水孩兒」與現代美女是兩個世界的人。

　　與身體因素的積極肯定性質結爲一體的，是劉蜜蠟整個生命傳奇的積極肯定性質。劉蜜蠟所遭受的種種駭人聽聞的折磨、虐待，所經歷的種種非同尋常的艱難苦痛，足以摧垮一個人的生命意志，毀壞一個人對生活的基本信念。但劉蜜蠟沒有。在劉蜜蠟漫長的流浪生涯中，我們強烈感受到的，是生命的趣味不熄、不滅，是生活的世界活潑無盡。她甚至感受到一種她未曾明瞭的「幸福」，她想：「我這輩子就在野地裏跑哩，一直跑到『有喜』。」[16]生命和生活世界都會遭受大惡的強暴摧殘，但這裏的生命和生活世界都沒有轉化爲消極的否定性質。劉蜜蠟勝利了，但這種勝利不是個人的勝利，是生命與之緊密相聯的生活世界的勝利，是民間積極肯定的精神的勝利。方言敍述了這種勝利，方言也分享了與之緊密相聯的勝利。

15　韓少功：《暗示》，《鍾山》文學雙月刊 2002 年第 5 期，第 81 頁。
16　張煒：《醜行或浪漫》第 145 頁。

六

　　《醜行或浪漫》的第三章《食人番家事》、第五章《河馬傳》，集中呈現了這個生活世界裏的壞和惡，而且是大壞大惡。

　　在我們的文學中，常見的是小奸小壞；而且，似乎是要寫出人物複雜性的思想在起作用，常常壞也壞得壓抑，壞得不徹底，壞得鬼鬼祟祟，總之，壞得不爽。複雜性似乎是，好人也不真那麼好，壞人也不見得多麼壞。面目模糊差不多就是複雜性了。

　　《醜行與浪漫》拋棄了這種所謂的複雜性，卻並沒有走向簡單、教條和僵化。它敢放筆直寫大壞大惡，而且，它有能力把壞和惡不當成一個本質性的定義來演繹，而是當成一種同樣豐富多彩的生命現象來敍述。壞和惡是一種生命現象，而且有些時候具有強大的生命力。所以，我們在這部作品裏看到的壞，壞得有活力，壞得有感情，壞得有追求；壞得趣味橫生，壞得花樣翻新，壞得淋漓盡致；還有，壞得滿足，壞得快樂。

　　大壞大惡，就是要這樣壞和惡得沒有限制，沒有好和善作爲一個對立面，沒有好和善的意識，同時也就是沒有壞和惡的自我意識，壞和惡得不知道什麼是壞和惡。

　　在一個鄉野小村，再壞再惡又能如何？多大的人物啊？這樣問就似乎不太懂得中國鄉村社會了。小油犖和他父親老獾，那是伍爺一人之下眾人之上的人物；什麼叫一人之下眾人之上？伍爺呢，當然就是皇帝。這個道理伍爺的「軍師」二先生說得明白：「使上了『縮地法』，把一村縮成一國，差不多也就是皇上了。」[17]這樣以來，至高的權力就保證了壞和惡的蓬勃發展，保證了壞和惡充分施展的舞臺空間，甚至保證了壞和惡的藝術性，保證了壞和惡的持久魅力。想想看吧，伍爺巨大的身軀，像大河馬一般醜陋，可是這具醜陋的軀體似乎有著領袖般的各個方面的超凡魅力（chrisma），有著似乎無窮無盡的能量。從民間權力運作顯影特

17　張煒：《醜行或浪漫》第174頁。

殊時期的現代社會政治風雲，當然非作者本意，但讀者未嘗不可以得其某種「神似」之處。

壞和惡其來有自，作品追究了歷史。但像這樣的歷史追究，恐怕只有民間的視角和方言的敍述最適合擔當。老獾講家史，說：「世上人叫咱『食人番』呢，咱這支人嘴裏一左一右有兩顆尖牙，後來一代一代下來大葷腥沒了，尖牙也就蛻成兩顆小不點兒萎在嘴裏，你照著鏡子擎著燈扒拉著看吧，一看就知道了。」[18]「伍爺爲什麼對咱好？他也是古譜上尋不著的人口，用一個假『伍』藏住了身哩……（口）裏邊一面一顆小獠牙。你當這是怎麼？這是要在人堆裏啃咬哩。」[19]

特別有趣的是二先生爲伍爺寫了一部「傳書」，自然從上溯幾代寫起，來龍去脈交代清楚；一路下來，寫到傳主伍爺，「十五歲長成街上霸主，大小童子皆爲身邊嘍羅。孬人聞其聲而色變，常人觀其行而規避。大小村落，泱泱民間，莫不知虎門又添豹子，蒼天再降災星。先人既老，兵權私授，上級倚重，根紅苗正。君不見督都來視，執手而行，酒過三巡，聲色俱厲……吾雖年長十歲有二，或可爲伍爺記敍日常行止，收拾一路碎銀……吾半生覓得病妻一枚苟延殘喘，幸得伍爺關愛方獲一分活趣，不至輕生。吾平生所見偉人多乎不多，身材寬大聲如洪鐘者僅此一例。且不說治理保甲技高一籌，設文臣置武將以逸待勞，平日裏安臥榻上身覆朱紅緞被，大街上一片升平井井有條。真正是以靜制動，運籌帷幄，決勝於千里之外。其人聲勢遠播，恩威並舉，毗鄰如上村之頭黑兒來見，每每弓身低眉，乃畏懼之狀。凡強力之士必有餘興存焉，俺伍爺雖日理萬機，仍舊異趣盎然令人驚駭。本傳書依據不爲賢者諱之原則，在此慎記傳主瑕疵一二，以承續太史公之遺風。」[20]以下所記「餘興」「異趣」，無非「襲人妻女」之類。

二先生寫「傳書」，對方言土語，雖終不免夾雜一二，整體卻是極力回避的，一是因爲，爲「偉人」作傳，當然不能用村語野言，須得「高

18　張煒：《醜行或浪漫》第88頁。
19　張煒：《醜行或浪漫》第114頁。
20　張煒：《醜行或浪漫》第208頁。

雅」之文才相般配；況且，「傳書」爲古已有之之體裁，有它自身的原則、
模式和要求。二是因爲，二先生是有文化的人，「有書底子」，這一優勢
── 意味著特殊的資格和權力，意味著鄉村的「文治」── 的明顯標記，
就是和那些無知鄉民說話不一樣，且會寫字作文。這部「傳書」實在有
些妙不可言。它歌功頌德，阿諛逢迎，文過飾非，卻又從記敍中透露了
真實生動的歷史資訊；它滿篇陳詞濫調，隨處可見各類文體的混合雜交，
卻在新的組合和拼接中碰撞出了或大或小的縫隙和裂口，得以窺見被掩
藏的圖景；它有時老謀深算，有時卻輕率放肆；它可能剛剛說皇帝穿著
新衣服，馬上又介面說皇帝沒穿衣服；它常常一知半解，不懂裝懂，可
是，這一知半解和不懂裝懂反倒可能一語中的，一針見血。

在《醜行或浪漫》這麼一部方言之書的裏面，放進了一部戲仿的「偉
人傳」，堪稱神來之筆。作者寫大壞大惡，對這部「傳書」借力多多。同
時，在方言的大地上，我們又可見別樣語言的奇觀。

七

在《醜行或浪漫》裏，一如在《九月寓言》和其他的一些中短篇裏，
出現的人物大都有非常獨特的名字，這幾乎可以說是張煒小說的一個特
殊記號。這樣的記號，可以算作作家個人化風格的一部分；但其根底是
非個人化的，是民間生活世界和民間精神的自然標記。

張煒講過這樣的事：「三十年前有這樣一個小村，它讓人記憶深刻：
小村裏的很多孩子都有古怪有趣的名字。比如說有一家生了一個女孩，
伸手揪一揪皮膚很緊，就取名爲『緊皮兒』；還有一家生了個男孩，臉膛
窄窄的，笑起來嘎嘎響，家裏有就給他取了個名字叫『嘎嘎』；另有一家
的孩子眼很大，而且眼角吊著，就被喚做『老虎眼』。小村西北角的一對
夫婦比較矮，他們希望自己的孩子能高一些，就給他取名『愛長』。」

張煒把這稱爲「自由命名的能力」。

這種「自由命名的能力」是依託生活世界、靠方言來實現的。

這種「自由命名的能力」並不僅僅表現爲取名字，而且表現爲對置

身其中的生活世界的自主性。譬如說，《九月寓言》裏寫的「憶苦」、《醜行或浪漫》裏寫的「辯論會」，本來都是政治意識形態的儀式，但是這種自主性卻把它們變成了集體共同參與的節日性活動，意識形態的因素沒有被完全消除，但卻在整體上充分民間化了。這種自由的自主性把這樣的儀式改造成了平凡日常生活之外的另一種戲劇化的生活，而且人人都不同程度地參與其中。

可是，這種「自由命名的能力」，這種自主性，正在逐步喪失。

我們也許可以想得到「三十年後的小村怎樣了」——「滿街的孩子找不到一個古怪有趣的名字——所有名字都差不多。……不僅這樣，當年的『緊皮』、『愛長』、『嘎嘎』、『老虎眼』們，他們自己也不喜歡別人叫原來的名字。顯然他們認為那是一種羞愧。」[21]

這種「自由命名的能力」的喪失，背後是「自由命名的語言」的喪失，是生活世界的完整性的喪失。

方言已經沒有辦法統一鄉土農民的生活。今天已經很少有鄉村集體活動——集體勞動、集體娛樂，方言的集體場域不那麼容易見得到了。方言和方言的語境、方言和方言的大地之間那種天生的默契和親密無間的交融沒有了。說方言的農民們，即使他們沒有背井離鄉加入到湧向城市的「民工潮」裏，即使他們還留在他們的土地上，那片土地也已經大大不同了。在現在的這片加速變化的土地上，他們只是一個個孤單無助的人，孤單無助地對付生活的重壓，孤單無助地面對越來越普通話化的世界：不僅是教育的徹底普通話化，而且是生活也越來越深入地普通話化，就連娛樂也是，娛樂內容是普通話化的，娛樂形式是家庭化、私人化的。普通話化，簡單一點說，也就是現代化在語言上的變體。偶爾在某類電視節目裏聽到方言，可那樣的方言只不過是點綴，是調味品，甚至是可笑的東西，被嘲笑的物件。他們的語言不斷遭受剝奪，他們生活世界的完整性不復存在。

---

21 張煒：《世界與你的角落》，林建法主編《中國當代作家面面觀・尋找文學的魂靈》第 31 頁。

二十世紀產生了重大影響的語言學家索緒爾在《日內瓦大學就職演說》中講道：「語言不會自然死去，也不會壽終正寢。但突然死去卻是可能的。其死法之一，是因爲完全外在的原因語言被抹殺掉了。」譬如說，把普遍的共同語強加給說方言的人，就有可能抹殺掉方言吧。索緒爾繼續說，「在這種情況下，只有政治的支配是不夠的，首先需要確立文明的優越地位。而且，文字語言常常是不可缺少的，就是說必須通過學校、教會、政府即涉及公私兩端的生活全體來強行推行其支配。這種事情，在歷史上被無數次地反覆著。」[22]

不過方言還會持續存在下去吧？但又能持續多久呢？如果方言活潑潑的精神沒有了，與這活潑潑的精神共生的生活世界沒有了，只剩下一個聲音的軀殼，除了做一種語言的「標本」，被當作一種語言的「遺迹」，還有什麼活生生的意義？

由此而言，《醜行或浪漫》生氣灌注、自由流淌的方言及其神理、神味、神韻，行將從生活的大地上失傳？這部作品是登州方言和這個方言的生活世界的絕唱和挽歌？

我很疑惑。

也許不是這樣？也許我們對方言及其生活世界所內涵的積極肯定性質估計得太不夠充分，也許這樣的積極肯定性質會創造出新的生命活力？也許這樣的積極肯定的性質 —— 而不是整體性的貶黜、否定、對立 —— 會引導我們去重新尋找與悠久之根柢相溝通的新的方式，重新建立生活、語言、寫作之間的息息相通的聯繫？

2003 年 10 月 8 日

（載《上海文學》2003 年第 12 期）

---

22 柄谷行人在討論「書寫語言與民族主義」時引用了索緒爾在《日內瓦大學就職演說》中的這段話，本文是從這裏轉引的，見柄谷行人《日本現代文學的起源》第 198 頁，趙京華譯，北京：三聯書店，2003 年。

附　錄

關於《行將失傳的方言和它的世界》的通信

李振聲　張新穎

一

新穎：

　　正像你所說，假期裏雖然一起喝了好幾次酒，但卻未能有機會好好談談，是件遺憾的事。

謝謝你特意寄來你新寫的文章。好久沒有讀到你的新作了，現在突然有了這樣的機會，高興是自不待言的。顯然，這是早已在你心裏盤桓過多時的問題，現在正好從張煒的新作那裏找到了一份印證，便借機將它們從容地寫了出來。你讓我看看有沒有問題，我看過後，覺得挺好，至少在你所設定的論域裏，該談的都談得相當得體，也許再也無法比你現在所談的談得更好的了。

　　但如果稍稍跳開你的論域呢？

　　我覺得你在做的工作，和前些年，最先是從一些有著美國留學背景的人，他們對「後發」現代性國家和地區的思想文化境況所作的「後殖民」反思，在思路上比較接近，儘管這麼說，很可能是你從一開始就不情願的，也和韓少功近年努力在做的對中國種種虛妄的新意識形態的解

構工作，有異曲同工之處，這你在文章就提到了，相信不會反對。珍重方言，拒絕用任何名義將方言消遁在普通話的麾下，說到底，也就是始終不放棄將文化的多元和差異視爲正當的立場，並且相信只有這樣，才有可能維繫住世界本有的真實和豐富。但這裏邊也不是沒有疑惑。就算方言吧，它最終還是跟語言脫不了干系，說到底，它還是一種語言系統，語言所不得不具有的抽象性和象徵性，在它那裏同樣無不一一具有。能說出的，總比不能說出的要虛幻貧乏得多，人類語言本身即是一個背叛前語言的世界本身的過程，這既是語言的不幸，但也是它的有幸，要是語言不具有逸出在真實世界之上的抽象概括和象徵隱喻性能的話，我們憑什麼去通觀、認知、思索和解釋這個廣袤豐富得沒有邊際的世界呢？推到極端的話，若想對生活世界「高保真」的話，就連方言也是有致命缺陷的。相對缺陷少些的，也許只有原始部落民用的尚未經過抽象分化的原始語。但原始民那裏是不需要文學和小說的。語言的本質似乎已注定了，從根本上說，和普通話一樣，方言同樣也會損耗生活世界本有的真實和豐富，如果說有區別，那也只是程度不同，五十步至於一百步的比差而已。看來要幫助小說根本挽回生活世界的真實和豐富，出路很可能既不在普通話，也不在方言，而當另想辦法。否則，我們也不容易說清楚那些再普通不過的文學經驗：那些真正能打動我們的作品，不恰恰正是那些不受國家、地區、民族、政治、經濟，當然包括語言等因素限制的東西，是那些溢出在這種種制約之外的東西，是那些人跟人最終可以彼此認同、理解，並深深爲之折服和肯定的，真正表達了人的尊嚴和信念，而不僅僅只是存在於某一地域，從事某一特定職業的人身上的尊嚴和信念？國家、民族因素，政治、經濟體制，方言，也許更多地只具有地域文化政治意義，只是增長和滿足我們對異文化、民俗學和地方誌的見聞和好奇心而已。

我們中國人自古以來懷抱有「世界大同」的悲願宏志，可能最近十數年間情況有些變化，但舉國上下，不管明裏不樂意還是暗底裏樂意，自覺還是潛意識的，那種對歐美價值趨向和生活方式的趨同，依然還是根基於這一「大同」心理情結。尊尚「大同」理想，未必就是虛妄，但

未經認真反思（這本該是一個充滿了外在挫折和內在精神掙扎的異常痛苦的過程），一相情願式的趨同，其虛妄的性質則自不待言，後一點，竹內好在上世紀 50 年代特意標舉魯迅精神乃至中國社會主義實踐，對日本毫無反思一味趨從的現代性痛下針砭時，已有很好的分梳，用不著我再來多嘴，儘管他當時用的材料和所得出的推論，現在讀去，也有不少是落了空的。「人之初，性本善」，我們是相信，人跟人，是可以回到根本的出發點上來談論問題和彼此溝通的，即使通約的可能性再小，但畢竟還是存在著的。人有彼此交流的必要，也是有可能交流的，首先得有彼此多少可以認同的價值心理基準，對善和惡的理解和解釋的尺度，也許會因經濟收入、政治制度、民族習性，甚至從事的職業和純粹個人性的生活癖性等方面的差異，存在較大的出入，但對人人都有追求最大幸福的權利和自由，近代以降（在我們這裏自然還是很晚近的事），大概是誰也不會再愚蠢地悍然表示公開反對的了，是之為善，否之則惡。有了這些大致可以通約的價值心理基準，接下來還得有可以彼此傳情達意的語言，就近代國家和民族而言，它還得擁有足以滿足他們維繫和確認自己政治、文化、經濟乃至感情共同體等諸多認同需求的表徵性語言符號系統。所謂普通話，便是這樣一些需求的產物。比起方言來，它當然對局促於一隅的地方有所超越，必須兼顧到各個地區的共通性，抽象性，也就是趨同求同的程度高些，但並非虛妄。不過，正像柏林所反覆談論的那樣，鑒於我們人類迄今為止都還搞不清這個世界上究竟什麼是最有價值的生活，什麼是最為正當合理和最有尊嚴的生活方式，在這種情況下，為了杜絕再有人出來宣佈某種價值、某類生活模式為最合理正當，從而滿懷使命感和道德憂越感，強使更多的人們放棄自己原有的價值和生活，以便與他們一起分享那種最具價值，最為正當合理的生活，結果卻迫人就範，導致人類眾多價值和生活權利被剝奪，為了避免這樣的歷史慘劇，堅持人類價值的多元立場，堅持各種文化生活方式的正當合理性，便是一件刻不容緩的事，借重柏林的這一思路，我們不妨這樣說，在眼下還找不到一種最好的語言的情況下（很可能，尋找一種最好的語言本身即是一種無法實現的烏托邦衝動），珍視和寶重現存方言正當合理的權利，使其免遭受壓抑和被剝

奪，是我們此時應當刻刻留意的事情。

《中庸》講，「萬物並育而不相害，道並行而不相悖」。這種「並行」的狀態自然非常理想，但「道」在無限延伸的過程中總會和別的「道」接近甚至發生交叉，生物隨其成長也終究要和其他生物彼此發生接觸和糾纏，出現空間的糾紛，當此之時又該怎麼辦？這都是問題。

對趨於一體化的東西，對普通話的話語權力，在保持必要的批判立場並對其有可能包含的虛妄性堅持提出質詢的權利的同時，是不是對自己所持的方言立場，也同樣需要持有一份警惕和反省之心呢？

以上是我讀你新寫的文章後聯想到的一些意見，拉雜寫出，供你參考。

振聲　2003 年 10 月 14 日

二

李老師：

你的信在我郵箱裏躺了快兩個月我才看到，那個電子郵箱我基本不用了。

你在更大的語境中看方言問題，更能見出這種關注的意義，另一方面也為「方言立場」的自我反省提供了背景和可能。

你說的我基本都同意。你說在對生活世界的損耗上，方言和普通話不過是五十步和一百步之差，我也同意的；但五十步和一百步還是差五十步的，我就是要爭這五十步。並不能因為語言本質上的特徵而忽略這個差異。特別是對於文學而言，這差出來的五十步太重要了。

寫完這篇文章後，看到林斤瀾一篇文章，說到他《矮凳橋》系列小說用了不少溫州方言的舊事，又說：「一方水土一方人，方言是一方水土的言的美，一方人物質生產精神生產的總和的味。一個作家只會說普通話，幹什麼都無礙，只是到了文學這裏，就會語言無味，語境不美。有人說得苛刻：寫了七八本書，也還面目不清。」（《拳拳》，載《隨筆》200年第 6 期）

　　但我的立場還不是「方言立場」，我很擔心這篇文章引起這樣的誤解。我要強調的是差異性，是差異性的語言對統一的、板結的、高高在上的語言的反抗。我在這個思想的方向上肯定方言，也在同樣的思想方向上肯定被籠統地指責爲「歐化」的語言，譬如魯迅的語言、胡風的理論語言、路翎的小說語言。去年爲東京的那個會而寫的論文《現代困境中的語言經驗》就講這個意思，但那時因爲在韓國，手邊沒有資料，文章就寫得像個提綱；以後有機會，我還想再仔細討論。就像這篇關於方言的文章會讓人覺得我是「方言立場」，那篇關於「歐化」的文章也會讓人覺得是「歐化語言」的立場，而一般又認爲，方言和歐化語言是勢不兩立的；其實在我這裏，是從差異性的角度來肯定不同的語言形式有可能給現代漢語帶來更大的彈性，假如我們持一種開放的現代漢語觀念，能夠不斷接納差異性的話。

　　不過仔細說起來，這裏面的問題太複雜，說不清楚。我自己心裏的困惑很多，文章有時候並不能把這些困惑充分表達出來。但你知道，我所以會對這樣的問題感興趣，最初的出發點就是我個人的語言困惑，九四年我寫《黑暗中的聲音》，九五年寫《瘋狂與晦澀》，其實是很焦慮的個人語言經驗，沒想到今天就走到這兒了。

　　日本寒假放得雖晚，但也快了吧？回來再喝酒。

新穎 2003 年 12 月 18 日

（載《上海文學》2004 年第 4 期）

黑暗中的聲音

　　我對語言的弊病感興趣。我對陳詞濫調感興趣。

　　瓦茨拉夫・哈韋爾在任捷克和斯洛伐克聯邦共和國總統之前所寫的一本自傳性的書裏，說過上面這兩句話。哈韋爾讓他的劇中人發現「陳詞濫調是這個世界上的中心原則」，他自己卻仍然能多多少少地超然處之，這確實也是他忠誠於荒誕派戲劇傳統的一個例證。荒誕派戲劇中晃動著嬉戲的影子。

　　但是並非所有的人都有「感興趣」這樣良好的態度。很多人是被陳詞濫調糾纏，被語言的弊病困擾、不安、痛苦甚至瘋狂的。

　　會有人因為語言的問題而發瘋？在我看來這毫無疑義。

　　尼采在《人性，太人性了》第一卷第四章中說：「由於幾百年來情感的誇張，一切辭彙都變得模糊而腫脹了，這種情況嚴重地妨礙了認識。高級文化，在認識的支配（倘若不是專制）下，必須有情感的大清醒和一切辭彙的強濃縮；在這方面，狄摩西尼時代的希臘人是我們的楷模。一切現代論著的特點便是誇張；即使它們簡單地寫下，其中的辭彙仍然令人感到很古怪。周密的思考，簡練，冷峻，質樸，甚至有意矯枉過正，質言之，情感的自製和沈默寡言 —— 這是唯一的補救。 —— 此外，這種冷峻的寫作方式和情感方式作為一種對照，在今天也是很有魅力的；當然，其中也有新的危險。因為嚴厲的冷峻和高度的熱烈一樣也是一種刺激手段。」

　　一百多年以前尼采身受的困擾，並沒有因為尼采的敏悟而且作為一個問題連同「對策」一起提出來而得到消除。從整體而言，「唯一的補救」措施非但沒有去實行而且相反方向上的運作更加瘋狂和變本加厲，語詞的「模糊」與「腫脹」已幾近面目全非的地步，對它的恐懼在今天變得

愈發突出了。生活也許變得日益輕鬆、容易、有意思，存在卻更加艱難、空洞、意義曖昧。我們可以做越來越多的事情，我們卻越來越不能表達自己。

無法表達自己的情形每個人都會有不同程度的感受，但是，它作爲一個存在的巨大問題，卻是針對那些在當下狀況的語詞中找不到自我精神的基本空間的話語主體而言，我把這些人稱作「我們」。我們是這樣一些人：我們找不到歷史，歷史是別人的創造物；我們找不到現實，現實爲他者佔有；我們存在於歷史和現實之外，同時也不爲未來做準備，未來不過是歷史和現實的延伸，不擁有歷史和現實的我們也不擁有未來；我們還找不到同類和夥伴，其他人往往把我們看成同類和夥伴，並且讓我們共戴一頂這個或那個名詞做的帽子，幾個形容詞或動詞拼湊的存在方式，但這是別人強加的，我們彼此間並不認同和溝通，原因很簡單，也觸及到了根本：我們還無法把自己表達出來，憑什麼來認同和溝通？我們只是在無法表達自己這一有限規定性上才能稱作「我們」，硬要說我們是同類或夥伴，那我們最多也只能算是黑暗中的同類，看不見的夥伴，我們不可能互相援手。

我們是以否定的方式來透顯自身的，這是不得已而爲之，我們幾乎喪失了任何正面表達自我精神實質的能力。比如我們「愛」：然而一想到「愛」是被大大小小的歌星唱來唱去賣錢的；一想到「愛」是意識形態的指令，並且替你設置好了一個個有所指但你總也搞不清所指的具體性的物件；一想到「愛」被無數的人重覆了千百年而且還要繼續重覆下去，每重覆一次它的成分就要複雜一分；於是「愛」便無法出口。一旦說出，就等於扭開了歷史和現實的開關，就會從各個方向湧來含混而巨大的「情感」之流把我們的「愛」淹沒，我們會在污泥濁水中不明不白地遭到流彈的襲擊。我們害怕被不是我們的歷史覆蓋，窒息而死；我們害怕被我們不擁有的現實侵害，受傷而死。

我們不願意承認先我們而在的歷史和現實，然而我們卻躲不開不是我們的歷史，我們無法不用被用舊了、磨壞了、既無限複雜又失去了彈性變得無比僵硬的字、詞、句；我們更躲不開現實，現實會逼著我們對

它作出反應。我們一旦對現實表態，就只能用現實的語詞，它是在表態之前就已經規定好了的。比如文化人「下海」、文學上的「陝軍」，不管我們持何種態度，都無法迴避「下海」、「陝軍」這樣的辭彙，只要我們和這樣的辭彙發生關聯，就等於承認了這樣的語言事實及其內含的價值準則。即使是反對（對具體的事件），也是承認（對無所不在的現實）。尤金‧奧尼爾說：「我們常常反對一些小事，最後我們自己卻變得渺小了。」我們不願因為反對現實而被現實化。我們常常在現實的壓力下仍然緘口不語，其時我們就退出了現實同時也是被現實放逐。

　　為了拒絕現實、保護自己不被現實侵害，我們成了無言的話語主體。因此現實不把我們當作話語主體來看待也自有現實的道理。現實不尊重沈默。

　　但現實是什麼？現實不為我們佔有，同時也不為自以為佔有現實的人佔有，現實不為任何人佔有。現實從不真實。自以為熟練地掌握了現實的辭彙和語法的人在毫無困難地表達自己的時候實質上正被現實佔有。越在現實中如魚得水，現實對他的佔有就越全面、越徹底。因此，我們在現實中退場，不對現實說話，也就避免了被捕獲。這是我們的欣慰。然而如果我們不通過現實表達自己，我們能在現實之外表達自己嗎？

　　換句話說，我們能創造自己獨有的辭彙和語法嗎？在我看來，當代先鋒文學就曾經抱著這樣的企圖，要創造出一塊既不被歷史、也不被現實佔有的話語空間，所以社會對它的貶斥是意料之中的。在先鋒文學極端的表述中，特別常見的是在先鋒詩歌中，它盡了自己最大的力量擯棄和破壞歷史和現實中通行的表述原則，它使自己的表述成為一種其他人無法進入的獨語。先鋒文學對語言的能指和所指之間關係的「發現」和致力於其間張力的表達，其實可以理解為精神主體的自我發現及其與現實之間的緊張關係。為了逃避無所不在的歷史、現實及其原則，先鋒文學被逼上梁山。但是最個人化的獨語就是自我表達嗎？如果現實進入不了這種獨語，現實就認為它不值一提或者根本就不存在；另一方面，從自我的立場上來看，別人不懂的辭彙和語法自己就懂嗎？假設說我懂我自己，那麼是否能夠據此推斷我就懂得自己在壓力和焦慮狀態下所做的

不自由的表達 —— 獨語？不得已的獨語爲了逃避歷史和現實的佔有，同時也就犧牲掉了人類亙古以來最基本的也即是共同或共通的情感、認識和思想，而捨棄了這些最基本的東西的表達，還是自我表達嗎？

先鋒文學寄希望於將來，這是先鋒文學最世俗的一面。將來不過是歷史和現實的延伸，將來的承認和授勳也就是歷史與現實的承認和授勳。所以 80 年代的先鋒在 90 年代大紅大紫，燦若明星。先鋒與現實之間彼此苟且，彼此靠攏，彼此讓步，在現實對先鋒的認可和先鋒對現實的認可之間成功地達成妥協，二者都是贏家，而現實是最後最大的贏家。我們從俗，把曾經有過的那麼一部分文學、那麼一些作家稱作先鋒文學和先鋒作家，而真正的先鋒永遠的先鋒默默無聞。先鋒沒有前途沒有希望。先鋒應該是徹底絕望者的姿態，是一無所求者的姿態。所以我們不苛責中國先鋒文學在當代文化語境中的裂變和分化，我們不苛責梁山好漢的歸順投降。世上有永遠的獨語者，但爲數肯定很少很少，而徹底的獨語者，我們也無從知道。如果世上沒有誰堪稱這樣的人，那麼我們的理想中肯定有這樣的存在，我們的理想爲這樣的人留下了位置。

先鋒文學的今昔變遷證明創造獨立的話語空間是一種妄念，它沒有爲我們解決如何表達自己的難題提供一條途徑。我們曾經以爲在先鋒文學的話語空間中可以安置自己的精神家園，現在我們恍悟我們仍然居無定所。

我們不爲明天準備自己，我們也沒有希望，棄絕前途，但同時我們懦弱，我們沒有大智慧開創坦途，我們沒有大勇氣踏上絕路。我們終於不得不在表面上承認現實，我們也學會在商業化潮流中嘲笑精神價值，我們嘲弄別人更嘲弄自我，嘲弄自我心中最珍貴的價值和情感。我們把自己弄得面目不清，我們不知道我們對現實的認可是否僅僅止於表面，我們懷疑這能夠僅僅止於表面嗎？我們儘量爭取低姿態，不知道這是不是一種本能的自我保護的反應？我們自己已經把自己置於最不堪的境地，現實還能再怎樣傷害我們？自我嘲弄和自我作踐圍起了一堵牆，我們最珍貴、最美好、最純潔、最深邃的情感和思想居於中心；我們寧肯自己染指它、毀滅它，也不願意在光天化日之下被現實和別人染指、毀

滅。

如果語言是我們自己的語言，那麼語言就是我們存在的家園。可是語言先我們而在而且不可能為我們擁有，我們不得已和它發生關係就會被它反鎖住，語言是我們黑暗又骯髒的牢籠。我們沒有新工具，造不起來新房子。我們的存在既沒有庇護又積滿了歷史和現實的塵垢，被莫名地捆綁。我們左沖右突、頭破血流卻仍然發不出聲音。我們模仿歷史和現實的聲音來說話，此時，我們的口在說，而心靈在沈默。有時我們未免說得太多，在這個語言過剩的時代加劇過剩語言的生產和輸出，這時候，往往心靈沈默得更深，如同死去。我們變得胡說八道、信口開河，帶著對語言的仇恨和存在的惡意糟蹋不為我們所有的語言。我們憤世嫉俗、尖酸刻薄，可是誰又真願意憤世嫉俗、尖酸刻薄呢？誰不願意自己能正常地生活和思想，卻偏偏把自己搞得怪裏怪氣、不像人樣呢？也許，我們拚命把自己的尖酸刻薄、憤世嫉俗發洩出來，我們的內心就會少一些這類東西，而更多一些平和安詳、更多一些寬厚坦蕩。如果不是這樣，如果我們的內裏也只有憤世和刻薄，那就好辦許多，就不會有如何表達的存在難題了。

大詩人威・休・奧登羨慕數學家的命好，因為「只有同行才能評論他」，而作家和公眾卻在用著同樣的媒介 —— 語言。奧地利詩人卡爾・克勞斯說：「一般公眾其實並不懂德語，可是在雜誌裏我不能跟他們這麼兌。」他氣概非凡地表示：「我的語言是一個人盡可夫的娼妓，可是我卻必須把它改造成一個處女。」奧登認為，「這既是詩歌的光榮也是恥辱：詩歌的媒介不是它的私產，詩人無法創造自己的語詞，這語詞並非大自然的產品，而是為了不同的目的使用語詞的人類社會的產品。在現代社會裏，語言常遭汙損，被貶低成『非語言』，詩人經常處在耳朵被污染的危險之中，對於媒介是他們的私有財產的畫家與作曲家來說，這種危險是不存在的。但在另一方面，詩人卻比畫家與作曲家保險，不那麼容易受到另一種現代社會的禍害 —— 唯我論者的主觀主義 —— 的污染；不管一首詩有多麼隱秘，它所用的每一個詞都有意義，在詞典裏能查到，這一事實足以證明別人的存在。即使《芬尼根覺醒》的語言也不是喬伊斯

獨創的；一個純屬個人的文字世界是不可能存在的。」

其實奧登所言並不一定局限於文學寫作，它對於每一個要「存在」的人都是問題。

也許我們太偏狹了，我們承認我們確實受到了「唯我論者的主觀主義」的污染，這是一個時代的病症。我們有可能像奧登那樣，既清醒又通達嗎？即使現在不能，將來可能嗎？

如果我們沒有大智慧、大勇氣，如果我們無法獲得地氣、天啓和神示，那麼就讓我們沈默。我們不加入現實的合唱。我們不在現實中存在但我們並非不存在，現實不是唯一的根據和尺度，甚至現實根本就不是根據和尺度。我們不要做現實中的話語主體。我們在沈默中孤絕。

這不是哪一個個人的命運，雖然我們僅僅是，但我們畢竟是：黑暗中的同類，看不見的夥伴。

1994 年 6 月 16 日

（載《上海文學》1994 年第 9 期）

輯　二

新文學作家在新中國

論沈從文：從 1949 年起

引言：論題和材料

　　對沈從文的再發現，將注意力集中到 1949 年以前的作家作品上，是很自然的事。從 1949 年起沈從文絕少創作，似乎作爲一個作家的創作生命已經停止；沈從文的再發現中，人們雖然對於他的文物研究成就十分驚訝和贊歎，但那已經是在文學範圍之外，文學研究者似乎也沒有多少話好說。既然一方面沒有多少可以注意的東西，另一方面值得注意的又逾越了專業範圍，那麼從 1949 年起的沈從文，對於文學研究者來說似乎就是不特別重要的，對於從此以後的敍述也就可以是簡略的、一筆帶過的。

　　到目前爲止，已經整理、公開的資料對於研究從 1949 年起的沈從文仍然是相當不充分的。然而就是已有的資料，已經能夠構成對一些被普遍認可的一般性說法的質疑。譬如《從文家書》[1] 的出版，就引發出許多值得重新思索的問題。《從文家書》從 1949 年起的內容占了二分之一強，這些內容是不是「文學」？[2] 按照慣例我們可以把書簡當作廣義的散文，當作文學作品看待的。其實僅僅如此遠遠不夠。我們完全可以把書簡就當作書簡，不必去攀附散文，從而進一步認識書簡這種寫作形式在當代中國的特殊文學史意義。在特殊的社會、政治、文化環境下，文

1　《從文家書－從文兆和書信選》，火鳳凰文庫之一種，上海遠東出版社 1996 年 2 月第一版。

2　陳思和主編的《中國二十世紀文學精品》，學林出版社 1999 年第 1 版，就收入《從文家書》中的（1949 年）5 月 30 日下 10 點北平宿舍、1949 年 9 月 20 日致張兆和、1951年 11 月 9 日致張兆和三文。

學作品的公開發表機制往往是意識形態審查和控制的方式，對照五六十年代公開發表的散文和同一時期的「從文家書」，我們會強烈感受到一種堪稱巨大的反差，感受到家書所表露的思想、情感的「私人性」與時代潮流之間的緊張關係。在特別時期，正是在「私人性」的寫作空間裏，「私人性」的情感和思想才得以以文字的形式表達和存在，才保留了豐富的心靈消息，文學也正是在這種空間裏才得到庇護和伸展，能夠對時代風尚有所疏離和拒斥。《從文家書》這樣一種潛在的寫作文本的出版，至少使得那一段時期的文學史變得不像原來那樣單調乏味了，僅就此而言，便不可以說沈從文的作家生涯到 1949 年就已經結束。書簡這種典型的「私人性」寫作空間，爲通常的文學史所忽視，可是對於特殊時期的文學史有特殊的意義。

本文論述從 1949 年起的沈從文的心態和精神世界，依據的材料主要如下：

（一）《從文家書》後半部分，其性質和意義如前述；

（二）公開發表的 1949 年起的書信、日記、檢討等各類文章和舊體詩；

（三）關於文物研究的文章，主要集中於《花花朵朵　罎罎罐罐》一書[3]；

（四）1949 年以前的作品，主要是四十年代寫作《綠魘》、《燭虛》、《潛淵》、《長庚》諸篇什時期的作品。

一、「瘋」與「狂」

從 1949 年 1 月起，沈從文陷入「精神失常」。「精神失常」其實是個極其模糊的說法，據此我們難以得到任何實質性的認識。他的「精神」狀況到底是怎樣的？「失常」的「常」是指什麼？從哪一種角度看是「精神失常」？如果換一種角度呢？

《從文家書》中《囈語狂言》這一部分，彙編了沈從文「生病」過

---

3 《花花朵朵　罎罎罐罐－沈從文文物與藝術研究文集》，外文出版社 1994 年第 1 版。

程中所留下的一些文字材料，我們需要仔細看看通常所說的沈從文的「瘋
狂」究竟是怎樣的情形。

沈從文在張兆和 1 月 30 日致他的信上寫下了許多批語，其中一段是
這樣的：

> 給我不太痛苦的休息，不用醒，就好了，我說的全無人明白。沒
> 有一個朋友肯明白敢明白我並不瘋。大家都支吾開去，都怕參預。
> 這算什麼，人總得休息，自己收拾自己有什麼不妥？學哲學的王
> 遜也不理解，才真是把我當了瘋子。我看許多人都在參預謀害，
> 有熱鬧看。[4]

另有一段相類的文字：

> 金堤曾祺王遜都完全如女性，不能商量大事，要他設法也不肯。
> 一點不明白我是分分明明檢討一切的結論。我沒有前提，只是希
> 望有個不太難堪的結尾。沒有人肯明白，都支吾過去。完全在孤立
> 中。孤立而絕望，我本不具有生存的幻望。我應當那麼休息了！[5]

這兩段文字相當觸目，觸目的原因還不在於不承認自己的「瘋」，而
在於尖利地指出周圍的人「不肯明白不敢明白」，「支吾過去」。在此，沈
從文把自己跟幾乎所有的朋友區別、隔絕開來，區別、隔絕的根據，說
白了就是：在社會和歷史的大變局中，周圍的人都能順時應變，或者得
過且過，而他自己卻不能如此、不肯如此。他所意識到的「完全孤立」
當然與左翼文化人對他的猛烈批判有關，即使在「病」中他也仍然十分
清醒：「我『意志』是什麼？我寫的全是要不得的，這是人家說的。我寫
了些什麼我也就不知道。」[6]除了此類來自於外部的壓力，他自身的「鄉
下人」品性也在這時特別執拗地顯示出來，在他沒想通之前，這個冥頑
不靈的「鄉下人」是不會順時應變的。而在一切都順應趨變的時局和情
勢下，他的話就顯得非常刺耳：「小媽媽，我有什麼悲觀？做完了事，能
休息，自己就休息了，很自然！若勉強附和，奴顏苟安，這麼樂觀有什

4　《從文家書》，152 頁。

5　《從文家書》，153 頁。

6　《從文家書》，151 至 152 頁。

麼用？讓人樂觀去，我也不悲觀。」[7]

　　正是沈從文自己，十分清楚地表述了他的精神狀態和產生這種狀態的根源。他在 5 月 30 日寫道：

> 有種空洞游離感起於心中深處，我似乎完全孤立於人間，我似乎和一個群的哀樂全隔絕了。[8]

又寫道：

> 世界在動，一切在動，我卻靜止而悲憫的望見一切，自己卻無份，凡事無份。我沒有瘋！可是，為什麼家庭還照舊，我卻如此孤立無援無助的存在。為什麼？究竟為什麼？你回答我。[9]

　　這種對比實在太懸殊了：一個群的狀態，世界的狀態和個我的狀態截然相反，一個並沒有巨大神力的普通人身處歷史和時代的狂濤洪流中，卻想保持不動，不與泥沙俱下。從「識時務」者的「明智」觀點來看，這當然是一種「瘋狂」。其實對此種情勢沈從文自己相當清楚，在 2 月 2 日複張兆和的信中，他寫道：「你說得是，可以活下去，為了你們，我終得掙扎！但是外面風雨必來，我們實無遮蔽。我能掙扎到什麼時候，神經不崩毀，只有天知道！我能和命運掙扎？」[10]

　　1 月初《題〈綠魘〉文旁》三段文字的最後一段說：「我應當休息了，神經已發展到一個我能適應的最高點上。我不毀也會瘋去。」[11] 9 月 20 日致張兆和的信似乎表示這一「失常」過程的結束，並對此作了自我總結。信中說，「我溫習到十六年來我們的過去，以及這半年中的自毀，與由瘋狂失常得來的一切，忽然像醒了的人一樣，也正是我一再向你預許的一樣，在把一隻大而且舊的船作調頭努力，扭過來了。」[12]

　　這兩段話中值得注意的是與「瘋」相提的「毀」、與「瘋狂」相提的「自毀」。我們想到沈從文曾有過自殺的經歷，很難說自殺是一時的衝動

7　《從文家書》，153 頁。
8　《從文家書》，160 頁。
9　《從文家書》，160 至 161 頁。
10　《從文家書》，157 頁。
11　《從文家書》，147 頁。
12　《從文家書》，162 頁。

和糊塗，「自毀」的意識在沈從文的思想中顯明而強烈：「小媽媽，你的愛，你的對我一切善意，都無從挽救我不受損害。這是夙命。我終得犧牲。我不向南行，留下在這裏，本來即是爲孩子在新環境中受教育，自己決心作犧牲的！應當放棄了對於一隻沈舟的希望，將愛給予下一代。」[13]其實「瘋狂」同自殺一樣，也是一種「自毀」的方式。

我們很容易把沈從文的「瘋狂」視爲外力逼壓的結果，當時的事實也很容易爲這種看法提供有力的證據；同時我們也必須承認左翼文化人的激烈批判[14]使沈從文心懷憂懼，憂懼的主要還不是這種批判本身，而是這種批判背後日益強大的政治力量的威脅。1949 年沈從文的「瘋狂」，這些因素都是直接的，確實難逃其咎。可是從沈從文自身的思想發展來說，也有其內在的緣由。這需要追溯到四十年代前半期沈從文在昆明寫作《綠魘》、《燭虛》、《潛淵》、《長庚》諸篇什的時期。

沈從文至此一時期思想上出現巨大迷茫，陷入苦苦思考的泥淖而難以自拔。用沈從文自己的話來描述，就是「由於外來現象的困縛，與一己信心的固持，我無一時不在戰爭中，無一時不在抽象與實際的戰爭中，推挽撐拒，總不休息。」[15]要說「瘋」，沈從文那時候就開始「瘋」了：「我正在發瘋。爲抽象而發瘋。……我看到生命一種最完整的形式，這一切都在抽象中好好存在，在事實前反而消滅。」[16]原本不長於抽象思考的沈從文，卻在這個時期思考起「抽象」的大問題來，而他所說的「抽象」，其實總是與具體的現實緊密相連，因此也總是與具體的現實搏戰不已，「對一切當前存在的『事實』，『綱要』，『設計』，『理想』，都找尋不出一點證據，可證明它是出於這個民族最優秀頭腦與真實情感的產物。只看到它完全建築在少數人的霸道無知和多數人的遷就虛偽上面。」[17]他

13　《從文家書》，157 頁。
14　1984 年 3 月出版的《大衆文藝叢刊》第一輯集中刊出了郭沫若的《斥反動文藝》、邵荃麟的《對於當前文藝運動的意見》、馮乃超的《略評沈從文的「熊公館」》等文章。後來當時沈從文所在的北京大學還貼出了大字報，全文抄出了郭沫若的文章。
15　《長庚》，《沈從文別集・七色魘》，嶽麓書社 1992 年 12 月第 1 版，155 頁。
16　《生命》，《沈從文別集・七色魘》，嶽麓書社 1992 年 12 月第 1 版，160 頁。
17　《長庚》，《沈從文別集・七色魘》，嶽麓書社 1992 年 12 月第 1 版，155 頁。

的大腦和心靈成爲無休止的廝殺的戰場，他承受不了，所以「發瘋」了。

　　……沈默甚久，生悲憫心。

　　我目前儼然因一切官能都十分疲勞，心智神經失去靈明與彈性，只想休息。或如有所規避，即逃脫彼噬心齧知之「抽象」，由無數造物空間時間綜合而成之一種美的抽象。然生命與抽象固不可分，真欲逃避，唯有死亡。是的，我的休息，便是多數人說的死。[18]

　　把這一時期沈從文所表述的內心思想圖景 —— 如上述一段文字 —— 和 1949 年「生病」期間的「狂言囈語」相對照，我們會在很多地方發現驚人的相似。渴望「休息」——「便是多數人說的死」—— 即隱約透露出到 1949 年時已相當明確的「自毀」意識，其時所感受到的在周圍人事中的隔絕無援，徹底性也正如後來的體驗。「主婦完全不明白我說的意義，只是莞爾而笑。然而這個笑又像平時，是瞭解與寬容、親切和同情的象徵，這時對我卻成爲一種排斥的力量，陷我到完全孤立無助情境中。」[19]

　　如果說這一時期的精神危機和 1949 年的精神危機有什麼差別，可以說這一時期主要表現爲「瘋」，而 1949 年時在「瘋」之外更表現爲「狂」。在本文裏，不妨做一點細微的區分：「瘋」在這裏是指思想爭鬥不休、茫然無所適從的混亂狀態，而「狂」則是思想意識十分清醒姿態下採取的帶有極端性的言行。1949 年沈從文的「瘋狂」，即是一種極端清醒狀態下的「瘋狂」，其中包含著一種破罐子破摔般的無畏的勇氣。在當時和以後，都有人認爲沈從文誇大了自己的困境，不免顯得多疑和怯弱，爲知「狂人」具有不同凡俗的眼睛，魯迅筆下的「狂人」不就是從常人看了幾千年的字裏行間看出「吃人」二字了來嗎？沈從文也有如此的「狂言」：

　　我十分累，十分累。聞狗吠聲不已。你還叫什麼？吃了我會沈默吧。我無所謂施捨了一身，飼的是狗或虎，原本一樣的。社會在發展進步中，一年半載後這些聲音會結束了嗎？[20]

18　《潛淵》，《沈從文別集・七色魘》，嶽麓書社 1992 年 12 月第 1 版，148 頁。
19　《綠魘》，《沈從文別集・七色魘》，嶽麓書社 1992 年 12 月第 1 版，45 頁。
20　《從文家書》，154 頁。

沈從文的「狂言囈語」，事隔多年後讀來，很有些驚心動魄的效果，也必須給予認真的對待。當時的見證人之一汪曾祺就認爲：「沈先生在精神崩潰的時候，腦子卻又異常清楚，所說的一些話常有很大的預見性。四十年前說的話，今天看起來還很準確。」[21]

二、一切都在「動」時的「靜」

按照一種被普遍認可的社會歷史敍述，一般容易把從「舊社會」過來的「有問題」的知識份子在解放以後的心理狀態，描述成噤若寒蟬的樣子。這種具有普遍性的敍述套用到沈從文頭上，似乎還特別合適，沈從文一度精神幾近崩潰，企圖自殺過，憂懼與怯弱的形象簡直就是明擺著的。

然而，我們即使不去懷疑這種社會歷史敍述的普遍有效性，對其普遍有效的程度也必須加以限制。近二十年來，我們在回顧本世紀以來知識份子所遭受的精神創傷的時候，往往特別強調和突出了來自於歷史、時代、政治和各種強勢權力形態的殘害之力的無堅不摧，這種敍述特別容易獲得深受其苦的知識份子的廣泛認同，因而這種敍述模式也不斷得到加強和穩固，似乎業已成爲一個無需質疑的敍述前提。傷痛之情，哀鳴之音，深廣的憂憤和尖銳的批判鋒芒隱含其中卻極易被感受到，使得這種敍述模式甚至得以流行。問題是，爲了突出知識份子境遇的嚴酷，往往無意中看低或忽略了知識份子承擔苦難、自主選擇、自我堅守的能力和實際情形。

沈從文從「瘋狂」中恢復過來之後，其思想意識的一個核心仍一如既往，雖然在表述上平和了一些，理性了一些。這個核心就是：世界都在「動」，他卻仍然保持著「靜」。可以說，這個「動」/「靜」之對照一直貫穿到生命的終結。

對於「靜」的堅守需要多麼強的毅力是很難想象的。新中國成立初期沈從文置身的大環境無需再說，沈從文的小環境卻是必須考慮到的。

---

21 汪曾祺《沈從文專業之謎》，此文被作爲《花花朵朵　罈罈罐罐》一書的代序。

那時一家四口，從年輕的主婦到上學的孩子，都在追求「進步」，而且不斷敦促沈從文追求「進步」，日常生活中無形的壓力無論如何沒法視而不見。熱心的敦促沒有實質效果，就慢慢冷卻成生疏，「家中人對我生疏日甚，別的人對我生疏更可想而知。」[22]舉世皆「動」的「動」不僅形成幾乎無所不在的壓力，有時還要露出殘酷和血腥的一面。有一件事始終未見沈從文有什麼反應：沈從文兄弟十分相親，他的弟弟沈荃作爲國民黨的少將，1949 年參加了湘西鳳凰縣的和平起義，然而卻在 1951 年被鎮壓槍斃。[23]我們無從推測沈從文的痛苦，無從想象沈從文的內心波瀾，他似乎是一言未發，我們只知道他收留撫養起弟弟那個小學剛畢業的女兒沈朝慧。這種「靜」徹底到徹底的沈默。

　　1970 年下放湖北咸寧雙溪期間，沈從文作了一首題爲《喜新晴》的舊體詩，其中有句雲：「本非馳驅具，難期裝備新。只因骨骼異，俗謂喜離群。」[24]詩的意思其實相當顯明，可以爲沈從文在世界翻天覆地的巨「動」中固執地不與時俱「動」做一個注腳，可以爲他在新中國成立後的一些言行和選擇提供精神上的透視點。

　　新中國成立後，沈從文基本上中止了通常意義上的文學創作。這對於一個以創作安身立命、並且仍然具有偉大的文學抱負的人來說，必然是非常痛苦的事。沈從文哪里又是能夠絕然忘情的呢。從《家書》中，我們即可以看到他在長時間內仍然在做創作的打算、構思和搜集材料，不斷地嘗試，最終卻沒有結果。「跛者不忘履」[25]，惟其如此，才更顯出放棄的可貴，因爲唯有通過放棄，才保持了自我堅守的一些東西。對此沈從文也相當清楚，他在一篇可能寫於 1961 的未完稿《抽象的抒情》中說道：

　　　　藝術中千百年來的以個體爲中心的追求完整、追求永恒的某種創

22　《凡事從理解和愛出發》，《沈從文別集·邊城集》，嶽麓書社 1992 年 12 月第 1 版，14 頁。

23　參見李輝《破碎的將軍夢》，收入《人生掃描》，上海遠東出版社 1995 年 3 月第 1 版。

24　《喜新晴》，《沈從文別集·七色魘》，嶽麓書社 1992 年 12 月第 1 版，223 頁。

25　沈從文以此比擬自己對創作的念念不忘。見《我怎麼就寫起小說來》，《沈從文別集·阿黑小史》，嶽麓書社 1992 年 12 月第 1 版，35 至 36 頁。

造熱情，某種創造基本動力，某種不大現實的狂妄理想（唯我爲主的藝術家情感）被摧毀了。新的代替而來的是一種也極其尊大，也十分自卑的混合情緒，來產生政治目的及政治家興趣能接受的作品。這裏有困難是十分明顯的。矛盾在本身中即存在，不易克服。有時甚至於一個大藝術家，一個大政治家，也無從爲力。他要求人必須這麼作，他自己卻不能這麼作，作來也並不能令自己滿意。現實情形即道理他明白，他懂，他肯定承認，從實踐出發的作品可寫不出。在政治行爲中，在生活上，在一般工作裏，他完成了他所認識的或信仰的，在寫作上，他有困難處。因此不外兩種情形，他不寫，他胡寫。[26]

　「動」/「靜」之間的對比和隔絕在沈從文而言是自我選擇的結果，在沒有更好的方式確立自己的獨立性的時候，以「靜」的形態與眾相區別也不失爲一種選擇。在一份寫於 1968 年 12 月的檢查稿中，沈從文坦然地說：「這三年來我和這個空前劇烈變化的社會完全隔絕，什麼也不懂了。即館中事，我也什麼都不懂了。」[27]

　「靜」一經成爲生命形態的核心，除了安穩自身，還由此生發、反射出生命的奇異光彩。只不過這種光彩往往被大時代的喧囂和奪目所掩蓋，難以爲人看到罷了。從另一方面來說，在一切皆「動」的世界中，也許只有那一兩個「靜」的人才能發現生活和生命中的「靜」及其意義。對於沈從文來說，「靜」竟然會在不經意間成爲審美的視角和物件，並且于無意中將自己的生命投射其上，交融其間。這裏舉兩個例子。第一個例子是一幅速寫，是 1957 年沈從文到上海出差隨手畫下的清晨窗口所見的景象，於「萬千種聲音在嚷、在叫、在招呼」的忙亂之中，他特別注意到 ── 反襯出 ── 江水的「靜」，這種「靜」，在畫面中只是用空白來表示 ──「一切都在動。/流動著船隻的水，/實在十分沈靜。」[28]第二個例子還是沈從文隨手畫下的速寫，更能充分說明他獨具的「靜觀」慧眼，

---

26 《抽象的抒情》，《花花朵朵　罎罎罐罐》23 頁。
27 《我爲什麼始終不離開歷史博物館》，《花花朵朵　罎罎罐罐》38 頁。
28 圖畫和文字見《從文家書》269 頁。

對被時代和人群忽略了的事物的注意，而這些被忽略的事物，正具有一種穩定的、安然的、悄悄生息的可愛性質。這是關於 1957 年五一節上海外灘所見的三幅速寫，我們應該意識到這個時間和地點所提示的時代氣氛和性質。每一幅畫沈從文都同時用文字做了描述，第一幅，五一節五點半外白渡橋所見」：

> 江潮在下落，慢慢的。橋上走著紅旗隊伍。艑艑船還在睡著，和小嬰孩睡在搖籃中，聽著母親唱搖籃曲一樣，聲音越高越安靜，因爲知道媽媽在身邊。

第二幅，「六點鐘所見」：

> 艑艑船還在作夢，在大海中飄動。原來是紅旗的海，歌聲的海，鑼鼓的海。（總而言之不醒。）

第三幅：

> 聲音太熱鬧，船上人居然醒了。一個人拿著個網兜撈魚蝦。網兜不過如草帽大小，除了蝦子誰也不會入網。奇怪的是他依舊撈著。[29]

沈從文在時代的宏大潮流轟轟而過 —— 外白渡橋上正通過由紅旗、歌聲和鑼鼓混合成的遊行隊伍 —— 的時候，眼睛依然能夠偏離開去，發現一個小小的游離自在的生命存在，並且心靈裏充滿溫熱的興味，這不能不說是一個奇蹟。翻檢那個時代的文學藝術作品加以對照，就會對這樣的奇蹟更加驚歎。

如果不嫌牽強的話，我們可以把五一節沈從文「靜觀」的過程和發現、欣賞的情景當作他個人的生命存在和他所置身的時代之間的關係的隱喻。說得更直白一點，我們不妨就把沈從文看作那個小小的艑艑船裏的人，「總而言之不醒」，醒來後也並不加入到「一個群」的「動」中去，只是自顧自地撈那小小的蝦子。

三、「靜」的現實存在形式

在一切皆「動」的時代中，「靜」的生命形態需要一個現實的庇護形

---

29 圖畫和文字見《從文家書》280 至 282 頁。

式，沈從文選擇了歷史博物館和古代文物與藝術研究。通常容易把沈從文呆在歷史博物館當作他處境極端不堪的一個證據，其實這其中沈從文自主選擇的成份應該是主要因素。事實也是，沈從文並非沒有機會到高校教書或繼續做一個作家（哪怕是掛名作家，什麼東西不寫也可以），但沈從文幾次拒絕了這樣的機會。在歷史博物館工作，用他自己的話說，和「人」接觸的機會比較少，和罈子罐子綢子緞子打交道卻特別多，這正合「靜」的意願。

如果僅僅把博物館當成現實的庇護所，沈從文也可以在這裏終老此生了。但沈從文所追求的「靜」的內涵，卻並不只是蜷縮於一隅，無所作為。四十年代對生命意義的痛苦追索以致於產生精神危機，自此之後，這種追索一直成爲佔據首位的自覺意識和現實嘗試的不竭動力。沈從文以「消極」、「退避」的方式選擇博物館棲身，潛心於文物研究，實在是別有抱負的。正是在這個範圍裏，他恢復起自信，找到了實現生命意義的有效形式。他的生命存在形態也就愈發「靜」了。

在文革中的一次檢查稿裏，沈從文曾經這樣描述過自己的狀態：「從生活表面看，我可以說『完全完了，垮了。』什麼都說不上了。因爲如和一般舊日同行比較，不僅過去老友如丁玲，簡直如天上人，即茅盾、鄭振鐸、巴金、老舍，都正是赫赫煊煊，十分活躍，出國飛來飛去，當成大賓。當時的我呢，天不亮即出門，在北新橋買個烤白薯暖手，坐電車到天安門時，門還不開，即坐下來看天空星月，開了門再進去。晚上回家，有時大雨，即披個破麻袋。我既從來不找他們，即頂頭上司鄭振鐸也沒找過，也無羨慕或自覺委屈處。」[30]這樣年復一年，一天到晚在庫房裏轉悠，經手的文物不計其數，對自己工作的意義也越來越堅定。

說自信，並不是後來取得成就獲得承認和讚譽之後再補加上去的，至少沈從文自己，對他的文物研究，在當時就是相當自信的，雖然說這種自信主要局限於專業領域，但也很難想像一個噤若寒蟬的人可能有這樣的自信。你看他在五六十年代，彷彿又恢復了「好鬥」和「惹事生非」

30　《我爲什麼始終不離開歷史博物館》，《花花朵朵　罈罈罐罐》32 頁。

的脾性，依靠文物研究的知識和自己對實物的親身接觸，不斷寫文章去指出人家文史方面的錯誤，口氣堅定地跟人家商榷，同時說明他文史研究的主張。[31]他認爲，老一輩「玩古董」方式的文物鑒定多不頂用，新一輩從外來洋框框「考古學」入手的也不頂用，新的文史研究必須改變以書注書的方法，結合實物，文獻和文物互證，才能開出一條新路。[32]地下發掘的東西，比十部《二十五史》還豐富，而且是活的，是第一手的。[33]沈從文從內心的想法到外在的言說，都一致確認他所從事的工作的創始性質。他非但沒有掩飾這種自認的創始意義，相反對此反復強調，自信和自負顯而易見。事實也證明，沈從文多年的文物和藝術研究，及其反復倡導的觀念和方法，對中國文化史的研究做出了獨特的貢獻。

沈從文從事文物研究的方法和原則，實際是一種非常樸拙的方法和原則，不需要高深的理論來講。他破除了對於文字文獻的傳統迷信，以一種「鄉下人」品性中的笨、誠、勤、勉，在庫房裏轉悠了二三十年，親眼看過、親手摸過無以計數的實物。也許正因爲出自于朴拙和誠實的硬功夫，他的研究才特別具有堅實的意義。沈從文研究專家凌宇在《風雨十載忘年遊》的長文中，記敘了他和沈從文曾經有過的這樣幾句閒談：他看見沈家書櫥裏有李澤厚的《美的歷程》，就問他看過沒有。其時正是這本書風行的時候。沈從文回答說：「看過。涉及文物方面，他看到的東西太少。」又說，「如果他有興趣，我倒可以帶他去看許多實物。」[34] 時至晚年，沈從文仍然在強調他於從事文物研究之始就提出和自覺實踐的文獻和實物研究相結合的原則和方法的重要性。

現在我們再回過頭去看看沈從文對文物和博物館的選擇，應該能夠

---

31 如關於漢魏樂府注釋商榷的《文史研究必須結合文物》，《光明日報》1954 年 10 月 3
　　日；關於《紅樓夢》注釋商榷的「觚觚斝」和「點犀盃」，《光明日報》1961 年 8
　　月 6 日，以及《「杏犀盃」質疑》，《光明日報》1961 年 11 月 12 日；《從〈不怕鬼的
　　故事〉注談到文獻與文物相結合問題》，《光明日報》1961 年 6 月 18 日；與王力商榷
　　的《從文物來談談古人的鬍子問題》，《光明日報》1961 年 10 月 21 日、24 日，等等。
　　這些文章都收入《花花朵朵　罎罎罐罐》。
32 《我爲什麼始終不離開歷史博物館》，《花花朵朵　罎罎罐罐》。
33 《從新文學轉到歷史文物》，《花花朵朵　罎罎罐罐》。
34 凌宇《風雨十載忘年遊》，《沈從文印象》，學林出版社 1997 年 1 月第 1 版，125 頁。

體會到一種情味和深意。在 1951 年 9 月的一封信裏，他寫道：「關門時，照例還有些人想多停留停留，到把這些人送走後，獨自站在午門城頭上，看看暮色四合的北京城風景，……，明白我生命實完全的單獨。就此也學習一大課歷史，一個平凡的人在不平凡時代中的歷史。很有意義。因爲明白生命的隔絕，理解之無可望，那麼就用這個學習理解『自己之不可理解』，也正是一種理解。」[35]

　　贊語：個人在時代中的位置

　　百年來的中國社會歷史，幾乎就可以說是時代挾裹一切的歷史。從偉人豪傑到凡夫俗子，幾乎都有一種唯恐被時代抛棄的無意識恐懼，大家自覺地追趕時代，自覺地投入到時代的洪流中去，儘管心裏都清楚沒有幾個人能呼風喚雨，引領時代，可是至少也要做到與時俱進，隨波逐流。有普遍的不自覺恐懼和普遍的自覺追求的民眾思想意識做基礎，時代對人的影響、改造就容易進行，而且進行得完全徹底，勢不可擋。社會和時代的角落是被人鄙視和擯棄的。

　　沈從文恰恰找到了一個角落的位置，而且並不是在這個角落裏苟延殘喘，卻是安身立命。這個角落和時代的關係，多少像黃浦江上小木船裏撈蝦子的人和外白渡橋上喧鬧的五一節遊行隊伍之間的關係。處於時代的洪流之外的人也並非絕無僅有，可是其中多數是逃避了時代洪流，自己也無所作爲的。沈從文卻是要在滔滔的洪流外做實事的人。《喜新晴》中「本非馳驅具，難期裝備新」表達的是對於時代潮流和時代要求的溫婉而堅定的拒斥，這首詩中的最後兩句「獨輪車雖小，不倒永向前！」則是表達自我的抱負和作爲。單純從詩的角度著眼，這兩句實在算不上好，初看過於直白；實則寄意深遠。「獨輪車」這個意象，沈從文也不是隨便選取的。在 1976 年給程流金一家的信裏，沈從文又一次提到這個意象，當非偶然：「獨輪車終究只能當獨輪車使用，配合不上社會變化，是必然而非偶然！」[36]

35　《凡事從理解和愛出發》，《沈從文別集·邊城集》，岳麓書社 1992 年 12 月第 1 版，22 至 23 頁。

36　《給程流金一家》，《沈從文別集·七色魘》，岳麓書社 1992 年 12 月第 1 版，5 頁。

　　毋庸諱言，沈從文是有些瞧不上所謂的知識階級的，對比於他這個「鄉下人」，知識階級似乎本能地就具有得風氣之先，聞風而動的本領，更能靈巧應變，適應趨時；而他幾乎一貫地固執己見，晚年一篇未寫完的自述題爲《無從馴服的斑馬》[37]。多少具有反諷意味的是，恰恰是知識份子，多少年來一直強調獨立性、自主選擇、自我堅守等等。因此就尤其值得反省：以往知識份子所強調的獨立性，是不是包括對於個人與時代之間的關係的選擇和自我在時代中的位置的確立而言的。1949 年以後，沈從文的角落位置和在角落裏的作爲，能夠爲我們提供一些什麼樣的啓示？

　　這樣說也許有些遠了，因爲對於從一九四九年起的沈從文的理解也才剛剛開始 ——

　　　　照我思索，能理解「我」。

　　　　照我思索，可認識「人」。[38]

1997 年 8 月 20 日

（載《上海文學》1998 年第 2 期）

37　《無從馴服的斑馬》，收入《花花朵朵　罈罈罐罐》。

38　《抽象的抒情》，《花花朵朵　罈罈罐罐》21 頁。

路翎晚年的「心臟」

馬的心臟有紅色的火焰與白色的閃光外溢，／它自己看見。

（《馬》）

我的心臟是，／穿著多層火焰衣服的，內核是極強的火焰的、
血液盈滿的心臟。　　　　　　　　　　　　　（《旅行者》）

—

　　路翎（1923-1994）晚年的創作，孤獨地持續了十多年的時間，貫穿了
整個八十年代以至九十年代初，而在這一時間段落，「新時期文學」正成
爲時代文化和社會生活表述的強音，熱點頻繁轉換，思路和格局不斷調
整，真可謂是意氣風發、揮斥方遒的時候。在這樣的時候，有幾個人會
關注到路翎的創作？即使關注到了，又有幾個人會不感到巨大的失望和
傷痛？因而，路翎的創作不被納入到「新時期文學」的整體構成中，幾
乎是必然的了。也就是說，對於自覺著本身的構成已經足夠豐富的「新
時期文學」── 或更平實地稱之爲當代文學 ── 來說，路翎的創作，不
管是已經發表的少數篇章，還是大量未能發表的作品，都是完全可以忽
略不計的。

　　《路翎晚年作品集》[1]的編成和出版，似乎在有意識地反抗著時代的
文學意識、文學潮流、文學史敍述的冷漠、殘酷、偏見和盲視，編者特

1　《路翎晚年作品集》，張業松、徐朗編，「二十世紀文學備忘錄叢書」的一種，東方出
　　版中心 1998 年 3 月第一版。本文所引路翎作品，皆據此書，以下不再一一注明。本
　　文的寫作得益於張業松研究路翎的一些見解，特此說明。

別提醒道：這些作品揭開的，「是一個從未向外界充分『敞開』、近乎置身於『黑洞』之中的晚年路翎的人生、精神和文學形象」。「由於種種原因的共同作用，晚年路翎是在一種幾乎將自己徹底與外界（包括家人和難友）隔絕開來的狀況下從事其與時間競賽、與自我搏戰的創作活動的，也許只有這樣，他才能夠保證在寫作過程中將其自我向自己的內宇宙徹底敞開，重溫往日的追風逐電、狂飆激盪的激情體驗，逼迫自己保持高昂的寫作熱情。此種大約只能爲路翎一人獨有的特定情境下的特定寫作方式所導致的一個直接結果，便只能是使得所有『他者』都惟有通過閱讀其作品才能對『晚年路翎』的真實生命狀態獲得真切的瞭解，而且，依據我們在前後歷時將近一年的本書原始材料清理過程中所獲得的『約翰牛』式的閱讀經驗，這種對『晚年路翎』以及由此而通盤照亮的二十世紀中國文學史上的路翎的閱讀還必須是仔細而全面的，否則就恐終不免爲他的某些外在形象或淺表形象所迷惑，以致隨他歷經身心兩方面的重創之下在所難免的創傷遺痕而左右搖擺，也陷身於某種價值歧義之中不能自拔。」[2]

也許我們還可以把話說得更明白一點。在大部分關於晚年路翎的敍述中，已經形成了某種定見和共識，典型的表述如冀汸的「一生兩世」說：「1955 年那場『非人化的災難』，將你一個人變成了一生兩世：第一個路翎雖然只活了三十二歲（1923-1955），卻有十五年的藝術生命，是一位挺拔英俊才華超群的作家；第二個路翎儘管活了三十九歲（1955-1994），但藝術生命已銷磨殆盡，幾近於零，是一位衰弱蒼老神情恍惚的精神分裂患者。」[3]而錢理群更是從這「感到了真正的恐怖」的「事實」中概括出「精神界戰士的大悲劇」：路翎以殘病之軀寫下的大多數作品不能發表，「不僅是因爲藝術質量的急劇下降，而且整個寫作都仍然納入在『文化大革命』時期『四人幫』欽定的標準模式之中！這就是說，當路翎伏案寫作時，他就回到了那個『時代』；懷著巨大的恐怖（那是千百次施虐的審訊造成的永遠不能擺脫的恐懼），手不由己地按照那個『時代』的命令寫作，

---

2 張業松《編集說明》，《路翎晚年作品集》第 7 頁。
3 冀汸《哀路翎》，載《新文學史料》1995 年第 1 期。

除了『遵命』（那也是那個『時代』千百次強迫灌輸給包括路翎在內的每一個中國作家的）以外，他已經不會寫作！但他又似乎在反抗著這一切。於是，在按照既定模式寫作的工整的文字旁，又出現了粗筆觸的『混蛋』之類的罵語，到了最後時期他的寫作已經陷入了狂亂之中。這樣，晚年寫作的路翎，實際上只剩下了生命的軀殼，或者說，寫作著的，僅是那個被徹底『改造』了的『非我化』了的路翎，被『迫害』的半瘋狂的路翎。那個『才華蓋世』的，在思想、藝術天地裏自由馳騁的，獨一無二的小說家、精神界戰士的路翎，哪裏去了？他已經永遠的消失，已經『死』了！⋯⋯這『精神的死亡』對於一個『精神界戰士』是格外殘酷的，而『精神界戰士』的被『強迫改造』，而且改造得如此『徹底』，如此『成功』，這樣的『大悲劇』則更讓人悚然而思。」[4]

這樣的敍述基本上遵循的是「時代災難 —— 對個人精神的摧毀 —— 個人創作才能的完結」的理路，進而喚起和達到對於「時代災難」的集體性痛恨、深刻的反省和強有力的批判。這種敍述模式的形成有著極大的現實合理性和廣泛的心理基礎，它所能夠探及的深度和產生的批判力度也很難爲別的方式更爲有效地替代。可是，當敍述模式的力量過於強大，超過了事實給出的可能性限度，或者當敍述醉心於模式的力量和模式急欲達到的目的，而疏忽於對事實的耐心考索和誠心尊重的時候，問題就可能產生了。其實不難發現，這種敍述模式的情節性很強，一般總是環環相扣，因果關係簡潔明瞭，而且包含著戲劇化的傾向。因爲這種傾向，所以它能夠聽到一個充滿誘惑的聲音：個人所遭受的摧殘越徹底，個人的情形越不堪，對於「時代災難」的批判就越深刻、越強烈。天才作家路翎竟然被徹底摧毀了！ —— 這是一個多麼「合理」、又是多麼「驚人」的「事件」啊。可是，充滿誘惑的聲音同時也藏匿著巨大的危險：爲了「時代災難」的充分展示和表現，個人的全部複雜性就得割捨掉一部分甚至全部割捨掉嗎？說到這裏，也許就觸及到了上述敍述模式必須面對的一個根本問題：在這種模式中，是什麼居於敍述的中心？是達成

---

4 錢理群《精神界戰士的大悲劇》，載《讀書》1996 年第 8 期。

對於「時代」的反省和批判嗎？那麼「時代」的受難者 —— 具體個人
—— 的位置何在？如果看起來深刻的反省和有力的批判，不能落實到對
於反省和批判過程中出現的個人的全部複雜性的盡力恢復和誠心尊重
上，這種反省和批判極有可能是虛妄的。

　　也許我有點兒言重了，可是讀著路翎晚年的作品，特別是他那一首
一首的長詩和短詩，我由衷地感受到了精神透過重重迷障散發出來的動人
光輝。人是經不起摧殘的，可是人也絕不就是輕易能夠徹底摧毀的 —— 特
別是這個人，路翎，「一個對生命的『原始強力』和生命意志的不甘屈服
有著常人罕及的深切瞭解，在其文學活動中久已習慣於使其生命能量在
巨大的壓力之下作出更爲猛烈的釋放的激情型作家，這樣的作家所具有
的生命自我救治能力和創造潛力差不多是與生俱來、與身俱在的，」[5]所
以在上引錢理群的一段話中，我特別注意到「但他又似乎在反抗著這一
切」這一句 —— 它透露出路翎內心世界的一點兒資訊，而路翎內心世界
的資訊，應該是更爲豐富的。我絕對無意以路翎的未毀來削弱對於「時
代災難」殘酷性的認識和記憶，我也絕對無意看輕路翎身心所遭受的巨
大創傷，誠如錢理群在同一篇文章中所說：「一切對歷史『血腥氣』的消
解，都應該受到詛咒，而且是魯迅所說的『最黑最黑的詛咒』：他們正是
『強迫忘卻』的權勢者的幫忙與幫兇。」但我卻有意以路翎承受了異常
殘酷、血腥的遭遇和身心的巨大創痛而未毀，來證明穿透黑暗時代的人
性光輝。

二

　　路翎於 1955 年 5 月 16 日《關於胡風反黨集團的第一批材料》公佈
後的第三天被隔離審查，入獄羈押了十八年即 1973 年才被宣判二十年徒
刑（從 1955 年算起）。這種「不告訴時間的囚禁」對路翎所造成的精神上
的壓力相當巨大，中間曾有一段時間被移往精神病院接受治療和「保外

---

5 張業松《編集說明》，《路翎晚年作品集》第 6 頁。

就醫」。1975 年 6 月刑滿釋放後，在北京做了四年半掃地工，直至 1979 年 11 月爲其在「保外就醫」期間「上書攻擊黨中央」的個人「反革命罪」平反；1980 年 11 月他的另一項「反革命罪」即胡風集團案初步平反。

從 1978 年起，路翎過去的朋友們，如牛漢、曾卓、綠原、賈植芳、冀汸、羅飛等等，差不多都是懷著劫後重逢的不平靜心情來看望過他，可是幾乎無一例外地驚異於路翎的冷漠，遲鈍，寡言少語，沒有交談的欲望。他甚至跟家人都極少說話。友人和親人都對他的生活和精神憂心忡忡，特別是對他能否恢復創作能力耿耿於懷 —— 路翎可是二十出頭就完成了《財主底兒女們》 —— 胡風稱它的出版「是中國新文學史上的一個重大的事件」[6] —— 的作家啊。

誰也想不出路翎內心的感受。可是他自己知道，他沒有用表情和語言顯示給朋友和家人的，用詩表達了出來。請看下面這首完整的《紅果樹》——

乾枯的紅果樹在晝與夜靜默著/別的樹都長了樹葉了/羞慚的紅果樹/用它的魂魄在掙扎著/風吹過/用關切的聲音喊著：杭唷/泥土屏息著/也在喊著號子：/杭唷

楊樹和棗樹/長了很茂盛的樹葉了/那些樹葉似乎是被春風帶來/落在樹幹上的/彷彿是魔法似地/從膨脹的風和膨脹的泥土/膨脹的樹漿⋯⋯/這些樹也覺得一種羞慚/紅果樹沈默著

太陽照耀很歡快/發出金色的箭鏃/夜晚有有力的風/紅果樹聽見自己枝幹內/有頑強的聲音又中斷了/它發出痛楚的歎息/周圍的樹木替它/喊著鼓舞的號子：/杭唷/房屋內睡著的兒童/也似乎在替它喊著號子/而誠實的泥土用很大的/元氣充沛的聲音喊著/而在夜間發芽的小草也喊著/而在夜間月光下開放的花也喊著/而在夜間幸運地孕育著果實的桃樹也喊著/而在夜間未睡著的蜜蜂也喊著/而遠處的江流也喊著/而在城市邊緣鼓動著的/旋轉著的車輪也喊著

紅果樹被一些親愛之情圍繞/泥土在它的根鬚下滋滋發響/它的樹

---

6 胡風《青春底詩－路翎著長篇小說〈財主底兒女們〉序》，收入《胡風評論集》下冊，人民文學出版社 1985 年 3 月版。

幹內又起了顫動了／它用它的魂魄奮鬥著／它的樹葉的脈絡在樹漿裏形成了／它的樹葉的綠色／又得到泥土的補充了／它的新的樹漿灌滿樹幹了／它的花的形態在激動裏形成／而果實還連著果核的形態／連著對下一代的預想／含著愛情痙攣著形成／泥土高喊著：杭唷／紅果樹在一夜之間長出樹葉／樹木群中／林蔭路上／樓房旁側／不缺紅果樹

這首詩至少足以造成這樣的強烈印象：它突出地顯現了對於被「親愛之情圍繞」的敏感和心領身受的繫念，一連串的排列並行的詩句使對此的表達相當充沛而深遠；這與路翎外表的無動於衷適成鮮明對比。整首詩敘寫」紅果樹」從乾枯到復甦的過程，雖然未做任何的渲染，卻能夠於平靜中令人驚心動魄，因為這是「靜默」的「紅果樹」用「魂魄」「掙扎著」、「奮鬥著」，盡了全裏才達到的。像「紅果樹聽見自己枝幹內／有頑強的聲音又中斷了／它發出痛楚的歎息」的句子，該包含著怎樣深重的精神創痛呢？

然而，奇異的是，災難過後的路翎並不怎麼直接敍說個人身經的災難和創傷，從《路翎晚年作品集》來考察，他的很多作品都給人一種罕見的寧靜、明亮之感。他恢復創作後寫的一些散文，「清新、細膩，用一種難得的平靜，描述自己對往事的回憶和對市井生活的觀察。」特別是寫得最多的做掃地工的生活的篇章，「委婉、溫馨，並非一種傷痕式的記憶，」類似的心情反映於詩歌創作中，更散發出「令人難以置信的一種詩意。」[7] ——

暮春，／掃地工在胡同轉角的段落，／吸一支煙，／坐在石頭上，／或者，／靠在大樹上：／槐樹落花滿胡同。

掃地工推著鐵的獨輪車，／黎明以前黑暗中的鐵輪／震響，／傳得很遠，／寧靜中瀰滿／整個胡同。（《槐樹落花》）

而早在路翎八十年代初剛剛恢復創作，發表了五首詩[8]之後，曾卓就

---

7 李輝《靈魂在飛翔》，《路翎晚年作品集》第 4 頁。

8 《詩刊》1981 年 10 月號發表《果樹林中》、《城市和鄉村邊緣的律動》、《剛考取小學一年級的女學生》，《青海湖》1982 年 1 月號發表《月芽》、《白晝》。

以詩人的敏感，立即作出反應，他撰文指出：「這裏沒有任何傷感，他歌唱的是今天的生活。這裏沒有任何矯揉造作，他樸實地歌唱著生活中的感受。這裏沒有感情上的浮誇，他的歌聲是真摯、誠懇的。」「這裏展開了平凡的生活場景……能夠在平凡的生活中發現詩，這是需要熱愛生活的心靈。能夠將平凡的生活提升到詩的境界，這是需要敏銳的感受力和高度的表現力。」[9]

為什麼會是這樣？如果我們願意回顧一下同時期的文學創作，大致不難發現，路翎創作中所「沒有」的，差不多卻正是被那一時期的文學凸現出來的表徵：「傷痕式的記憶」、「傷感」、「矯揉造作」、「感情上的浮誇」，諸如此類。路翎怎麼可能避開這些呢？路翎本來是更有資格作這樣的表現，而且被認為應該作這樣的表現的。

可是真正經歷過大苦難的人也許並不需要靠苦難來證明和表現什麼，他們甚至對自身非凡的、可以充分誇張和戲劇化的過去說也不願多說，也許正是因為剛剛擺脫的恐怖經驗，他們才會比常人更懂得體會平凡、今天，才會發現和樸素地歌唱平凡中的詩意。牛漢特別注意到，路翎重新回到家裏那幾年，「固執而焦渴地到陽光下面行走」，他還寫了幾行詩，記下了路翎的姿態：「三伏天的晌午/路翎獨自在陽光裏行走//他避開所有的陰影/連草帽都不戴//他不認路早已忘記了路/只認得記憶中的陽光//他的性格孤僻的女兒/遠遠地跟在他的身後」。[10] 這種對平常日子的「陽光」的非同尋常的「固執」和「焦渴」，其實可以看作是一種心理和精神狀態的隱喻。

呈現在人們眼前的路翎，如同一棵「黑綠色」的「老棗樹」，「有著猙獰的外貌/度過崢嶸的歲月」，只是「靜靜地」「站立著」（《老棗樹》），近乎呆滯地面對一切，無感無應；可是他的心靈世界卻異常地活躍、豐富，並且相當奇特，他的靈魂「像是要飛翔起來」：在沈靜的夜晚，「星斗閃爍像是要飛翔起來」，「刺目的亮光像是要飛翔起來」，「頂端的窗戶亮著像是要飛翔起來」，「夜的寂靜像是要飛翔起來」，「嬰兒的笑像是要飛翔

9 曾卓《讀路翎的幾首詩》，載《青海湖》1982 年第 6 期。
10 牛漢《重逢第一篇：路翎》，載《隨筆》1987 年第 6 期。

起來」,「深沈的夜像是要飛翔起來」(《像是要飛翔起來》)。

三

　　路翎內心世界的緊張似乎在靈魂的飛翔中消失了，平常生活中一點點的詩意似乎也可以讓精神放鬆下來。那麼，他個人的那些苦難和經歷，他未曾激越誇張地述說過、未曾大肆直接描繪過的恐怖經驗，是不是在他的思想和感受中處於不那麼重要的位置呢？他是不是能夠讓自己忘記── 哪怕是強迫忘記、假裝忘記，以使自己活得稍微舒心一點兒呢？

　　這怎麼可能。你看他在 1984 年的「池塘邊上」，分明就看到了新舊重疊的影子──

> 池塘深底裏有舊時候的傾訴上浮，/池塘閃光蕩漾著/各時候搗衣、洗米的勤勉的農婦的影子，/以及/憤激的殉難者。(《池塘邊上》)

　　歷史的經驗和意識使路翎沒有淪為一個現實「新時代」的簡單的歌頌者，「經過了患難」的人在「新時代」的現實經驗往往格外紛繁複雜，要「突破纏綿的痛苦」，哪裏是一件容易的事──

> 每日和惡夢搏鬥，/行進於適時的雨、雪、晴朗與工作與想象中，/過去的年代死難了，/過去的年代鬼魂時時顯影，/徘徊在現時的雨、雪、晴朗與工作與想象/ 與對這想象的想象中，/出現著惡魔的戰鬥精神；/時代也有這種縱深，/陽臺上凝望著國家的疆土，/面前的都市有遠處的巨大山河的/重疊的影，/與過去流血的縱深，/ ── 高大的幻象裏有善良的建設者自己的成就與/ 死難了的年代惡魔的形影。(組詩《在陽臺上》之十二《經過了患難》)

　　路翎有長達二十年的徒刑，可是寫這種生活的詩只有兩首，一首寫拉車，一首寫種葡萄──

> 囚徒拉著車子行走，/囚徒用繩圈套在肩上拉著車子前行，/凜冽的冬季的狂風裏被陷謀的囚徒拉著車子，/太陽升起在監獄的勞動場上空，/太陽升起在生死場的上空，/太陽黃昏落下去了，紅色的、冷的、嚴峻的。(《拉車行》)

塞上寒冷/荒涼的黃土裏扒出去年的葡萄/冷風和白雲一同飛翔/夜晚有寒月和監獄的探照燈照耀/冤案錯案裏的犯人們種植葡萄/冤案錯案的犯人們夜間諦聽著/從荒涼的黃土裏出來的葡萄/在風裏輕微地響著的聲音/伸出來的柔嫩的枝/嫩綠的葉子。(《葡萄》)

這種遭遇造成的精神上的根本痛苦是——

我因欠時間的債而心跳恐怖，/我因勞動力被迫喪失/或無人來雇傭而痛苦戰慄，/我行走在黑色死亡的空間。(《旅行者》)

這可能是路翎最直接地表達個人恐怖經驗的詩句了。在我想來，路翎就是用這些詩句，既泄露著又壓抑著的他那最慘烈的嚎叫。曾經被囚禁在路翎隔壁的難友綠原描述道：「每天二十四小時，除了睡眠、吃飯、大小便之外，其餘時間都側耳可聞他一直不停的、頻率不變的長嚎；那是一種含蓄著無限悲憤的無言的嚎叫，乍聽令人心驚膽顫，聽久了則讓人幾乎變成石頭。」[11]

路翎內心世界的奇迹在於，他把個人這樣恐怖、慘烈的經驗承擔了起來而沒有被壓倒，沒有讓這樣黑暗的經驗把心靈占滿、把思路阻塞、把精神的不斷生成能力扼殺。他的靈魂還有能力、還有空間飛翔，「劫灰深處撥寒灰」，晚年竟然在自己的內心世界裏造就出巨大的詩性存在。

四

我們在使用諸如「內心」、「心靈世界」這一類的辭彙的時候，常常會覺得浮泛、模糊、無力，特別是當我試圖以它們來描述和揭示路翎埋藏極深的那一面時，更覺得詞不達意。就在這時，路翎詩中一個反復出現的詞突然灼疼了我的眼睛，這個詞就是——「心臟」。我一下子明白過來，「心臟」就是很難抓住的路翎內心世界的核心，而且也就是路翎晚年詩歌的核心。路翎晚年超過五千行的詩，因此而融會貫通。

看看這是什麼樣的「心臟」吧。路翎寫了「老棗樹」的「心臟」，寫

11　綠原《路翎走了》，載《南方周末》1994 年 3 月 11 日。

了蜜蜂的「心臟」，還寫了蜻蜓的「心臟」──

　　蜻蜓的心臟是有豪傑的火焰的蜻蜓的，/蜻蜓。(《蜻蜓》)

還寫了馬的「心臟」──

　　馬的心臟知覺著經過的空間──危急的空間，/和時間，緊張的時間；/馬的心臟有紅色的火焰與白色的閃光外溢，/它自己看見。
　　(《馬》)

他寫了「喪失者」渴望「心臟的新的繁榮」(《陽臺上》之二十《喪失者》)，寫了「失敗者」「火焰熄滅著的心臟痛苦」(《失敗者》)，寫了「經過了患難」的人「夜間的睡眠裏有心臟的那時的痛苦的戰慄形成的惡夢」，而從患難中復蘇的老人「由於心臟跳動/來到陽臺上了。」(《經過了患難》)

長達六百行的長詩《旅行者》無疑是路翎晚年詩歌中的重要作品，他反復修改，「可能直至臨終都不認爲自己已將它改定了。」[12] 這首詩以「旅行者」第一人稱寫道──

　　高聳著的是心靈的渴望/心臟是血液盈滿穿著多層火焰衣服的火焰，/我探索和意識和敏感和看見和觸摸歷史，/於水泵廠的機器震動聲的夜，/我的幻想使我進入過去時代和新時代綜合的煉獄。

又寫道──

　　我於是從心臟裏極深地和黑暗的地獄結成仇恨，/仇恨──刀子是總在我的身邊/而有對於黑暗的知識。

他又重複道──

　　我有旌旗與帶著刀刃/我的意識是我的心臟越過煉獄時的兇狠的冷靜的火焰。

他特別醒目地重複道──

　　我的心臟是，/穿著多層火焰衣服的，內核是極強的火焰的、血液盈滿的心臟。

在上引的詩句裏，最突出地顯明「心臟」特徵的意象是「火焰」，與「心臟」、「火焰」發生過最緊張關係的詞應該是「煉獄」。這是一顆「越

─────────────

12 關於《旅行者》的「編者附記」，《路翎晚年作品集》第 139 頁。

過」了「綜合的煉獄」仍然有「極強的火焰」與「閃光」的心臟，只不過別人看不見 ── 這也不要緊，「它自己看見。」

這顆「越過」了「煉獄」的心臟的堅強性、凝聚力、爆發度實在是罕見的，它的詩性表達創造出了幾乎是不可思議的事實。從 1990 年 3 月 1 日到 12 日，是路翎晚年詩歌創作的巔峰期，在短短的十幾天時間裏，這位老人寫下了兩千多行詩，其中包括篇幅巨大的組詩《陽臺上》和異常優秀的短制《落雪》、《雨中的青蛙》、《馬》、《蜻蜓》、《失敗者》等。自此以後，再也沒有見到路翎的詩作。彷彿路翎積聚了全部的心力，在這一個巔峰期輝煌地消耗光了。這是多麼複雜的消耗啊，要貪婪地體會平常日子的寧靜，要時刻與浮到日常生活中的苦難和恐怖的陰影搏鬥，要「在幻覺中呆站，又走回去尋找。」(《喪失者》)要「做戰慄的停空的飛翔。」(《蜜蜂》) ── 而且還要消耗在對於自己和自己的同道們的畢生追求的無力的沮喪上面：忍心看看這顆「穿著多層火焰衣服的，內核是極強的火焰的、血液盈滿的心臟」的最後的沮喪吧 ──

> 事業失敗，生活挫敗者沿著朦朧、似乎變異的路歸來，來到陽臺上凝望命運了。(《失敗者》)

五

長期受到深重摧殘和傷害的人在身體上、在精神上留下傷疤，是再自然不過的事了。路翎沒有本領脫胎換骨，卻憑藉著一己生命所具有的強大的自我救治能力，開始了晚年的創作。他的晚年創作既可以說是他自我救治的結果，同時，在更大的意義上，也是他進行自我救治的方式，而且是最重要的方式，特別是詩歌創作。那麼，在路翎的詩中，時常跳出一些刺眼的辭彙、句子，表露創傷尚未完全恢復時的意識和思想形態，乃至於呈現已經結了口、定了形的傷疤，這不是很自然的嗎？所以對此是一點兒也用不著諱飾的。不但不需要諱飾，而且應該睜大眼睛，看個清楚。然而另一方面，面對這樣的傷疤，如果有誰竟能產生優越感以及因此而起責備心，那還是請他走開吧。要求一個人飽受摧殘和傷害卻不

允許留下傷疤，即使留下傷疤也不允許傷疤太難看，誰有這樣的權力？誰可以這樣發昏？

　　路翎從 1981 年到去世，創作了不下於五百五十萬言的作品，占總量百分之九十的中長篇小說至今爲能發表和出版，《路翎晚年作品集》盡可能全面地囊括了此外的作品，其中最引人注目的是詩歌。本文所論，基本限於詩歌。錢理群曾經發出過這樣的呼籲：「如果我們真有勇氣的話，應該把路翎的著作（包括晚年所寫那些難以發表的長篇小說）全部出版，留給後人一個完整的遺產。」[13]而晚年路翎爲了留下這份遺產，他全部的「魂魄」進行了怎樣的「掙扎」，他「火焰」般的「心臟」穿越了怎樣的「煉獄」：他「死前幾天竟然還在服用 —— 多眠靈。知道嗎，這種藥爲了抑制病人的狂躁，寧可讓他變得癡呆……」。[14]

1998 年 11 月 16 日

（載《南方文壇》1999 年第 1 期）

13　錢理群《精神界戰士的大悲劇》。
14　綠原《路翎走了》。

輯　三
小說：八十年代

重返八十年代：
先鋒小說和文學的青春*

一

　　1985 年，上海外語教育出版社出版了一本書，叫《伊甸園之門》(Gates of Eden)，作者是 Morris Dickstein 。原本是 1977 年在美國出版的，副標題是「美國六十年代文化」。這個書在八十年代中後期非常風行，好像大學中文系的很多學生都在讀。

　　書的前面有一些黑白的照片，大致上可以看出這本書的內容。第一張是馬爾庫塞的照片，我們知道，馬爾庫塞是西方馬克思主義的一個代表人物，他對馬克思和弗洛伊德理論的綜合成爲西方六十年代反文化的一個理論基礎。第二頁的照片是三個作家，一個是小庫爾特·馮尼格，另外一個是諾曼·梅勒，最下面的大鬍子是「垮掉的一代」的代表詩人艾倫·金斯堡。第三頁是搖滾樂時代最有名的歌手，一個是滾石樂隊的米克·賈格爾，另外一個是鮑勃·迪倫，接下來的一張是甲殼蟲樂隊剛剛在利物浦開始他們演唱生涯的照片，那個時候他們都還是窮光蛋。還有一張是 1968 年 8 月在紐約四十萬人集會的伍德托克搖擺舞節，一個反文化節，亂糟糟的場面。接下來兩張是反戰遊行的照片。最後一張是在六十年代美國的大學裏面經常看到的場面，柏克萊大學學生和警察的對峙。從馬爾庫塞的理論到諾曼·梅勒、艾倫·金斯堡這樣的文學創作，到搖滾樂，到學生的反文化運動，到整個社會的反戰，大致上就是這本書的內容，

---

* 本文由陳婧祾根據 2001 年 12 月的講課錄音整理。

概括了一個非常混亂的、但是又充滿生機的、而且在社會的各個方面都有一些新的東西在不斷生長出來的這樣一個時代。好像一個社會從五十年代突然地發生了變化，一個社會的典型的感情、人們典型的意識，都發生了變化，有一些新的東西在生長出來。

當時，有一個學生就說，讀了這本書，就想寫一本書，仿照這本書來寫一本中國文學、中國社會發生變化的書，這本書的名字就叫「1985年」。很多人有這樣一個願望，要把 1985 年這一年表述出來。其實對這一年的描述，就可以像迪克斯坦描述美國六十年代文化一樣，從社會的各個方面，從普通人的感情，從大眾文化，從文學創作，甚至包括新聞，等等方面來著手。這是 1985 年剛剛過去不久以後說的話。說明這一年，1985 年，中國人，特別是中國的文學知識份子包括文學學生的心裏，留下的衝擊非常大，而且它是來自多方面的。這種衝擊裏面肯定還包括一些很混亂的，當時摸不清，後來可能也說不清的一些東西。

先講《伊甸園之門》這本書，不是說要把美國六十年代文化和 1985年發生在中國的事情做一個類比。沒有這樣簡單的事情。但是確實有一些相像。比如，很多的事情就是那樣從社會的各個角落冒出來，就那樣發生了。也不是說，是這本書影響了中國 1985 年的變化。當然不是。想說的是，如果要講先鋒小說，講先鋒文學，其實有一個很重要的去理解先鋒文學的途徑，就是能夠進入到 1985 年的現場。如果能夠對那一年，那一年的前後發生的一些事情有一個感受的話，那麼大致上就可以理解先鋒文學。今天，我們在講先鋒小說的時候，拿出幾個作家或者幾個文本來分析，其實，這幾個作家或文本看起來都是乾巴巴的，不能還原到當時歷史情境當中去的東西就很難讀出什麼意思來。說老實話，重新讀這些先鋒小說，那些當年曾經激動人的很多東西沒有了。不是說它不好，而是說當年先鋒小說非常奮力地去爭取來的東西，很多東西，在今天已經變成了常識。當年讓人驚奇的東西，現在變成了日常寫作當中常見到的東西。所以，它不會讓你激動，引起你的陌生感，也不至於對你的閱讀構成什麼樣的挑戰。但這個是它最大的成功，它把當時一些還沒有的東西拿進來，當時一些非常陌生的東西今天變成了常識，「常識化」，它

要做的就是這樣一個事情，就在於你今天再回頭讀那些文本的時候，你不那麼激動了。比如說，我們現在看棉棉 —— 七十年代出生的代表性女作家 —— 的小說《糖》，裏面寫到了吸毒，她引用了艾倫·金斯堡在他的《祈禱》裏面引到的他母親寫給他的一封信。他母親臨死的時候寫給他一封信，這封信是在他母親死的第二天金斯堡收到的：「鑰匙在窗臺上，鑰匙在窗前的陽光下 —— 我帶著鑰匙 —— 結婚吧，艾倫，不要吸毒 —— 鑰匙在窗柵裏，在窗前的陽光下。」這其實是八十年代常被引用的東西，《伊甸園之門》也引了；到了九十年代末，到了二十一世紀，在棉棉的小說裏面出現，自然也很感人，不過，在反覆的引用過之後，它的衝擊力當然不會有當年那麼強烈。

二

先鋒小說當時的叫法很混亂，有叫「新潮小說」的、「探索小說」的、「實驗小說」的、「現代派」的，「先鋒小說」也是一個很不嚴格的叫法。到現在也不知道該怎麼叫。回過頭去看 1985 年發生的事情，單單從文學上來講，好像在那一年的前後一下子出現了很多注定要在文學史上留下來的作品。文學史的發展是非常奇怪的，很可能一百年就是一個空白，什麼都沒有留下來，但是，很可能突然一個時間，一個地方，會有很多的作品一下子都出現在文學史上。

在 1985 年，出現了尋根文學的很多作品，韓少功的《爸爸爸》、《文學的「根」》等。之前，1984 年，有張承志的《北方的河》、阿城的《棋王》；之後，有賈平凹的「商州系列」。

在 1985 年，出現了劉索拉、徐星的小說。這一些小說可以看成是與塞林格的《麥田裏的守望者》和艾倫·金斯堡的作品一類品格的東西，是一些年輕人以一個非常叛逆的姿態對社會的事情來發言。

在八十年代後期有一個「偽現代派」的討論，劉索拉、徐星寫的這些人，在中國的老百姓看來都是吃飽了撐的，閑著沒事幹。劉索拉寫的是中央音樂學院她的同學，整天覺得生活沒有什麼意義，幹些毫無意義

的事情。從最表面上看是對當時僵化的教育體制有一種反抗。其實不一定看得那麼狹隘，因爲他們正好在學校裏，所以就只好反抗教育體制；換別的任何一個地方，也會反抗那個地方的體制。這樣一些內容，有點類似于西方的嬉皮士（不能把這種類似誇大）。那些藝術青年，用今天的話來說，他們那些另類的生活和思想，當初就讓人覺得中國人現在怎麼已經到了這個地步了。所以當時有一個很普遍的說法，認爲這個所謂的現代派其實是假的，我們中國並沒有這樣的社會土壤、社會基礎。其實是真的。要反駁「僞現代派」這樣的指責，不要那麼多的理論，只要講讀者的感受就可以了。按照「僞現代派」的說法，像劉索拉寫的這樣的情感、生活方式不可能引起中國人的真正的感受，如果說你這樣感受，你是在模仿一種時尚。其實，像這樣一種對於社會的反抗，有的時候是莫名其妙的，你要說理由當然可以說體制非常僵化，壓制、約束人的個性的生長，但有的時候可能就是一個青春期的騷動、不安，偏要跟什麼作對的感受和情緒。當時劉索拉的《你別無選擇》喚起了一大批的青年人的認同，這應該不是假的。1985 年我高中畢業，從山東半島到上海讀大學，隨身帶著兩本雜誌，一本上面有張承志的《北方的河》，另一本就是發表《你別無選擇》的那期《人民文學》。而且劉索拉寫的差不多是實事，她寫的班級裏的同學，這些同學當然後來一個一個都是大名鼎鼎。但那個時候他們就是那樣吊兒郎當的在學校裏，不去上課，整天做一些無意義的事情，和老師鬧彆扭。他們就是這樣過來的。徐星寫的《無主題變奏》，寫的是社會青年，沒有劉索拉寫的學校裏的藝術青年那麼高雅，是整天在社會上閒蕩的一個人。像劉索拉和徐星的小說，基本上可以看作後來出現的王朔小說的一個前奏，特別像徐星的《無主題變奏》，作者都是北京的，只不過後來王朔發展得比他們更痞了。在劉索拉和徐星那裏有一個很雅的東西，因爲是嬉皮士。到王朔，把立場換得更加平民化，更痞一點，來寫一個人對於社會的不滿、牢騷、叛逆。這樣的情緒一路發展下來，到九十年代出現了朱文的小說，像《我愛美元》、《什麼是垃圾什麼是愛》等。

　　1985 年文壇還特別注意到了一個東北人，他寫的多是西藏的事情，

喜歡說「我就是那個寫小說的漢人馬原」。這一年馬原發表了很多作品，以前他一直發不出來。從 1984 年發表《拉薩河女神》，一下子走運了，在 1985 年發表了《岡底斯的誘惑》等等一大批。一個簡單的說法，韓少功和尋根文學，以及劉索拉這樣的青年人的反抗文學，它帶來的變化基本上還是文學內容上的變化；馬原的變化，更重要的不是內容，而是形式上的，或者我們把這個「形式」換成當時更流行更嚴格的說法，叫「敘事」。這個說法當然過於簡單了，比如韓少功的《爸爸爸》，它在敘事上的變化也非常大，「怎麼寫」的問題不會比馬原的更少。當時人們喜歡說的一個說法是，小說到了這個時候，「寫什麼」變成了「怎麼寫」—— 那當然也是一個非常簡單的說法 —— 所以就有敘事結構、小說語言等等一系列的問題出現。對這些問題的探討，不再和我們通常所要探討的小說的意義、小說的認識功能聯繫在一起，它本身變成了一個獨立的東西，可以把它叫成「文學的自覺」，或當時的概念「純文學」。

還有殘雪，《山上的小屋》也是在 1985 年發表的。

還有莫言。莫言在 1985 年年發表了一個中篇，叫《透明的紅蘿蔔》。這篇小說是和王安憶的《小鮑莊》發表在同一本雜誌上，《中國作家》。莫言的出現，代表了小說寫作者的主觀觀念的非常大的解放。這個主觀一開始主要還是指感官方面的，或者說得更樸素一點，是感覺，作用於人的耳目口鼻舌的感覺。錢鍾書先生講「通感」，通感是偶爾才會用到，在一首詩或一篇作品裏，你不能從頭到尾都是通感。小說比詩要長多了，可是，莫言的小說，在一個非常大的長度內，很可能從頭到尾就是各種各樣感覺混雜在一塊兒，呈現出一種異常豐盛的狀態。

大致上在 1985 年前後，先鋒小說可以以這樣一些人和這樣一些方面的探索來作為代表。那個時候，好像文學發展得很快，過了一兩年，1987 年前後，一批比他們更年輕的人就出來了，像余華、蘇童、格非、孫甘露等等。這些人都是在 1987 年前後開始在文壇上比較受注意。那個時候也很怪。比如今天寫小說，你可能寫了十篇小說還沒有人注意到你，但那個時候很可能你寫了一篇小說大家都會注意到你。當時社會的注意力比較集中，而且文學是當時的社會思想各個方面裏面最有活力的一個部

分，所以，整個社會的注意力集中到文學上也是很正常的。文學在今天不是社會最有生命力的東西；而且今天可以注意的東西也比較多，大家的注意力比較分散。

　　殘雪、莫言、劉索拉、馬原，可以各自代表 85 年在小說創作上的一個方向。後面接著出現的人，可以把他們歸類，比如說，格非可以歸到馬原的系統裏面，孫甘露在語言上的實驗也可以看作馬原為代表的小說敍事革命的方向上的一個小的方向。余華可以放在殘雪的系統裏面。我們知道殘雪寫人的非常醜陋、不堪、骯髒的生存狀態，在這樣一個生存狀態裏面人的心靈的扭曲，扭曲到難以想象的地步，可人還是若無其事地在這樣一個內部心靈扭曲、外部骯髒不堪在環境裏苟活。但是在這樣一個苟活裏面，他有一種恐懼。寫出人的這樣一種生活，而且寫出這樣一種生活的沒有價值，對人的生存狀態或者對人性的深度做了挖掘。余華的創作其實也是這樣一些東西。從表面上看，他不像殘雪寫日常瑣事裏面到處可見的骯髒，日常世界裏每時每刻都要經歷的東西，余華寫的是一些特殊時刻的暴力血腥；但是，他同樣指向人性裏面的一些東西來挖掘。孫甘露用語言的能指的滑動來結構一篇小說，給人一個非常吃驚的感受，讀者讀起來，就是一句話接一句話地流動，卻不怎麼指向語言背後的世界。後面我們再詳細討論這一點。

三

　　《伊甸園之門》專門一章介紹實驗文學，介紹的實驗文學的作家，有唐納德·巴塞爾姆、約翰·巴塞、托馬斯·品欽、阿根廷的小說家博爾赫斯、從蘇聯移居美國的納博科夫等。馬原在小說敍事、小說觀念上的探索和變革多少可以對應類似於博爾赫斯的創作。這樣一個小說敍事實驗的興起，其實是可以找到所模仿、所學習、所借鑒的物件的。當時馬原最吸引人的就是馬原怎麼講故事，吳亮有一個說法，叫「馬原的敍事圈套」。《伊甸園之門》裏引到德國文學批評家瓦爾特·本雅明的一段話，這段話他說得很早：

每天早晨都給我們帶來了世界各地的消息，但是我們卻很少見到
值得一讀的故事。這是因爲每一個事件在傳到我們的耳朵裏時，
已經被解釋得一清二楚……實際上，講故事的藝術有一半在於：
一個人在複製一篇故事時對它不加任何解釋……作者對最異乎尋
常和最不可思議的事物進行最精確的描述，卻不把事件的心理的
聯繫強加給讀者。(《講故事的人》)

　　這段話特別適用於馬原的小說。文學批評裏面有一種所謂的「母題
分析」，母題分析出來的結果其實是很令人沮喪的，所有的文學創作大致
上都可以用幾個母題來概括。如果是這樣的話，文學確實就變得沒意思，
大家都在講相同的事情。馬原當時就能夠把同樣的事情講得值得一聽、
值得一讀。他的方法有點類似於本雅明所說的。通常，講故事的人會把
所有的東西告訴你，告訴得很清楚。他不一定會講得很清楚，但是，他
會給你一些感覺，讓你明白。但是，在馬原那裏，這樣一些東西是沒有
的，這樣一些事物之間的聯繫、這種聯繫的意義是沒有的，他給你的只
是事物本身。傳統的講故事，其實是有一個作者暗示給讀者的心理過程。
在這樣一個心理過程裏面，你把事件聯繫起來了，通過作者暗示給你的
意義，或者通過作者暗示你自己想象出來的意義把事件聯繫起來了。但
是，在馬原那裏他沒有這樣強加的聯繫。舉一個簡單的例子。有一次馬
原和格非一塊兒到復旦來作演講，兩個人中有一個講了一個故事：一個
人要過河，他就先把鞋脫下來，把兩隻鞋一隻一隻地扔到河的對岸去，
等他過了河之後，他發現兩隻鞋非常整齊地擺在一塊兒，就像一個人把
兩隻鞋脫下來，有意識地很整齊地放在一塊兒。他覺得這裏面有一個很
神奇的力量，爲什麼我這樣很用力地隨便地扔兩隻鞋，他們會整整齊齊
地擺在河邊呢？馬原的小說是怎麼寫的呢？他如果寫這樣的小說，他不
會去按照我們通常的思想的意識探究到底是一個什麼樣的力量，他會精
確地描述這兩隻鞋是怎麼擺的，卻不會對造成這樣一現象的原因去做一
個解釋，不管了，然後就寫下面的事情。我們傳統的小說理論講「含蓄」，
我們還知道小說家海明威有一個很著名的說法叫「冰山理論」，作家寫出
來的東西只是冰山浮在海面上的很小的一部分，更大的一部分是在水下

面的。「冰山理論」就類似于中國人所說的「含蓄」，我有話，我沒有說完，我說了一句話，另外一句沒說，但是你能夠知道我沒說的另外一句話是什麼樣的意思。也就是說，雖然我沒說，等於是我說了，中國人說的「此時無聲勝有聲」。但是，在馬原的敍述裏面，他不是含蓄，也不是海明威的「冰山理論」，他就是把這話省略掉了。因爲含蓄的理論是我不說，但是你能夠從我已經說的話裏面知道、感受到。而馬原沒寫就是省略掉，你根本無從推測他省略掉的是什麼，事情和事情之間的鏈條缺了一塊，他不給你暗示，你自己是沒辦法補上的。比如說，因果律是我們認識事情、認識世界、認識意義的一個基本的思維方式，雖然我們不經常用「因爲」「所以」這樣的辭彙來連綴我們的思想，但是，因果律是作用于你思維當中核心的部分，我們不自覺地用這樣的關係來看待世界和看待我們自身的一些行爲、意義。可是在馬原小說裏面，他很多東西都省了，這個因果關係就建立不起來。一個人在小說裏突然死了，他怎麼死的，他的死會有什麼後果，我們不自覺地就會問這一類的問題。但馬原的小說裏，死了就死了，他不作交代，就是這樣突然出現的事件，事件和事件之間缺乏聯繫，因果關係被打亂了。

　　他的小說經常把很多看起來是不相干的事情放到一塊兒。這個是寫小說的大忌。我們寫小說總要講情節、人物、情緒要集中，要統一。所謂的集中、統一，就是你要有一個互相連貫起來的東西。大家講馬原的先鋒性的時候，老是把他和西方的作家聯繫在一起，其實馬原是一個很典型的中國人，他的小說完全是一個很典型的中國人的寫法。現在你很難說什麼樣的人是中國人，現在的中國人大多很西方化，只不過很多時候不自覺。我們從「五四」以來，接受的很多西方的觀念已經使我們變得很難說我們是傳統的中國人。就說小說，我們今天關於小說的觀念，不是中國人的小說觀念，都是從「五四」以後引進來的西方小說的觀念。其實我們想一想，小說這個詞反映到我們腦子裏的時候，想到的小說都是西方的小說，或者「五四」以來中國的小說。但是，「五四」以來中國小說的觀念是典型的西方小說觀念。馬原對傳統小說觀念的突破，不是突破中國小說的傳統，而是突破「五四」以來我們所接受的西方小說的

傳統。比如說，我們講究小說有統一的集中的人物、情節、故事，這是一個典型的西方小說的觀念。而在傳統的中國小說裏面，中國人不把小說當成一回事，小說是個很隨便的東西，它是一個志怪的、記人的、說事的，很多東西都可以當成小說。

馬原看起來很先鋒的小說，其實是有點要回到西化以前中國傳統的思維裏面去。比如說，中國畫，可以把不同時間不同地點看到的東西畫在一幅畫裏面。我們剛剛接觸西方畫的時候，覺得中國人很落後，不知道焦點透視法什麼的。其實，在馬原的小說裏就是這樣。怎麼亂七八糟的事物都放在一篇小說裏去了？比如，小說裏出現一個人物，這個人物會講一個故事，小說裏還有另外一個人物，他就講另外一個故事，跟前面講的故事互不相干，就這樣組成一篇小說。那麼比較起來，從一個真實的角度或者從一個還原的角度來看，哪一個方式更接近於世界本來的樣子呢？至少在馬原看來在，中國傳統的那種方式更接近於世界本來的樣子。可能這個世界的很多事情本來就沒有聯繫，就是一些不相干的事情。你人爲地把它組織起來，人爲地給它一種聯繫，這樣你已經離世界的本來面目遠了。從一個單一的或者好一點說統一的視角來看事物，看到的只是事物的一面，你從這個單一的視角去看，可能看得更深刻，但是，這樣一種深刻，它犧牲掉的是對於事物的總體把握、綜合的觀感。馬原就是強調，這樣一個單一的視角對觀察世界、對還原世界來說是不夠的。所以，他小說裏視角不斷地變化。

這樣的變化造成了一個因素。我們講小說的藝術是時間的藝術，一個事情有開頭有結尾，更本質上說，小說是用語言寫出來的，你在讀小說或者他在創作小說的時候，只能是一句話一句話地說、一句話一句話地看，這樣一個過程本身就是時間的流動。其實時間比空間在小說裏的作用更大，這個觀念本身也是一個西方化的觀念。在中國傳統小說裏面，很可能就是時間變得不重要，或者有意使時間變得不重要。比如說《紅樓夢》，它一個場景寫完了換到另外一個場景，然後再換一個，它的場景不斷地變化，而同時，你覺得時間是靜止的，重要的是它給你的空間。在《紅樓夢》這樣一部長篇小說裏，重要的其實是一個空間展示的問題。

馬原的小說也是這樣，一個視角講一個故事，那肯定是一個時空裏，而突然又換另外一個視角，肯定帶來另外一個時空。視角的變化必然帶來時間的切斷，空間的因素變得更加重要。可能在日常世界裏面，我們自己也感覺到我們的生活是一個空間不斷變換的生活，儘管時間在同時不斷地流逝。時間的流逝是一個人的生命的感覺，但是，你在經歷事情本身的時候，其實是不怎麼有感覺的，你知道我今天幹了什麼事，明天又要幹什麼事，主要就是一個空間場景的不斷變化。也就是說，在我們認識世界的時候，空間因素可能更重要，至少在當時。

　　馬原小說表面上非常突出的一個敘事方式，現在已經用濫了，叫作「元敘事」或者叫「元小說」。「meta-」的字首，比如說物理學加上這樣一個字首，就是形而上學，小說加上這樣一個字首，就是「關於小說的小說」，就是說在小說當中討論小說創作的小說。也有一種翻譯的方法，叫「後設敘事」。馬原在寫小說的時候，他突然會跳出來說，我怎麼寫到這裏了，我寫不下去了，我下面應該怎麼寫呢？本來在我們看到的創作裏面，創作過程是被排除在作品外面的，你看到的是只是一個作品，你不知道作家怎麼來創作這個作品。但是，馬原是把他的創作本身和他的作品混到了一塊兒。他把他的寫作過程寫到了作品裏面，他會跟讀者討論我下面怎麼寫更好。它會帶來兩個結果。第一，傳統上我們讀一個作品，作者要把你帶入他創造的這個世界，讓你以為這個世界是真的，讓你陷入作品裏面越深越好。而馬原不時地告訴你這是假的，這是我虛構出來的，還可以有另外一個虛構。他把作品給人的真實的幻覺打破了。第二，作家跟作品之間的關係，作家不再是一個很神秘的創造者，比如我們很多作家願意強調作家就是用語言來創造一個世界，我們讀作品的時候，很想知道作家是什麼樣的。這個感覺其實是他有意造成的，他有意不讓你知道創作是怎麼一回事，反倒勾起你對創作的神秘感。馬原這樣做，作家的神秘感、創作過程的神秘感被打破了，而且作家不再是高於作品了，作家本身就是和他創作的東西一樣。馬原敘事的內容包括他自己，使自己的創作過程、自己的狀態也被敘述。這樣一來，自己和作品中的人物、事件處在一個同等層次上的。他不再是上帝。我就是那個

寫小說的馬原，我就是那個漢人馬原。這是典型的馬原小說。因爲這個方式太顯眼了，後來模仿的很多，一直到今天也還很多，有時候顯得很不必要，你不知道他爲什麼這麼說。而在馬原那裏，他是有意思的。馬原的寫作方式，影響了一批人，帶來了對小說的重新的認識。

四

　　另外應該講一講的，是蘇童。我們的文學史會講到《妻妾成群》。大部分的人知道蘇童是因爲《妻妾成群》以及《妻妾成群》改編成的電影《大紅燈籠高高挂》，一般的文學圈子裏的人知道蘇童，是因爲之前寫的以「楓楊樹」這個名字爲系列的鄉村歷史傳奇，他把他寫的那個鄉村地方叫楓楊樹。比這部分人更少的人知道蘇童，是因爲蘇童在「楓楊樹」之前，寫了一組少年的故事。這組少年的故事發生的地方都是一個南方的小城，其實就是蘇州。在這個南方小城，有一條街，後來，他把它叫作「香椿樹街」。蘇童的成名作應該是這樣一系列的南方少年的故事。

　　這是他剛剛寫作的時候寫的東西，而且，他一直對這一類東西比較迷戀。後來，他寫鄉村傳奇，完全靠文學的想象力，《妻妾成群》更是這樣的東西。而「香椿樹街」的南方少年的故事，其實是有他自己的生活經驗在裏面的。少年經驗對於二十歲的人和對於五十歲的人是完全不一樣的。對於一個二十幾歲開始創作的人來說，少年經驗是他生命當中唯一的經驗，幾乎可以這樣說，唯一的經過一點點時間沈澱的經驗。所以，少年經驗有時候對跟它沒有關係的人來說是毫無意思的事情，但是，在自己經驗過那段經歷的人看來，是刻骨銘心的記憶，是他永遠也擺脫不掉的、有的時候像陰影、有的時候像陽光一樣的東西，是他生命當中最真切的疼痛、苦惱或者歡樂。蘇童把這樣一些東西寫出來，非常好。蘇童是一個典型的南方人，蘇州人，不會把自己的個性非常張揚，他就寫那種很陰鬱的帶著個人傷痛的一些東西。這樣一些東西可能不是非常了不起，傑作說不上，但是，永遠會是一些很優秀的東西。

　　蘇童出文集的時候，特意編了一本《少年血》，這一集可能是蘇童的

小說裏面在藝術上寫得最講究的一些東西。他這個少年經驗的系列裏面較早的一篇是《桑園留念》，是大學剛剛畢業的時候寫的。蘇童的寫作很早，但他初期的寫作一直不成功，在大學裏面老是投稿，老是退稿。不好意思了，他就用他朋友家裏的地址，很羞澀的一個人。大學畢業以後分到南京工作，就寫了《桑園留念》。南京這個地方很出作家，有一幫的人在寫詩寫小說，蘇童也在這個圈子裏面混，寫了《桑園留念》以後，自己感覺寫得還不錯，要拿給朋友們看，又不好意思，他就趁人家不在，塞到人家家裏。其實，大家都是一些沒發表作品的人。他們看了之後，覺得蘇童會寫東西。但《桑園留念》也是不斷地投稿，不斷地退稿，這個稿子在全國的各個編輯部流轉了三年多，後來在《北京文學》發出來，是 1987 年的時候。他裏面有這樣一段話：

> 我之所以經常談及桑園留念，並非因為它令人滿意，只是由於他在我的創作生活中有很重要的意義，重讀這篇舊作似有美好的懷舊之感，想起在單身宿舍裏挑燈夜戰，激情澎湃、蚊蟲叮咬、饑腸轆轆。更重要的是我後來的短篇創作的脈絡從中初見端倪。……從《桑園留念》開始，我記錄了他們的故事以及他們搖晃不定的生存狀態，如此創作使我津津有味並且心滿意足。

> 我從小生活在類似「香椿樹街」的一條街道上，我知道少年血是粘稠而富有文學意味的，我知道少年血在混亂無序的年月裏如何流淌，凡是流淌的事物必有它的軌跡。

其實，對蘇童的這一組小說用不著什麼評論。他自己說得就很好，「一條狹窄的南方老街」，「一群處於青春發育期的南方少年，不安定的情感因素，突然降臨於黑暗街頭的血腥氣味，」在這種少年故事裏面經常會寫到一些血腥，但他這個血腥寫得不像余華那樣血淋淋的，而總是帶著憂傷，莫名所以，寫「一些在潮濕的空氣中發芽潰爛的年輕生命」。按照我們通常的說法，這應該是一群最富有活力的生命，他卻寫出了這群最富有活力生命當中的那種陰暗的非常容易潰爛的性質。剛剛發芽的年輕生命，當然可能會預示著發了芽它會長起來，長大，但是，也非常可能這個芽在還是芽的時候就死掉了，就被折斷了。他寫出了後面這一種令

人不能釋然的發芽潰爛的年輕生命,「一些徘徊在青石板路上的扭曲的靈魂」。這樣的生命在這樣一個階段本身就可能是非常混亂無序的。

蘇童在寫這一系列的時候,通常用第一人稱,「我」常常是小說裏面的一個人物。這個「我」,是一個少年,他在看世界的時候,就是一個少年的眼光、少年的視角,來寫少年經歷的事情。就是說,蘇童在寫這些事情的時候,不是以一個已經經歷過這些事情已經長大的人回過頭去再重新看待這些事情。因為你在經歷過這些事情的以後,你已經長大了,你至少對這些事情有了一個看法,對過去的經驗可能還不十分不明晰但已經有了一個判斷、一個總結。但是,蘇童寫的這一個「我」,正在經歷著這些事情,他對這些事情根本就沒有判斷。他以這樣的眼光來寫,充滿了不確定的因素。對生命不明白,但是生命在要求你明白,生命在衝撞著你,不管是從生理上、從與社會的接觸上。蘇童把這樣一種狀態寫了出來,他以他當時那個年齡的視角來寫。所以這樣一批小說,說它是少年小說,不僅是因為它的題材、它的內容是寫少年的,更重要是它的眼光、它對事物的感受是少年的。

五

還要講的是孫甘露小說的語言實驗。本來我們通常以為的語言,是用來表達一個意思的東西,不管它是載道的,還是言志的,在一個範疇裏,載道和言志是對立的,可是,從另外一個更大的範疇來看,它們是一回事,都認為語言是表達某個意思的工具,不管意思是什麼,不可能設想語言是什麼都不表達的。可是,在孫甘露的小說裏面,在這種語言實驗裏,語言不表達什麼明確的意思,既不載道也不言志,也不傳達我們日常語言裏所有的確定的意義。這樣一來,語言解放了,也就是說語言不再是語言之外的一個東西,語言的組合,辭彙和辭彙組合在一塊兒,句子和句子組合在一塊兒,這樣的組合也不一定是要為了一個特定的目的,為了傳達,為了輸送某種意義來組合在一塊兒,也就是說把語言從語言的意義中解放出來,語言最大限度地獲得了它本身,它本身的自由。

我們文學史裏說孫甘露的小說的語言就像超現實主義的詩，把他小說的語言分行排，就像詩一樣。什麼是超現實主義？這裏不是用一個嚴格的超現實主義的流派的概念，而是說語言在這裏的運用，不再是我們在日常生活裏面常規下的語言運用，它變得不指涉語言之外的現實。那麼，它變成了什麼？在這樣的語言運用當中，所指的功能越來越減弱，而能指的功能越來越大，它這句話可能指涉任何的意義。如果所指的功能很大，那麼這句話、這個詞所指的意義是非常確定的，而把這樣的功能減弱之後，一方面可能是沒有任何意義，另外一方面是它也可能指任何意義。所以，我們讀孫甘露的小說，多少會有這樣的感覺，你不知道他在說什麼，你好像知道他在說什麼，但是你不能確切地說他在說什麼，他的語言像夢境裏的語言一樣，辭彙本身獲得了很大的自由，但是，辭彙連綴在一塊兒的意義就不知道了。

這樣的語言體驗有點類似於人在迷幻狀態當中的體驗。義大利的電影導演費裏尼寫了一段話可以用來解釋。費裏尼講他喝了一點迷幻劑後的體驗：

> 前幾天，當我有瀕死的感覺時，物體便不再擬人化了。原來一直像一隻奇怪的大蜘蛛或拳擊手套的電話，如今只是電話而已。也不是，連電話也不是，它什麼都不是，很難形容。我不知道那是什麼，因為體積、顏色和透視的概念，是瞭解事物的一種方法，是界定事物的一組符號，是一張地圖，一本可供大眾使用的公認的初級教科書，而對我來說，這種與物體的理性關係突然中斷了。

你判斷一個東西，比如他舉的例子，電話，憑什麼你看到那個東西，你的意識裏馬上反映是電話？這裏有很多綜合的資訊，比如它的形狀、顏色、放的位置，等等。因為構成電話的每一個因素都是有意義的，它的顏色、形狀、體積，這些聯繫起來指向某個意義，綜合起來，使你判斷它是電話。可是，如果把這些因素都割裂開來，顏色是顏色，形狀是形狀，你就沒辦法判斷這是電話。本來你和那個東西形成的關係是我和電話之間形成的關係，而不是單獨和顏色、形狀之間的關係。

> 有一次，為了滿足正在研究迷幻藥效應的醫生朋友們，我答應做

他們的實驗品，喝下了摻有微量僅一毫克迷幻藥的水。那一次，客觀的物體、顏色、光線，也都不再有任何可辨識的意義。那些物體是它們自己本身，浸浴在明亮而駭人的遼闊寂靜中。那一刻，你對物體不再關心，無需像阿米巴變形蟲那樣用你的身體籠罩一切。物體變得純潔無邪，因為你把自己從中抽離了；一次嶄新的經驗，就像人第一次看到大峽谷、草原、海洋。一個充滿了隨著你呼吸的韻律而跳動的光線和鮮活色彩的潔淨無瑕的世界，你變成一切物體，與它們不再有所區別，你就是那朵令人暈眩地高掛在空中的白雲，藍天也是你，還有那窗臺上天竺葵的紅、葉子和窗簾布纖細的雙股緯線。那個在你前方的小板凳是什麼？你再也無法給那些在空氣中如波浪般起伏振動的線條、實體和圖樣一個名字，但沒有關係，你這樣也很快樂。赫胥黎在《知覺之門》（The Doors of Perception）書中，聳人聽聞地描寫了這種由迷幻藥引發的意識狀態：符旨的符號體系失去了意義，物體因為沒有根據，沒有存不存在的問題而令人放心。這是至福極樂。

在迷幻藥的作用下，你和世界的日常的理性的聯繫都沒有了，這個世界裏你所看到的東西都變成了它們本身，你想到的一個東西不再是它的功能、它的用處、它和你之間的關係、它的意義，因為失去了這些東西，它們本身獲得了極大的解放。就像費裏尼描述的，物體變成了物體本身，物體不再是日常人為的加給它的東西，所以這個時候你的感覺是非常放鬆的，甚至到了「至福極樂」的狀態。

這個就有點兒類似於極端的語言實驗，語言的所指被減少到極點，只剩下能指，只是一堆漂亮的詞語，念出來是一堆漂亮的聲音的組合。當時類似於孫甘露這樣的小說引起年輕人的興趣，就是這樣一個效果，不恰當的比喻，類似於吸毒的效果。雖然以前看到過草原峽谷或者河流，但是，你從來沒有這樣看到過草原峽谷或者河流。好像你是第一次看到，語言原來是這樣的，語言原來可以不指涉任何東西，它本身就可以個構成一個很美的流動的語言過程。

但是，這個只是在迷幻藥作用下的第一個階段，接下來，費裏尼說：

但是突然被排除在概念的記憶之外，讓你掉入無法承受的焦慮之深淵裏；那前一刻的狂喜轉瞬變成地獄。怪異的形體既無意義也沒有目的。那討人厭的雲，那教人難以忍受的藍天，那活生生的令人作嘔的雙股緯線，那你不知道是什麼東西的小板凳，把你掐死在無盡的恐懼中。(《我是說謊者：費裏尼的筆記》)

他突然看到空氣中的雲彩、線條不再是日常在清醒的狀態下看到的，那些東西特別好、特別純潔、特別是它們自身，他們沒有意義，沒有作用，就是那麼自在地呆在那兒，可是時間一長，就覺得沒有意義、沒有目的、它們之間沒有任何聯繫、和你也沒有聯繫的這些東西，其實是很讓人焦慮的，你沒法適應這樣一個世界。你不知道這些東西是什麼，除了只是一些純粹的線條、聲響。他描述說，這樣一個「至福極樂」的狀態會在某一個瞬間轉變成一個你難以忍受的狀態，喚起你無盡的焦慮，天堂一下子會變成地獄。可能吸毒到最後都有這樣一個階段。

如果語言沒有所指了，它只變成了能指，看起來語言是變成了語言本身了，它不再一定要表達什麼東西，它好像獲得了它自己的自由、解放、幸福。但是，這樣時間一長，你會產生懷疑，什麼是語言本身？語言本身難道就是它沒有所指？以往，我們把語言完全工具化，不承認它本身的特性；那麼，現在把它所有的所指的成分去掉，這就變成語言本身了？一個人說話、寫文章，正常的意義是既有語言的能指的部分，它也同時具有語言的所指的功能。否則的話就是夢話，就是一串沒有任何現實意義的東西。這個嚴格說起來，就不是語言。語言本來就是由這兩部分構成的。任何人爲地去掉一部分，或者減弱一部分功能，加大另一部分功能，它所能帶來的幸福、自由的感覺也是短暫的。過了最初的興奮期之後，你會覺得這個東西無法認識。

六

先鋒小說在時間的概念上，大致上應該是 1985 年或再稍前一點時間到 1989 年。現在，很多人談九十年代的先鋒小說，其實不對的。九十年

代沒什麼先鋒小說；如果說還用先鋒小說的概念的話，一定跟八十年代所指的是不一樣的概念。雖然，在八十年代中後期寫先鋒小說的這些人在九十年代還在寫，但是性質已經發生了非常大的變化。比如說像余華、蘇童等等，在九十年代非常重要的作家，但是，他們的寫作已經很難被稱爲先鋒寫作。先鋒這個詞是借用的，這是一個軍事術語。先鋒的命運是不知道它下一步是什麼，它是要爲後面的大部隊來開闢道路或者來探明情況、獲得資訊。我們把它用在寫作當中或者用在文化上，其實是說這一部分的人的寫作、文學實驗是和大部隊、和社會的主導潮流的工作是不一樣的，他們是要去探索一種不僅是沒有成爲這個社會的主導作用，而且可能是這個社會、這個寫作的規範還沒有意識到的東西，或者說是去摸索一種可能要對現在的主導潮流、寫作規範、寫作體制形成某種反叛力量、某種挑戰的寫作行爲。這樣一種寫作行爲我們叫作先鋒行爲。那麼從另外一方面來講，這樣的寫作行爲因爲它是向未知的領域探索的，它會對已經形成的社會的主導規範會形成挑戰、反叛的力量，所以反過來講，它必然也會遇到一個比它更大的社會主導力量的阻礙。把詞語的色彩降低到最低點用「阻礙」，比如還可以用色彩更強的「壓抑」、「壓迫」、「排斥」、「反對」等等。這個阻礙包括很多方面，不僅僅是來自正統的政治的意識形態的阻礙，還來自於已經習慣化了的我們的審美習慣、我們的日常感知世界的方式、我們的文學教育對這一類東西的本能的反抗。先鋒的發展和先鋒的產生的過程，一定是伴隨著挑戰和對挑戰的克服，處在這樣一個對立的關係中，然後在這樣對立的關係中獲得它自身的意義。先鋒的意義就是原來你不習慣的東西慢慢有一部分人接受，有更多的人接受了，最後被整個社會的大眾所接受。這個時候已經沒什麼先鋒的意義了。它從原來向主導的文化潮流、審美習慣挑戰的寫作行爲變成構成社會主導潮流、構成文學的審美習慣當中的一部分力量，或者很重要的一部分，比如說，像蘇童、像余華這樣的作家，在八十年代人們是根據那個時代主導的社會潮流所形成的文化標準、文學標準來判斷他們，而今天人在判斷文學的時候，是根據他們、根據莫言、張煒、張承志、史鐵生、韓少功、王安憶，這樣一部分人形成的文學標

準、習慣、審美經驗來判斷其他人。這個時候，再講他們是先鋒的話，就沒有先鋒本來應該有的含義。如果說九十年代還有先鋒的話，那一定是另外一批人，另外一種寫作。

　　青春常常和先鋒聯繫在一起，那是因為，青春本來就是為即將充分展開的生命進行探險的先鋒。

（載《南方文壇》2004 年第 2 期）

馬原觀感傳達方式的歷史溝通

——兼及傳統中西小說觀念的比較

　　寫下這個題目我自己都有點心驚。我猜想如果問馬原哪些作家對他有較大影響時，他開列的會是一長串的外國名字，諸如博爾赫斯、拉格洛孚、馬爾克斯、福克納、海明威……你無論如何也沒法把馬原與他們割斷，沒法對馬原所構築的小說世界中或隱或現的異域的幽靈視而不見。甚至可以說，沒有他們，就不可能有現在這個樣子的馬原小說。儘管如此，讀馬原，和讀博爾赫斯等仍有感覺上的極大不同，特別是在馬原那層表面的陌生逐漸消除之後，我對馬原小說竟產生了一種親近感，一種自覺從內心發出而非經過多麼艱難的理性思索的認同；而面對那些「洋貨」，由於始終有一種「隔」的感覺，終究無法達到同樣的效果。從這種感覺出發，我認定在馬原獨特的觀感傳達方式背後,存在著與我們這個民族文化的特質相溝通、相聯結的東西，進一步說，馬原對世界的態度及其小說的表現方式根植在自己民族的特定的歷史和文化結構中。

　　人命中注定了必然是一定文化結構的體現者，這不僅僅是因為外在的教育、影響對人施加的作用，更在於文化的遺傳性的無法割斷，它像血液一樣在身體誕生的時候即已存在其中；在於集體無意識的綿延繼承，它同樣排斥人的主觀努力而獨立潛行默運。這一切成為意識的「先結構」而體現出本民族文化的基本骨架和精神內核。在吸收外來文化成分時，首先是一個選擇的過程，選擇的對象則必然是那些有認同的成分的；同時吸收又包含著轉化與改造，其基礎和前提則是先在的本民族的文化結構。因此，試圖超越或摒棄那種「先結構」，往往是徒勞無益的。幸好馬原聰明地宣稱:「我深信我骨子裏是漢人，儘管我讀了幾千本洋人

寫的書，我的觀念還是漢人的。」他同樣認定這是「沒法子的事」[1]。

我們還是先進入馬原經營的獨特世界。按照已經習慣了的閱讀方式，我們一遍又一遍地尋找心理期待的東西，如意義的明晰性，人物、事件之間的關聯性，小說邏輯的必備因由及必然結局，等等等等。當筋疲力竭的時候，才恍然大悟：這裏不提供對於期待的滿足，這個世界好像正是與預期心理作對似的。倘若能夠進一步把按照我們習慣性想像構成的世界與馬原的世界進行比照，反躬自省，我們是否會發現那種一捧起小說就有的慣性預期的虛幻色彩？當作出這樣一種判斷的時候，我們不自覺使用的座標是現實世界的真實性，馬原恰好正是以此爲參照來達到真實性的還原。這裏還要加上一句本可以不說的話來做一補充，即：這裏所說的真實性並非就是說馬原筆下的一切都可以在現實世界中找到對等物，而是強調馬原小說世界中的人、事、物的存在狀態和結構方式與現實世界具有某種程度上的同構關係，即使馬原的小說是完全虛構出來的。

馬原的還原真實的意願和努力是體現在他的觀感傳達方式中的。馬原對外在於自己的世界的基本態度和行爲是觀感，是體驗，是把自己投諸於現象世界而拒絕對現象世界做出各式各樣的推理和判斷。在這裏，馬原明顯地呈示出一個傳統中國人的典型的思維方式，體現著中國藝術的基本精神。據此，馬原的非因果敍事方法，對衆多偶然因素和可能性的重視與把握，敍述角度的變幻，作者與他所構造的世界的關係，敍述的現時性、隨意性等等都可以得到解釋。

與西方運思方式的輕現象、重「理念」、重「本質」不同，在傳統中國人的意識中現象世界佔據了極重要的地位。柏拉圖認定現象是虛幻不真的，因而人爲地製造出一個秩序井然的理念世界；中國道家卻是現象世界的崇拜者，認爲萬事萬物自生自然自足，人爲萬物之一，沒有特權和資格對這個世界指手劃腳。馬原對他所展示的世界基本上正是這一中國式的態度。他拒絕西方式的推理與判斷是因爲他對這種概念、邏輯的

---

1 《馬原寫自傳》，《作家》1986 年第 10 期

不信任和對自在自足的現象世界的尊重，在馬原小說中，呈示的是斑駁陸離的生活被體驗的原貌和人的生存的自在形態。新近的長篇《上下都很平坦》開頭的四句話就隱約地表現出馬原的觀物態度和藝術處理手法：「我清楚記得／就在堤坡上／那三顆彈子／顯得自由自在」。對這種自在之物的態度，對人的生生死死、喜怒哀樂，馬原非但未突出、誇張一般小說中所具有的情感反應，幾乎可以說是漫不經心，頗有點「縱身大化中，不喜亦不懼」的味道。可以看出，當小說世界作爲與現實同構的存在物時，作爲作者，馬原自覺地不再充當傳統意義上的主宰而表現出居高臨下的自傲或局外人的冷漠。馬原是作者、敍述者、參與者，甚至是被敍述者。馬原創造了他的小說世界，而他自己也成爲這個世界的普通的一部分，無法凌駕於其上。這似乎已陷入了一個邏輯悖論，然而馬原卻是心甘情願地欣賞、想像、描述現象，並把自己包括進去，而不去人爲地界定、概括、分割、聯結自在自足的現象世界，更不是用它來填充自己理性概念的框架，把它當作達到某種虛設的目的的手段。既然馬原描述現象世界只是爲了現象世界本身（特別是馬原 1985 年之後的作品這一趨向更加明顯），那麼在作品呈示的經驗背後尋找哲理、象徵諸如此類的東西，其效果是大可懷疑的。關於這一點，我們可以把和馬原有點「貌似」的洪峰小說對照，馬原從未表現出洪峰在《生命之流》、《極地之測》等「生命系列」裏表現出的對形而上的東西的執著與信任。可以說，哲理意義的深刻是馬原的觀念所不能容納的。馬原感興趣的不是超越具體真實的抽象本體，不是建立在假設基礎上的人爲的結構和秩序，而是直觀于中國人眼中的豐富、龐雜和渾沌爲一的現象世界。少判斷少哲理的馬原小說使傳統的閱讀方式陷入困惑，馬原卻不止一次地對類似於「你的小說是什麼意思」的疑問表示反感，我相信馬原自己也無法弄清小說確定的明晰的意義。因爲面對駁雜渾沌的現象，作爲萬物之一的人的思考是很難規定明確指向的。對人們的尋根問底，馬原揶揄說：「主要是人們認定沒有說明不了的東西，也可以這樣說 —— 沒有哲學解決不了的問

題」。[2]這種挪揄透露出的對知性的極大懷疑，恰恰是中國文化的基本精神和思維方式的基本特點。

現象是渾沌爲一的世界，是共時並存的多種人、事、物，那麼對現象世界的描述與呈示即使是只局限在經驗的範圍內，要求單一的情節與主題，創造單一的情緒，遵循直線型的因果追尋方式來完成作品也是不可能的了。因此，馬原小說中就出現了與整體性崇拜的傳統中國思維方式相適應的平行故事並置組裝法和非因果敍事方式。《疊紙鷂的三種方法》、《拉薩生活的三種時間》、《四個女人和三個階段性想法》等，都是把互不相干的故事拼湊成篇，即使單從標題的數量詞，也會產生這種感覺。以《疊紙鷂的三種方法》爲例：小說是由新建和羅浩的事（敍述者敍述）和一椿刑事案及一個養狗老太太的故事（敍述中的敍述人小桑格、劉雨敍述）疊加而成。習慣上人們認定小說是時間的藝術，可是在這裏，作者削弱了時間的意義而試圖強調空間的地位，賦予多重空間以張力。無意中馬原暗合了中國古代藝術、特別是詩畫的表現方式（中國古典詩畫中意象、景物的呈現往往是非同時同地從各個不同視角觀察得來的結果的綜合的整體的呈現，造成一種空間張力。中國詩畫都不大講究單視角的焦點透視關係）。這決不是說馬原小說一定受了中國古典詩畫的影響，況且由詩畫到小說還需要一定的中間轉換的環節。從這種暗合得到的啓示是：藝術表現方式決不是獨立存在的，它總是擺脫不了本民族文化思維方式的制約；共同思維方式制約下的藝術表現方式，即使是在不同的藝術品類之間，也可以找到相通的精神。

人爲的邏輯結構使人們天長日久地相信生活是嚴整關聯的存在，可是在多重空間裏平行並置的故事沒有聯結，當然談不上因果關係；即使是一個故事，馬原呈現的常常是有因無果（此處的「果」即爲讀者按照作者所提供的因素、關係等所預期的東西），有果無因或者乾脆就是既無因也無果的經驗的碎片。《遊神》大概就是一個不甚了然的故事，小說提供了一個故事框架，可是有好多地方是故意空著的，沒有充分的因由能做出讓人信

---

2 《哲學以外》，《當代作家評論》1987年第3期。

服的解釋。《岡底斯的誘惑》煞有介事地安排了陸高、姚亮兩次探險，冒雨去看天葬和尋找野人。結果是沒有結果。因果律本來就是中國人運思方式不屑一顧的，馬原摒棄了這一連結世界的鏈條，使小說世界與中國人眼中的真實世界達到某種程度的契合和同構。實際上，因果關係大都取決於敘述者的願望和動機，承認和建立這種關係無疑就是一種判斷和人爲的介入，這種行爲和馬原的觀念相衝突因而不爲所用。對有因有果的連鎖反應具有極大破壞力的便是衆多的偶然和可能的存在，馬原對偶然因素和可能性的注重使它們在小說中佔據了極突出的地位。類似於陸高剛結識不久的漂亮藏族姑娘突然沒來由地死了（《岡底斯的誘惑》）這樣的偶然事件的參與，是馬原故事的一個明顯特徵。那麼，對與偶然性相連的可能性的把握就成爲馬原的一個目標。《回頭是岸》這篇不甚成功的小說的結尾過分直露地顯示了他的意向：一個女人心房插著一把刀死了，作者羅列死因——「……我姐姐是因爲喜歡你才死的呵。」「……是我殺了姐姐呵。」「……姐夫是因爲我才殺了姐姐呵。」用作者的話說，「有什麼可能是完全不可能的呢？」馬原在不同的小說裏把同一人物同一故事變來變去地寫（特別是知青題材的小說），是否也正體現了作者試圖把握多種可能性的願望呢？有人說馬原小說中充滿了神秘色彩，我倒是覺得除了馬原筆下的拉薩生活本身賦予這種色彩之外，便無其他神秘的東西。神秘感的產生主要在於人們不習慣於非因果敘事方式，無因可尋，無果可找，時間斷續，空間零碎，便覺得不可思議了，突發性、偶然性和種種可能情形的大量介入更加強了這種感覺。其實，比照一下你投身其中的現實生活，你便不會覺得神秘感是作者故意玩玄製造出來的，非邏輯非線性的經驗本身即構成了人與世界的真實關係，這是對人的永恒的誘惑。

　　敘述角度的變幻是貶抑時間的作用呈現多種空間關係所必然要求的。在語言藝術中，由於語言的排列是線性和時間性的，多視角決不可能做到繪畫意義上的絕對的並時共存，而只能無可奈何地輪流做莊，所以小說中的空間張力只能在讀完整作品時才能得到完整的呈示。應該說，馬原正是以視角的變換做爲他結構小說的依據的。每一個視角都追

尋一條時間線和一個空間面，馬原作品的豐富、駁雜、多面性、多維向
正是在此基礎上構架起來的。中國傳統思維不願意爲一點一面而捨棄整
體的把握，它犧牲片面的深入而求綜合的觀感。多視角無疑大大提高了
這種可能性，使馬原始終眷戀這種方法而做得心安理得。與衆不同的是，
馬原常常把視點拉到能觀照到自己的地方，作者或者敍述者的馬原成了
被敍述的對象，被敍述者卻搖身一變與創造他的主人換位。比如《戰爭
故事》，比如《西海的無帆船》，比如《塗滿古怪圖案的牆壁》。既然每個
人都是現象世界極少的一部分，那麼馬原就必須表現出與他所經營的世
界中的人物平等相處的姿態。有時馬原把自己分成兩個人，拉開距離，
同時兼任敍述者和被敍述者的角色。於是正在進行的敍述過程反被另一
個馬原所敍述，多種敍述互爲參照、評判，最後疊加、融合爲一體。馬
原的多視角產生了敍述的現時性與隨意性，其根基在於對現時的敍述作
爲一種現象而與其他現象平等爲一的理解。馬原在作品中不厭其煩地提
到自己正在進行的寫作情況和種種意圖，表明在他的觀念中，敍述本身
並不比被敍述的故事情節高出一頭，它同樣可以被敍述而絲毫不享有什
麼特權。表面看來，敍述失去了不可觸犯的神聖，它可以被另外的敍述
所敍述，其實際效果正相反：正因爲它被敍述出來而與它所敍述的比肩
而立，不再像以前那樣躲避在後面不爲人所見，它才被發現，被注目，
才同樣可以被突出、被強調。馬原揭去了蒙在敍述身上的面紗同時還給
它應得的地位，小說不但是曆險的敍述，同時也是敍述的曆險，這是否
反映了敍述觀念的變化？就馬原個人來講，這種變化是毫不爲奇的，他
所觀感、體驗的現象世界使他能夠經驗到每一部分而不僅僅從中提取一
點一面。這裏該補充一句的是：作爲漢人的馬原在現象世界面前的整體
性崇拜與有機把握是包括不同層面的。把握與體驗被敍述的人物故事情
節是一個層面，把握和體驗敍述本身是另一個層面。

　　前面說過，馬原的觀感傳達方式體現了馬原還原真實的願望和努
力。到此我們就可以看出，馬原對真實性的理解就是讓外在世界最大限
度地自在自動地呈現，最大限度地減少人爲的對自在之物的介入和干
擾。人對現象世界做藝術處理時，最理想的狀態是做無爲的觀照。這正

透露了中國藝術的精神。

　　但這種「無爲」須是藝術處理基礎上的無爲，如果連藝術處理也放棄了，則必然導致取消作品的意義。馬原的一些不成功的小說，似乎稍嫌藝術處理不夠，有點走向意義零點的趨勢。

　　在新時期作家中，馬原不可避免地被歸入不安份、實驗性強的那一路。「實驗性」、「探索性」這一類詞喚起的是人們自覺或不自覺的與外國的特別是西方的文學流派、文學大家、經典作品的聯繫，認定這之間有著不解之緣。這大致是不錯的。只是如果僅僅注意這一方面，忽略了與歷史、與在歷史中形成的中國人的精神特質和運思方式相溝通的可能性，我們往往就會做出膚淺的片面的判斷，比如指責這些實驗、探索是無根的，是沒有歷史與文化基礎的等等。

　　本著對溝通可能進行試驗的另一個方面，是對中西「小說」概念的比較與澄清。不管是對馬原一路實驗派的襃揚還是指斥，大致有一個相同的看法，即認爲馬原等的小說是對既定的小說格局和規範的叛逆與突破。這種看法的立足點是傳統的西方的小說觀點，即二十世紀以來引進的並在中國逐漸穩固和強化的小說格局與規範。它的美學原理是：要求作品情調和作者觀點的僵硬的統一性，要求風格的純粹、簡明，並與作品的內容、手法、效果相對稱相和諧，要求把注意力集中在精心選定下的情節和主題上，創造一種預期的往往是單一的情緒。這既大大不同於二十世紀西方現代主義文學駁雜斑斕的小說觀念，更不可與中國本土的小說觀念相混同。在中國，小說最早不是一個純文學的概念。班固《漢書・藝文志》說：「小說家者流，蓋出於稗官，街談巷語，道聽途說之所造也」；又引孔夫子的話稱小說爲「小道」。這種說法後人大都承繼。單單從對小說的各種分類中，就可以看出小說概念與我們今天用的是多麼的不同：明胡應麟列志怪、傳奇、雜錄、叢談、辯訂、箴規六類[3]；清《四庫全書總目提要》裏分雜事、異聞、瑣語三派……很顯然，這種「小說」

---

3 見《少室山房筆叢》二十八。

概念沒有西方那樣嚴格劃一的規範，它寬泛，具較大容納性，關注著整個生活和經驗的每一部分，尊重作者的旨趣，不會像西方那樣爲保持小說品類的個性與規範而對生活和經驗進行篩選、加工，做削足適履式的調整。

　　背離西方傳統小說觀念的馬原小說中有許多東西可以被本土的觀念所接納。如馬原對經驗的多面呈示即爲傳統所注重。馬原小說中「閒話」特別多，囉裏囉嗦，開頭結尾中間，他好像隨隨便便地化入化出，這是傳統西方小說極力避諱甚至是不能容忍的；我們的老祖宗「說話藝人」倒是開明，他有許多時候忍不住要這樣做。西方小說討厭意圖的顯露，馬原有時故意設置講解的段落，最明顯的莫過於《西海的無帆船》中姚亮的「聲明」了，他提示讀者注意馬原小說中的人稱轉換、雙線的敍述及選材上的特點。姚亮的准「評點」式批評——中國特有的文學批評形式——構成馬原小說完整的一部分。中國小說評點到金聖歎手中成熟之後，出現了一種獨特的中國小說讀本樣式，即評點夾雜在作品中，與作品交織在一起。評點把讀者與作品拉開了欣賞的距離，時時提醒注意精彩之筆與表現技法，還有一個客觀效果是割斷了故事的連貫性與敍述的時間性。馬原閒話創作過程、技巧、意圖所達到的效果也正包括了這些東西。與西方小說對時間的極力推崇不同，中國小說中的志怪志人體、筆記體這一發展脈絡的小說，時間性不具有對敍述順序、文體結構的左右控制功能，它只是諸多敍述依據因素之一，失去了在西方小說中的顯赫地位。即使是描寫家世興衰過程的《紅樓夢》，時間的作用也不是很突出。它是由無數個場面或無數場戲轉換連接起來的，時間在場景中仿佛是靜止的。因此有人認爲《紅樓夢》中空間的鋪排較時間的情節在藝術上更爲重要。馬原打破小說對時間的崇拜，削弱其作用，與本土觀念和傳統有相似之處和暗合的地方。用心考慮一下，我們發現中國小說的觀念仍與民族文化的結構和精神內核相聯繫，並受它的制約。如果不是這樣的話，馬原小說與傳統中國小說的附比就失去了根基，也就不會有太大的意義。

　　附帶說明：在這篇短文裏涉及中西小說觀念比較這個大問題，是很

難深入也是不符合論文作法的，只因要顧全馬原小說縱向溝通的可能
性，就不忍捨棄這一點。

　　這樣看來，馬原算不上絕對意義上的出格，尤其是「格」的概念在
與歷史的溝通中界定之後。到這裏，我發現自己正面臨危險：朝這樣的
方向走下去，我是否會把一切都牽強附會拖拉進傳統文化之中，並認定
這就是傳統的不可抗拒的延續，因而陷入宿命的泥淖中不可自拔同時抹
煞馬原的創造性？實際上我只是認定馬原觀感傳達方式所表露的對世界
的觀念和思維方式是傳統中國式的，並沒有把馬原的全部都納入既存的
範疇；也並不因爲涉及到簡單比照就判定二者是在同一層次上，馬原毫
無揚棄與創造；更沒說馬原小說是對古典小說觀念的簡單歸複。許多問
題只涉及了能夠與歷史接通的一面，而由於論題的限制，對另外部分少
有闡發，這也正表明我不是把馬原的全部都鑲嵌到既定的歷史框架中。
　　正是馬原的現代意識和感受性爲傳統的觀念和方式所無法涵蓋，才
使馬原能夠作爲新時期作家被接納，同時也正是這種鮮明的現代性容易
掩蓋幾乎是超越時間流程的民族文化特質及其表現方式。做一點歷史的
比較與疏通，是試圖爲馬原，爲新時期文學中的實驗派做點小說觀念的
「尋根」，以期打破被誇大了的時代精神所造成的時代與時代之間的封閉
圓圈，恢復時代連續性的本貌，使馬原們在更高層次上的超越與開拓顯
得從容而自信。

1987 年 11 月復旦東部

（載《上海文論》1988 年第 1 期）

顯性的與隱性的

—— 韓少功重構世界的方式之一解

　　我們習慣了說某某作家的世界如何如何，這種提法的隱義無疑至少是對下面兩層意思的認可：一是說作家觀照的對象不同，二是其藝術表達方式各異。後者往往更具藝術本體意義，更能顯示作家的個性。不是世界的每個部分都能進入作家的審美視界，即便面對相同的題材不同的作家也會製造出完全背離的效果。那麼就必須承認：作家所呈示的世界必然是作家主觀化了的、重新建構的世界。既然如此，要進入《誘惑》集（湖南文藝出版社，1986年）作品本體的神秘世界，就必須先進行扎扎實實的讀釋工作，弄清韓少功重構世界的方式，而不是讓思緒和語言不著邊際地遊蕩，遊蕩的結果最多不過是接近了作品的週邊。

　　《誘惑》集不太起眼的一篇短短的《老夢》提供給我闡釋全集的契機。伙房裏的飯缽不多不少一天丟一個，查來找去竟發現是民兵幹部勤保偷的，更叫大家莫名其妙的是，勤保是在夢境中偷了八十一個飯缽，把它們埋到很遠的齊公嶺上。可是「勤保在夢境之外還是個極本分的人。」他幾乎從不像其他幹部那樣借公務之口來伙房煮面、燉狗肉或烏龜之類；碰到職工種芝麻吃芝麻、種花生吃花生總把目光移開，滿面赤紅，好像自己有罪一般；有一次狠心吃了一個嫩西瓜團子，竟「打算他們讓我下臺坐牢！」而眾人都已吃得要翻胃作嘔。——「這樣一個人，怎會幹出那些不仁義的勾當？」

　　我所以不厭其煩地轉述這些瑣事，是因為正可以從這裏找出問題的癥結所在。韓少功設立的勤保形象在夢境之外和夢境之中的鮮明對立，實際是對作為類的代表的勤保的顯性的行為和隱性的心理本能、欲望、

情感、動機的雙層審視與洞察。勤保的外在表面形態顯然有做給人看的意味，他的行爲的出發點顯然在於他人而非自身。這個抽象的「他人」（可具體化爲特定生活環境和時代形勢下的領導、群衆等等），無形中成爲勤保意識中的主宰而左右著他的一舉一動。煩人的地方在於只要勤保活著就沒法消滅他個人自身的地位，既然顯性的行爲不給自我本體提供表現本能和欲望的機會，各種要求得不到滿足，那麼，只要壓抑、饑渴超過一定的度，自我本體必然用變相的途徑或形式將被壓抑的東西表現出來，於是就有了勤保在夢境中偷飯缽的令人費解的事發生，而且居然形成了每天晚上偷一隻的習慣，就像他每個白天必須做出「極本分」的樣子一樣。這裏實在隱含著某種必然趨向，這種趨向暗示出，當勤保說「我有神經病」的時候，我們實在不必爲此大驚小怪。

事實卻是「我嚇了一跳，差點一刀切破指頭。」我不知道有多少人注意到了作家這個隱蔽性極強的反諷，它告訴我們人們在吃驚於駭人結果的同時，對造成這種結果的畸形的生活狀態卻是多麼冷漠、多麼習以爲常。勤保的顯性表現對於人的存在來說分明是非正常的，可是大家看慣了，熟悉了，就把它當成正常的、天經地義的，甚至成了測度、評價勤保的標準和依據。可憐的勤保只有從這所謂的正常中走進夢境去尋求隱性心理層次的表現了。這樣，韓少功否定意識的指向在穿過勤保之後與其說是對準了那段特殊的歷史，毋寧說是聚焦於更深一層的一種廣大的文化心理背景。那個特定的時代與形勢，只是促使這種文化心理中的惡性充分暴露出來，把其荒謬性推向極端，讓人們更清楚、更觸目驚心。隨便提一句，標題《老夢》的「老」和「夢」二字不管是從各自獨立的本身還是從合成的存在來講，都標示出一種意味深長的歷史與文化的自省。

至此，韓少功已經比較清楚地顯示了他思維結構的特徵：他觀照對象時自覺地將對象分成顯性與隱性兩個層面，而且有意識地將兩個層面拉得很開，著重尋找發現兩個層面之間的不同與對立。顯性的一面是被社會道德、大衆習俗、時代潮流等所普遍承認、接納或提倡的部分，這一部分往往是虛假的、矯揉造作的，並非從「真」出發而爲；隱性的一

面則大多爲被壓抑的本能、欲望、情感等，雖然真實卻難爲社會公開認可，況且又多以醜與惡的形式顯現。而韓少功的探討意向與關聚焦點正在層面鮮明對立的背後，即深廣的無處不在的文化心理。韓少功正是將思維物態化爲作品，經營出一個具象的藝術世界。

這一建構方式幾乎完全可以直接套用在《女女女》上。幺姑自從在浴室的白騰騰的蒸氣中昏倒過去之後，就變成了「只是形似幺姑的另外一個什麼人了，連目光也常常透出一種陌生的兇狠。」她以前連臭了的東西都吃，那樣細緻入微地體貼、照顧別人，之後卻連吃魚吃肉都挑挑揀揀，千方百計折磨人。我們在前後兩個幺姑身上看到的幾乎全是對立的因素，很難發現具有連貫性的道德和情感。作者對於非對立性因素的捨棄和對於對立性因素的誇飾與強調，顯然是在強烈的自覺意識之下進行處理的。對幺姑，作者仍然予以分層關照的方式。在韓少功看來，前後兩個幺姑本爲一體的兩個方面，前者呈顯性形態，後者深藏於外化的行爲之下而不得表現。那團團神秘的蒸氣是韓少功使用的一件很重要的道具，借此他才得以揭示幺姑隱性的心理，並將其顯化爲外在的表現形式。這與《老夢》借夢境顯現勤保被壓抑的本能、欲望，實在是異曲同工。

這裏需要重復提醒注意的是，被揭示出來的隱性部分多呈現爲惡與醜的表現形式。幺姑實在讓人討厭透頂，以至於連「我」也像老黑一樣認爲幺姑還是死去的好。勤保偷飯缽也決說不上是一件光彩的事。是不是韓少功認爲隱性的一面原本就是醜的、惡的呢？假定作肯定的回答，我們就必須說韓少功對人性本身、對人的存在本身即抱有深深的懷疑甚至是絕望。其實問題遠沒有嚴重到此等程度，有《尋找月光》一篇爲證。在這裏，韓少功將顯性與隱性兩個層面的對立改造成爲孩童與成人之間的不相融合。一向冷峻嚴肅地審視生活的韓少功在寫到小朗朗時，筆調仿佛不由自主地變得那麼柔和，那麼富有深情。朗朗其實是具象化了的韓少功對於真實的本來意義上的人的理解和思索，如果說這不是理解與思索的全部，那麼僅這一部分也足以表明韓少功心底裏對於真誠，對於美好真實的人性的強烈呼喚。而作品中被社會化世俗化了的成人作爲背

面參照的存在，更昭示出美好與真誠具有人的本源的意義。那麼隱性心理外化出的醜與惡又是怎樣來的呢？成人身上所具有的非人性自身的邏輯自然發展而生的品性清楚地注明了外界的強大魔力，這種魔力賦予人本來沒有的東西，另一方面又長久地堅持不懈地施加給人性中自然的、本無所謂美醜的部分以高強度的壓力，使之變形變相，成為醜陋難忍的惡性顯現。ㄠ姑簡直就是惡性顯現登峰造極的代表。

但韓少功並不偏狹地將隱性層次的全部地盤都讓醜與惡佔據，儘管醜與惡是他費心費力發掘暴露以醒世人的。他有他的關注重點但這並沒有防礙他做較為全面的審察。《歸去來》中故地重遊的「我」的隱性的表露就是那麼感人那麼深摯的懷戀與追索。相反韓少功在各個篇什裏提供的顯性形態卻有較強的連貫性與統一性。看看這個歸去來的「我」，在眾人面前老是覺得生疏、隔膜，甚至不承認自己到過這個地方。這確實是一種心理感覺的真實，十年時光的流逝和環境的變遷，足以使一個人的價值立場發生變化，況且這十年又決非是平平靜靜的十年，個人與社會的變化也許都是始料不及的，「馬眼鏡」變成「黃治先」雖是怪誕的變相誇張，卻也在情理之中。可是一旦離開喧鬧的鄉民，「沒有服飾，沒有外人，就沒有掩蓋和作態的對象，也沒有條件，只有赤裸裸的自己，自己的真實」的時候，「我」就沒法端著「黃治先」的架子，就沒法不去想那個雨霧濛濛的早上，那條窄窄的山道……；當一個人走進熟悉的牛房，「我」更是情不自禁地沈浸到那段歷史中去了，情不自禁地憶起三阿公，並在冥冥中滿懷深沈真摯的情感與逝去的三阿公對話：「我想著你的酸黃瓜。我自己也學著做過，做不出那個味來。」……當「我」沒有作態對象時所顯現的情感最深處與記憶最底層的對逝去歲月的不可抑制的親切與追戀，比起那種生疏和隔膜，是不是一種更深層更根本的真實？心理真實是分層次的，相對說來，淺層的更易表面化，深層的則多呈隱性。當淺層真實與深層真實相矛盾相對立的時候，我們有理由懷疑前者，有理由說「我」對故地人事表現出的陌生與心理距離多多少少罩上虛假的面具的陰影，一面對他人，「我」就沒法擺脫那種自覺或不自覺的面具意識。於是「我」就只能糾纏於面具陰影與真情實感之間。四妹子講的姐

姐的事分明觸動了「我」心靈深處,「我真想給她擦淚,想抓住她的肩膀,吻那頭髮,像吻我的妹妹」,「但是我不敢,這是一個奇怪的故事,我不敢舔破它。」「我不敢」並非是因為男人與女人的兩性相隔,而是人與人,真誠與面具意識相對立的結果。只要糾纏於這種對立之間,「我」就「永遠也走不出那個巨大的我」。

　　如果說《老夢》、《女女女》、《尋找月光》、《歸去來》較為完整地具象出韓少功思維結構的對立層面 —— 儘管每篇都有所側重 —— 即思維與作品本體具有同形同構的對應關係,那麼《火宅》與《爸爸爸》則屬於另外的情形。這兩個中篇的用力在對立層之間都發生了嚴重的傾斜,《火宅》斜向顯性層面一邊,《爸爸爸》則試圖最大限度地潛入隱性的深處而不再顧忌顯性的情勢。單純地從層面的屬性上講,這兩篇表面上品格相差極大的作品倒是具有一種互補關係。韓少功這種大角度的傾斜並不是對思維結構的背離,顯然是他感到有必要集中全力一一對付,而不是因為顧忌二者的平衡反倒失去盡情發揮的機會,況且即使是在思維框架裏兩個層面恐怕也不總是能夠平衡的。《爸爸爸》提供的偏遠閉塞近乎原始蒙昧狀態的背景使背景中的人不必像處在複雜社會關係中的人那樣非要虛飾與偽裝,相對意義上他們的一舉一動更近乎自發的真實,而這些外顯的行態在文明化的人那裏往往多潛藏於隱性的層面。這樣的處理方法使韓少功對群體文化心理的探向與剖析來得更直接、更突出、更有效。韓少功自己說這篇小說「著眼點是社會歷史,是透視巫楚文化背景下一個種族的衰落」[1],他有意識地創造出一個不需要美化外表的活動時空,就自然使他的「透視」少穿越一個層面,少一些能量損耗,一定程度上保證達到欲求的深度。《火宅》卻正異其趣,充斥全篇的幾乎全是帶著荒誕、虛假、盲目、自私、勢利等等色彩的顯性狀態,作者放任其情緒,淋漓盡致地描摹、誇張、嘲弄,從頭至尾沒有類似於夢境、蒸氣等神秘的道具,讓人物、世界將其隱性暴露出來,但作者幾乎處處都在暗示你、提醒你注意這喧囂表面背後的隱性世界,我們覺察出韓少功是將他透視

---

1 韓少功:《答美洲〈華僑日報〉記者問》,載《鍾山》1987 年第 5 期。

中的這一部分半藏半露於字裏行間的。他沒有明瞭地說出，但他是多麽願意多麽期望他的讀者能夠洞悉這一切，能夠進一步地進行文化心理的檢察與深省。

分層觀照與對立意識的自覺成爲韓少功重構世界的一個明顯特徵，但是如果無限地誇大這一特徵，極有可能將問題簡單化，不管是對創作實踐來說還是對具有闡釋功能的批評而言。韓少功注意到了顯與隱兩個層面對立屬性之外的其他關係，對連接顯與隱兩種狀態之間的心理過程投以探求的目光。這種探求不像在其他作家那裏那樣表現爲對心理過程的或笨拙或高明的描述性再現，而是通過相對穩定的顯與隱兩種狀態的變化隱約暗示提醒出來。看似不著一字，存在於作品之外，實則隱含其中。對於接受者，不僅需要感悟，更需要理性分析。若干年後的勤保有點「神遊」──夜裏潛入瓷廠，把骨灰罎子排成整齊的行列，大呼口令：「立正──向右看──齊！齊步──走！──立定！」這背著人一本正經的操練和原來勤保極本分的外顯面貌竟是十分統一，這種玩意實在應該是喜歡談部隊、當過「文革」兵、走路習慣把手甩起來的不苟言笑的幾年前的勤保正大光明做給大家看的。本是爲給人看才做的竟成爲自己自覺或不自覺要做的，這其間總有一個漫長的心理過程即內化的過程，而它總該引人深思點什麽吧？不做具象描述，只是通過內化的結果來暗示，這也許更能讓理性判斷抓住本質的東西而不爲繁雜不定的心理顯像拖累。我甚至懷疑如果作者用大量的文字鋪排心理顯像，更多地訴諸於感性，這是否會使問題本身減弱它沈甸甸的份量和促人思考的刺激力。（《老夢》）對於複雜的內化過程，韓少功還有更簡的用筆，作出醒目的提示：公社秘書何某開會時昏昏入睡，被同事踢腳喊醒之後，緊張眨眼四顧而問：有人要殺害毛主席嗎？我相信韓少功不是把它作爲笑話來講的，儘管它會使人一時生笑，可是笑過之後呢？這是那個特殊年代的特殊產品，骨子裏是讓人悲哀、思索、省悟的嚴肅與冷峻。（《史遺三錄·耳書》）對耳聾的幺姑，「我」不得不大聲說話，可是後來對別人「我」也變得總是大喊大叫，「總以爲她們都是幺姑」。類似於這樣的敍述，不是游離於作品之外的閑扯或賣俏，本來正常的人爲適應畸形自己竟變得有

些不太正常，在時間的推移裏一定有著心理上的並非簡單得一兩句話就能說清的變化。(《女女女》)韓少功對心理過程不著筆墨的關注，將顯與隱兩個基本對立的層面連接溝通，在二者的相對穩定狀態中融進不斷變更的活動因素，增加了各個層面的複雜程度和還原的真實性，同時引發出對變化過程和變化結果的歷史的、社會的、文化的以及人本身的多維向多層次的理性思考。

　　韓少功重構世界的方式的闡明使我們得以對作品的存在形態進一步地解釋，這之間有一定的因素聯繫。讀《誘惑》集，幾乎總是處在怪誕的誇張、變形和尖銳的嘲諷所造成的特殊氛圍之中。既然韓少功更多地著眼於顯性形態的虛假、矯揉做作和隱性心理的惡與醜的表現，著眼於二者不合諧的扭曲的對立存在，那麼抓住關注對象的一點，極度地誇張或進行變形處理，最大最多地顯示出這種存在的不合理與荒誕，將心中幾乎是不可抑制地湧起的嘲諷釋放出來，這正是情理之中的吧。幺姑敲床的聲音似乎不但危及樓房，好像甚至影響了年輕夫婦的生育，「帶著血腥味充塞於天地之間」。(《女女女》)曹會計那位千金被隨便地問是否知道勤保的去處時，便「如同被紅鐵烙了一下，尖叫起來：『你問我做什麼？你問我做什麼？』」(《老夢》)平平常常、司空見慣了的人間世事就在這自覺的誇張、變形和滿含嘲諷的敍述之中顯出不尋常的意味，而正是「不尋常」才能激起人們去認識去刨根問底的欲望和熱情。沒有這樣的藝術處理，人事本身所具有的嚴肅意義恐怕就會因爲表面形態的習以爲常而被人們忽略過去。中篇《火宅》將誇張、變形和嘲諷的自覺給予最充分的發展，韓少功好像完全受控於自己的激憤情緒，任其淋漓盡致地發揮，極盡能事地完成了一則關於現代社會中病態文化心理和人格的寓言。寓言的真實更在於其本質的真理性而不去追求對人事世態的錄相式的再現，《火宅》的文化價值正在於荒誕不經的表面的喧鬧紛雜所包裹著的經感悟和理性判斷凝結成的堅硬內核。

　　說到這裏，就不能不進一步地涉及韓少功審視生活的參照座標和對待世態人事的情感與理性的態度，無法回避韓少功本人的心理狀態。《誘惑》集作品世界中被凸現出來並佔據了主要地位的荒謬怪誕和畸形反常

能夠給我們一點啓示。荒謬與畸形不管是事實本體的屬性還是意識中的
主觀感覺，它的存在依賴於在和它相對立的事實或感覺的互比互照之
中。沒有這個對立面，沒有合理與正常，沒有與合理和正常相比照，就
不會顯出荒謬與畸形的存在。顯然韓少功的作品只主要地顯現給我們比
照中的一端，即經過藝術變形的現實人間世事，而另外的一端則是韓少
功的理想世界。韓少功就是因爲立足於這個高於現實存在的理想世界，
以此爲參照來審視他所觀照的對象，才發現了現實中那麼多的荒謬與畸
形，那麼多的虛飾與做作，那麼多的醜與惡。面對他視界中的現實，韓
少功表現出真誠的激憤和深重的悲哀。爲什麼韓少功的嘲諷意識那麼強
烈？讀讀《火宅》，就會感覺出在那充斥全篇的嘲諷背後跳動著一顆怎樣
激憤不平的心。前面已經說過韓少功儘管著眼於隱性的醜與惡的表現形
式，但並不能因此便說他對人的存在本身即是絕望的。再往下看，我感
覺出韓少功是悲哀的。絕望和悲哀不是一回事。我不知道這會不會引起
異議，我只是認定每個人應該對自己的真實感覺保持起碼的忠誠。韓少
功認爲「中國文化心理問題不是一個本體的問題」，「而是一個改變結構
的問題。」[2]這種思想的前一半保證了韓少功不會徹底地絕望，但即使只
有後一個問題 ──「改變結構」── 的存在，也足以使富有激情同時更
深知自己的現實規限的韓少功不會輕輕鬆鬆，嘲諷和激憤中流露出無法
掩飾的深深的悲哀。他越來越發現他的作爲現實參照同時卻超越現實的
理想狀態幾乎好似沒有辦法達到的；對於現實，他只有深入發現的份，
而要「改變」，他更多地感到自己的無能爲力。《尋找月光》和《火宅》
都表現出較爲明顯的理想傾向：小朗朗去尋找白色的圓巴巴（月亮），「那
兒美麗，那兒寧靜。」令作者憤怒厭惡得不能自抑的大樓被突如其來的
大火燒成一片黑焦焦的廢墟。可是就在同時作者清醒地意識到這一切都
是不可能實現的：「往前走，那個白色的圓巴巴就後退了。再往前走，還
是一樣……」；而那一場仿佛從天而降的大火，實在是因爲作者太激憤，
而又無其他妙方，就借助大火能來乾淨利落地一燒了之。真有這樣神奇

---

2 韓少功：《答美洲〈華僑日報〉記者問》，載《鍾山》1987 年第 5 期。

的大火能燒光文化心理和人格中的病態成分以及病態的社會結構嗎？無可奈何的韓少功沒有辦法就只能製造出一個虛幻的自我安慰的辦法，唯其如此，才顯出悲哀的深重。我不想再去找更多的例證，只要看看韓少功是怎樣從最平常最普通的生活中審視、洞察其荒誕與醜惡，看看韓少功是怎樣不失時機地揶揄、嘲諷、挖苦，我們就不僅會覺察到而且能夠理解韓少功的激憤與悲哀，而不會認為他懷有「一種寬宏、曠達的心境。」[3]韓少功無法超脫、曠達起來。

　　說韓少功，似乎不能不提那篇有名的《文學的「根」》。但是我發現作品與這篇宣言式的理論之間在文化價值取向上很難統一起來，不管別人怎麼說我都不會相信韓少功作品世界所指示的文化就是他要尋求的「絢麗的楚文化」，我不認為丙崽、幺姑、勤保、《火宅》裏的一大群所代表的文化行態和心理是韓少功認同的對象。當作家的理論與實踐本體不能夠完全統一起來的時候（這是很平常的事），批評更應從作品本體出發，以作品本體作立論依據，而不是硬要在二者之間和稀泥、牽強附會，這樣導致的結果將是批評功能的削弱。

　　這篇讀釋淺論，只是提供了一種進入並解開《誘惑》集神秘藝術本體的方法。

1988 年 1 月

3　李慶西：《說〈爸爸爸〉》，載《讀書》1986 年第 3 期。

荒謬、困境及無效克服

—— 余華小說試評

　　一旦介入余華的小說世界，你就不得不承受對情感、理性和生理感官的強烈刺激，這位文學新人所構建的另一種現實從不真正給讀者提供逃避的機會，相反倒是不動聲色地不斷提高刺激度。當我們無法忍受卻又欲罷不能時，作者正仿佛躲在書頁後面快意地嘲笑云云眾生習慣了平靜安穩無波無瀾生活的心理和生理承受力的不堪一擊。

　　余華把刺激效應貫諸 1987 年開始發表的作品，並且愈演愈烈，在最近的三個中篇《一九八六年》、《河邊的錯誤》和《現實一種》裏達到巔峰狀態。如果能夠稍微平靜一下，我們就有可能思考這樣一些問題：高強度的刺激有賴於什麼?作品的終極指向是否就在於刺激本身？……如此等等。

　　無疑作品中殘殺別人、酷虐自己和互相施予暴力以置對方于死地的場景以及柴刀、鮮血等物象的重復凸現具有極大的刺激性，但這些只是表面的徵象和輔助的手段，內核恐怕是作者用心良苦的對人的無法克服的荒謬和困境的隱喻或昭示。無法忍受刺激實質上是對處在荒謬世界中的自己的極端化困境的無力承擔。

　　《河邊的錯誤》是余華最明顯地具完整呈現模態的小說，從此篇入手興許能較容易地獲得對余華世界的整體體察。一個瘋子用柴刀砍下收養他的到河邊趕鴨的麼四婆婆的頭，身子用土掩埋起來，再把死者的頭放在土堆上。公安局對瘋子無可奈何，只是用繩子捆了他一個星期。不久河邊又出現了小小的墳堆，上面同樣放著一顆人頭，於是犯案者瘋子被送進精神病院呆了兩年，瘋子出院後，又以相同的方式殺死了一個純

真可愛的孩子，而且做了同樣的現場佈置。作品的刺激性使我對邢個瘋子有一種不可抑制的厭惡感，我甚至覺得自己要嘔吐。文學作品中的瘋子大都喚起人的憐憫與同情，為什麼這個瘋子獨獨給予人們最不願有的感受？也許就是因為他暗喻了人的極端尷尬的困境，對人的無能為力進行了肆意的嘲弄。困境中人本能地湧起克服困境的衝動和願望，正由於這種願望和被嘲弄的惱火，偵察科長馬哲對準瘋子扣動了扳機。但是困境並不隨瘋子的死而消失，反而更荒謬地推演下去：瘋子因為其瘋而不受法律的約束，可是正常人馬哲私自開槍打人卻要受法律的制裁。這裏就出現了一個極大的悖謬：法律無法約束瘋子卻要對瘋子實行保護，其對應的表現即為法律對馬哲的一絲不苟。馬哲逃避法律的唯一途徑只能是成為瘋子、精神病患者。為了滿足親友的期待，再加上對醫生的厭煩，馬哲真的就裝瘋了。至此，一個嚴格密封的怪圈形成了，其中每一步幾乎都是靠荒謬的連接。牢不可破的怪圈儼然象徵著人克服困境的無望，明智的作法是對困境的順從，否則荒謬會將你推入更大的困境中。

我不由自主地想起了「西西弗的神話：」西西弗不斷地推巨石上山，巨石一次一次滾落下來，西西弗只能永遠地推下去。這裏同樣呈現了荒謬、困境和克服的無效性的模態。西西弗對荒謬自始至終有著極為清醒的認識，並因此而表現出漠然甚至蔑視的態度，「神話」的重點在於傳達西西弗通過堅持不懈的無效努力在謬境中創造出生命意義的悲劇意味。共同呈現模態下的余華小說卻自有另一般面目。余華對困境與荒謬的發現有著始料不及的惶惑和相當程度的異陌與驚訝，他首先是帶著這種眼光和感覺來審視突然發生的一切的。因而，突發性就成為余華進入體察、描摹和表現狀態的先在的心理感受和契機。「我」十八歲出門去認識外面的世界，好容易搭上的汽車遭人搶劫，司機被搶卻仍舊慢慢散步，最後竟拿了「我」的背包跳上搶劫犯的拖拉機哈哈大笑一同而去。「我」什麼還沒明白過來，事情已經發生過了（《十八歲出門遠行》）。小說結尾，余華寫出門以前，是「一個晴朗溫和的中午，那時的陽光非常美麗，」「我歡快地沖出了家門，像一匹興高采烈的馬一樣歡快地奔跑了起來」。這後述的一筆與遠行遭遇的對照，更堅實了突發的可信和突發性所帶來的心理

震動的強度。《西北風呼嘯的中午》更爲直接地顯示了人被突然推入荒謬和困境中時的無能爲力：一個彪形大漢沖進屋裏強行拉「我」去參加一個我從未見過面的朋友的葬禮，而且「我」竟不得不接替了死者的位置，讓「談不上有什麽好感的老女人成了我的母親」。因爲對毫無準備就發生了的一切的驚訝與異陌，敏感就成爲同時産生的心理特徵滲透在對自身周圍世界的審視中。《四月三日事件》就是靠一個敏感得幾乎神經質的少年的幻覺、想像、猜疑、夢境把周圍無機的、零碎的人事聯結紐織起來，重造了一個包圍十八歲少年的世界。又是一個十八歲，余華看中的恐怕正是這個忽然産生了獨立意識的年齡（「無依無靠。他找到了這個十八歲生日之夜的主題。」）卻因爲經驗的缺乏而保持著對世事的獨特的陌生和敏感吧？少年發現周圍正籌劃著一場在四月三日加害於他的陰謀，於是他在前一天晚上出逃了。整整一部中篇，自始至終是少年的發現，而一切的發現實質都是敏感的發現，都是對夢魘般的極端孤立無援的困境的加強。這裏余華提供了一種對抗困境的方式：出逃。且不說出逃這種消極性行爲並不意味著對困境的真正克服，離家出走以後是否會被抛入新的困境，《十八歲出門遠行》其實已經作了預先的經歷考察。

　　相應於對突然呈現於眼前的世界的驚訝、異陌和敏感，余華不是把荒謬、困境看成既存的事實和穩定靜止的結果，他把它作爲一個流動的過程來充分地展開、渲染，這成爲余華小說用力最大的地方。這也是與「西西弗的神話」不同之所在。這一點可以證諸於余華 1987 年開始發表的所有篇什。正是對敏感著的過程的纖毫不遺的細緻描繪和傳達，才産生了開始所說的刺激效應。以《現實一種》爲例，余華寫一家人的互相殘殺，有意識地傾注大量筆墨於每個人慘死的場景。場景的刺激不僅喚起人們因爲習以爲常而磨鈍了的對荒謬和困境應有的最基本的本能的厭惡、對抗性感受與情感，同時也就重新開啓了同樣因爲慣常的經驗而關閉了的認識和批判機制，釋放出人的正常的反應功能。爲了保證過程展現的充分和完備，只要篇幅許可，比如在中篇裏，余華就抓住機會頻繁地進行視角的轉換。攝入每一視界的客觀呈像同時伴隨著攝像者流動的大量繁複的感覺作爲對正在發生的過程的主觀注釋。無疑客觀的動態世

界是刺激的第一源頭，而余華同時強調人的感覺對第一性存在的注釋，用意在於對讀者的反應的誘導和加強，這也是產生預期的效應強度不可缺少的。

如果把余華對過程的展現看作爲一個包容各個獨立部分的總過程，稍微用心，我們就可體察出流動中的變化。在《十八歲出門遠行》和《西北風呼嘯的中午》裏，主人公「我」的無知與缺乏應世準備和寫作時的作家自我不是同步對應的，甚至正相反，作家自我對他筆下的世界有著較強的把握力和一定的優越感。這樣在主人公的「我」和作家自我之間就暗含了一種張力，這種張力使得主人公「我」的精神和智慧狀態具有佯裝的性質，通俗點說，人們並不會感覺「我」像表現得那麼傻。作家的優越心態向作品的敍述語調滲透，就使「我」的敍事流露出些許的對荒謬的嘲弄，整個作品染上了一層薄薄的明朗、輕鬆的色彩。但是這種情形很快就消失了，其後的作品心理色彩要陰暗、沈重得多，有意識地製造俏皮式的嘲諷的閒暇沒有了，相反地倒是刺激性的加強，並成爲余華區別於通常的對謬境表現的明顯特徵之一。這種變化主要應歸因於：一、作家優越感的減弱乃至喪失；二、作家理性思考的深化。

優越感的漸失是與對荒謬和困境的趨向深度廣度的發現同步的，發現得越多越深，他也就越來越覺得無力把握自己發現並創造的巨大的荒謬世界，但是他又不能停止發現和創造，於是就只得悲哀地默認自信與優越的衰落。與此同時，另一種力量卻在暗中滋長，即原來被優越感所妨礙的對對象世界的理性思考。余華理性的明顯指向在於試圖爲荒謬和困境尋根求源。他的理性審視首先將理性自身物件化。其結果是發現神聖的理性原來脆弱得像玻璃片一樣一擊即碎：山峰還在繦褓中的兒子被山崗四歲的兒子掉到地上摔死的事件導致一家人理性的全線崩潰，本能的力量立即以最殘暴的形式表現出來，山峰用腳踢死了山崗的兒子，自己在劇烈的刺激下神經失常，被山崗戲謔地殺死；接著山崗的精神支柱也坍塌了，最後被判死刑。理性的喪失使在毀滅別人的同時也毀滅了自己（《現實一種》）。這樣脆弱的理性即使保護得完好又能如何呢？法律倒是社會理性化的產物，可是它不但同樣地對於非理性力量（瘋子）無效，反

而成了荒謬的幫兇，鐵面無情地把人類推進更大的困境（《河邊的錯誤》）。與社會思潮對文革的文化自省和文化批判相契合，《一九八六年》對荒謬和困境的追溯立基於尋找文化上的根由。這裏寫的也是一個瘋子，與上面提到的另一個相區別，他自身就是一個完整的標示荒謬和困境的符號並同時成爲其犧牲品。文革的創傷嚴重扭曲了瘋子的心理，使他的心理形式成爲歷史的荒謬和困境的忠實投影，並在文化的支援力下固定化。篇首展示的那張寫著五刑、車裂、凌遲、剖腹等古代刑罰名稱的發黃的紙作爲一種文化符號，支配著文革前曾潛心研究古代刑罰的瘋子的所思所爲。他口喊「墨」、「劓」、「剕」「宮」、「凌遲」，在幻覺中將他人作爲刑罰的對象，實際做的卻是把通紅的鐵塊烙在自己臉上，用鋼鋸鋸自己的鼻子、膝蓋，拿石頭砸自己的生殖器，舉菜刀砍自己的腿。對應于文革中泛濫的慘不忍睹的場景，瘋子幻覺中對他人、實際上對自己進行慘不忍睹的虐待。研究刑罰的人在 1986 年自己同時成爲刑者和被刑者，他在這之間找不出另外的路，他逃不出這個一身二任的角色。這是不是深深積澱的中國文化給他安排的宿命？那張黃紙啓示著向這個方向的思考。正如小說中一開始就寫的那樣，他在走近小鎮時「感到是一座墳墓的突然出現」，他要克服這命定的謬境，唯一的出路是已經無法避免的死亡。

　　不管是理性的脆弱、無力，還是文化的宿命，其最後的歸結即爲人。人的荒謬和困境是由人自身造成的。這個如此簡單明瞭的結論在余華那裏被去掉了幾乎全部的抽象和思辨，從而創造出一個具有無限豐富性的具象的藝術世界。

1998 年 3 月末復旦東部

（載《上海文論》一九八八年第三期）

恐懼和恐懼價值的消解

── 殘雪小說論

　　現在來談論殘雪的小說，無論如何算不上一個聰明的選擇。這恐怕很難提起人們的興致。胃口的敗壞部分地是要由作家本人負責的：她一而再、再而三的重複與嘮叨使人不勝厭煩。還有一部分責任應該推給批評家，他們抓著殘雪小說說來說去卻無多少真正的見解在裏面。

　　恐懼像一張巨大無比的網使殘雪小說中任何一個人都難逃其籠罩。一切皆因恐懼而生，一切皆生恐懼。這個發現也許會令人失望，「恐懼」又不是什麼新鮮玩意兒；但我所給它的是別人不曾給予的突出地位，我甚至認爲它就是殘雪小說的表現核心。

　　在讀解殘雪小說時，我注意到許多論者是從對殘雪迷戀的物象、隱喻、不斷重復的事件模式、人物的行爲特徵和生存境遇的分析入手的，我相信這該是一條通達之路。遺憾的是，「分析」一開始就被由閱讀引起的生理、心理和情感上的強烈反應淹沒了，所謂理性的力量、理論的穿透度以及文化的反思之類不過是一種做作的姿態、虛假的擺設和無邊際的瞎扯罷了，到頭來得出的結論也不過是噁心、醜陋、猥瑣等等一開始就產生了的直接反應的膚淺的、平面的引伸。不是指責這種反應有什麼不對頭，相反它恰恰是正常的、普遍的，只是應該充分自覺到，這種反應只是讀者的，它不等同於作者的意圖，更不與小說中人物的感受相通。接受美學的影響及其誤解和歪曲了的批評主體意識的強化等等使批評家不再去做這種細緻的區分，而建立在含混不清基礎上的論證和判斷是很有理由進行懷疑的。烏黑烏黑的清水塘不斷地浮出死貓、死鳥、死狗，不知哪個角落裏見到一具死屍、一堆骷髏，這當然令人作嘔，可在小說人物的感覺裏，它們卻只是彌漫著死亡的氣息，正是這種氣息搞得他們

心神片刻也得不到安寧。他們時時刻刻擔心著生命遭受侵害和被否定，而侵害和否定的力量也時時刻刻追逐、威逼著他們。殘雪把這種力量具象化爲三大類：（1）由蟲、獸等動物發出的。僅從感官意義上來說，這些動物也絕對讓人難以忍受，它們是蟑螂、蜈蚣、蛞蝓、老鼠、蝙蝠、蛇、食人肉的鳥，如此等等。它們永遠也滅不完，殘雪的人物就必須焦頭爛額地與它們進行著永無終了的搏鬥。（2）來自他人的。除去《天堂裏的對話》，在殘雪構築的世界裏，幾乎任何一個他人都構成對自身的侵害和否定。殘雪在這一點上做得十分徹底，在人和人之間一切可能有的關係裏，包括最親密的夫妻和血緣關係，通過殘雪的筆所能看到的，只是一種互相否定的力量和行爲。借用一句話而只取其字面上的意思，來概括這種關係，即是：他人即地獄。既然任何人都不可能只是一個孤立的個人，而是處在各種關係網絡中的一個點，那麼對他的侵害和否定便是無所不在的，這樣他的恐懼也就無所不在，除非他不再愛惜生命和留戀存在。而殘雪的人物卻個個都十分固執於「活著」。他們怕死怕得要命。（3）自身生長的異己力量。殘雪的人物是常常得病的，從爛紅眼、潰瘍、痔瘡到癌症，每一種都散發出腐壞和死亡的氣息。虛汝華肚子裏長滿了一排排的蘆稈，她恐慌地預感到蘆稈總有一天會燃起來，將她活活燒死（《蒼老的浮雲》）；同樣可怖的是，「我」的肺裏面長有三條水蛭（《天窗》）。從自己身體上生長出來的否定自身的力量把人推向了最徹底的絕望，人即使能躲開其他的一切可他永遠也躲不開自己，殘雪殘酷地把她的人物永久性地囚禁在恐懼的牢籠裏而得不到哪怕是一刻的安寧、舒展和自由。

應該承認，分類很多只是爲了論述的方便而做的人爲分割。在許多語境中，殘雪對侵害性力量及其恐懼反應的描述是無法歸類的或者說它們是綜合性的。不難注意到，有兩個十分突出的物象令殘雪著迷因而常常被擴展、填充成精彩的段落，它們是（1）天花板上的裂縫和（2）噩夢。天花板時常出其不意地裂開，掉下黑蘑菇、蟑螂或伸出許多細小如蛇頭的人的腦袋，它像牆上的洞一樣，都是一種被外界侵害的隱喻。類似的還有屋頂上的洞、屋頂的腐爛和坍塌等。那無數個折磨著人的噩夢其內容實際是同一的，即異己力量對自身的否定和自身對否定的恐懼。

人總是夢到腸子被撕扯，眼珠暴出來，一隻蝙蝠來咬脖子，被吃人的魚追逐得無處可逃，等等。這些五花八門的亂糟糟的夢境，實質上是在行使和表達相同的隱喻功能。正是噩夢和噩夢般的世界，才是殘雪的人物的理想的放逐和掙扎之地。

　　在殘雪的世界裏苟且活著的人，對進入到感知、思維系統中的一切都無一例外地產生恐懼，因爲這個世界總是「隱藏著什麼陰謀」，讓人總「有一種大禍臨頭的感覺」。在這個層面上看，恐懼是作爲一種心理狀態存在著。但作爲狀態的恐懼往往能夠轉化爲一種心理動力產生和控制人的反應與行動方式。一方面，恐懼能夠直接繁衍更多更大的恐懼，恐懼的生殖增產能力是殘雪的人物神經質的重要原因，說白一點，他們實質上是被自己的恐懼嚇壞了，僅僅是已經根深蒂固的恐懼就夠他們恐懼了。這只要看看「黃泥街」居民的面相就會一目了然。另一方面，在殘雪的世界中，既是人的各種各樣的活動和行爲產生了恐懼，也是恐懼使得人進行各種各樣的活動和怪誕的人生表演，二者互爲因果。殘雪在昭示侵害和否定產生恐懼的同時，描述了她的人物對恐懼的對抗和逃避。他人是地獄，是死對頭，那麼好吧，即以其人之道還治以其人之身，我也去窺視、去挑釁、去攻擊他人。每個人皆如是想，如是做，這個世界變得更加陰森可怖，本是爲對抗恐懼而採取的策略反而使恐懼越來越大，這便是消極對抗產生的悖論。這裏我不想從作品中尋找例證，殘雪幾乎所有的篇什都可以做如是的描述。相應於對抗的消極後果，逃避也是無效的，不管是江水英鑽進籠子不出來（《黃泥街》），虛汝華把自己禁錮在釘上鐵柵的小屋裏阻擋他人的侵入（《蒼老的浮雲》），還是「我」呆在蓋上蓋子的大木箱裏（《我在那個世界裏的事情》），都無濟於事，無法獲得心中渴求的安全感。對比於這種逃避的方式，《山上的小屋》裏「我」對安全與秩序的尋求多了一些積極和主動的色彩。「我一直想把抽屜清理好」，並爲此費盡心機，「但媽媽老在暗中與我作對」，每到快要完工的時候，總被弄回原來的無序和混亂狀態中。一切都是徒勞的，命定的惡運不可逃脫，「在這一切的後面，是那巨大的，無法抗拒的毀滅的臨近。」（《蒼老的浮雲》）

　　至此，我想到一個十分有意思的問題。當殘雪的人物在恐懼中苦苦掙扎的時候，爲什麼激起讀者的只是厭惡、噁心之類的反應？如果說殘雪的獨特在於最爲徹底地表現了人的恐懼感，那麼順著這個待解答的問題的思路走下去，我們則越來越接近了殘雪的高明過人之處，即：對恐懼價值的消解。

　　一切恐懼歸根到底都是對於死亡的恐懼，都是因固執於生命和存在由否定性力量激起的對抗性心理反應。這裏面隱含著這樣一個先在的判斷：只有生命和存在本身是有意義、有價值的時候，恐懼才是有意義、有價值的。亞里斯多德在論悲劇時指出，悲劇應該引起人的恐懼與憐憫之情[1]。古希臘悲劇引起觀眾恐懼的前提是主人公的正面價值和主人公形象的崇高與偉大，以及由此喚起的敬慕、崇拜之情，比如說爲人間盜火的普羅米修斯。與此相反，殘雪世界裏卻儘是猥瑣度日、苟且偷生者。他們吃臭蟲、蒼蠅，他們把大便弄得到處都是，他們一心一意地戒備、窺視、盯梢、攻擊別人，他們身上生長著散發出腐爛氣息的疾病，他們被恐懼折磨得不到片刻的安寧，他們也就片刻不停地爲別人同時也爲自己製造恐懼……他們的恐懼在本質上是自作自受。他們「從未看到過日出的莊嚴壯觀，也未看到過日落的雄偉氣勢，在他們昏黯的小眼睛裏，太陽總是小小的、黃黃的一個球」（《黃泥街》），他們的生命和存在非但永遠不會與崇高和偉大之類沾邊，而且從中無法找出哪怕是零星的意義和價值來。殘雪通過對基本前提的否定性直觀，不動聲色地對恐懼的價值進行了消解。值得強調的是，消解的操作不是隨後進行的，而是與對恐懼的表現共時並生，二者互相滲透互相糾纏，以致於不僅要剝離開是完全不可能的，而且兩者已融爲二體。這樣看來，殘雪的語言就兼有雙重表達的功能：描述與表現恐懼的同時取消了恐懼本該具備的存在因由和意義。噁心與厭惡即因價值的消解而產生。

　　在亞里斯多德看來，「恐懼是由這個這樣遭受厄運的人與我們相似而

1　亞里斯多德《詩學》。

引起的。」[2]正因爲我們無法認同於殘雪的人物的存在方式，讀者與作品的人物缺乏最起碼的相似性，生命與生命之間不存在溝通和默契，所以作品人物的恐懼無法向讀者進行潛在的傳遞，無法喚起相應的感覺和反應類型。讀者所擁有的是站在自己的生命立場和價值立場上對作品和作品人物的反應、感知和判斷，這樣我們就不可遏止地產生了與噁心相類的感覺，在我們看來，即使他們的死亡也是令人作嘔的。

按理說，殘雪世界裏那些人永不停息的絕望的掙扎該引發出一點悲劇感來的，然而沒有。他們注定了的毀滅既沒有古典意義上震撼人心、催人淚下的悲壯，也不喚起現代觀念中欲哭無淚、不形諸於色的無言悲哀。因著恐懼的無價值、無意義，即使清醒地意識到他們是我們的同類，甚至更可怕地自省到他們說不定就是我們自身（這是我們最不願意承認的。讀者讀殘雪時，因沒有這種清醒的自覺或是即使朦朧意識到也拒不承認的心理，造成了讀者與作品人物缺乏基本的相似性。我想這與我前面的說法並不矛盾），那麼我也決不掩飾我的噁心與厭惡，對我們的同類，也對我們自身。

從小說人物和讀者在感覺、情緒、心理類型上的互相排斥，可以大致推知殘雪的寫作是處於分裂狀態的。兩種不同類型的體驗同時佔據著她的身心，她無法擺脫和拋棄其中任何一種，否則殘雪的小說就不是現在這個樣子了。然而在長久的堅持之後她大概累了，她不願意再承擔分裂的痛苦。慢慢地，殘雪開始變了，最明顯的標誌是抒情化的漸強。對比《天堂裏的對話》之一、之二和最近的同題新作[3]，這種感覺就相當突出。恐懼由濃漸淡，直至完全被一種充滿溫情的渴盼所代替。開始還有一種夾帶著溫柔的淒冷，漸漸地淒冷就被溫柔所融化。恐懼的淡化甚至消失，使前些時辰對恐懼價值消解的操作就派不上用場了，因而閱讀反應也趨常規化。

1988 年 10 月復旦東部

（載《人民文學》1989 年第 4 期）

---

2 亞里斯多德《詩學》。

3 《天堂裏的對話》，見《天津文學》1988 年第 6 期；本文論及殘雪作品除此之外，均收入小說集《天堂裏的對話》，作家出版社 1988 年 3 月版。

新空間：中國先鋒小說家接受
博爾赫斯啓悟的意義

一

　　1985 年，就是他去世的前一年，阿根廷文學大師博爾赫斯（Jorge Luis Borges）出版了最後一部著作《地圖冊》（Atlos）。這本薄薄的圖文並茂的遊記式作品的最後一頁照片，是博爾赫斯一隻皺老的手撫摸漢字碑刻。「那只手在碑上的流連摸觸，好似象徵了這位幾乎失明的老作家對未能訪問中國的遺憾。碑刻顯然是在日本，但是漢字與手指發生接觸的一瞬間把這位拉丁美洲文學天才與中國文化連在一起。」[4]博爾赫斯讀過老莊，對不管是在時間上還是空間上都因遙遠而顯得愈發神秘、魅人的中國古老文化的向往常溢予言表。晚年的他常常雙手摩挲著在紐約唐人街買的中國竹製手杖的彎柄，我想，這一習慣性的動作後面，也許有一種在幻想中完成的願望和想象的親情吧。

　　其實，中國文化對於博爾赫斯始終只是個朦朧的存在物，期待的物件。相反，八十年代中國的一批先鋒作家對博爾赫斯的發現卻具有實質的意義。儘管這個發現過於遲後，當歐美在六十年代就把博爾赫斯和喬伊斯、卡夫卡並列爲第一流的大家時[5]，我們對這個阿根廷人卻一無所知。1979 年，上海的《外國文藝》第一期發表了四篇博爾赫斯短篇小說

---

4 董鼎山《再談阿根廷大師博爾赫斯》，《讀書》1988 年第 3 期。
5 這方面最有影響和代表性的文章當推美國後現代主義健將約翰·巴思（J·Barth）的《耗疲的文學》（The Literature of Exhaustion），以及稍早於此的 1965 年第 1 期《紐約人》雜誌的評論，作者是約翰·厄普代克。

的譯文；1983 年，上海譯文出版社編輯出版了《博爾赫斯短篇小說集》。
自此，博爾赫斯才逐漸走進中國人的視野[6]。眼光最尖的是幾位年輕的先
鋒小說家，儘管他們幾乎毫無例外地是通過譯文來看博爾赫斯的，但只
要和外國文學研究界對博爾赫斯的冷漠態度（不論質量，可以找出一半篇中國
人的研究文章）相對照，就可以強烈感受到這些作家藝術感覺的敏銳和敞
開的接受性的胸懷。本文將要討論到的這幾位作家是：馬原、孫甘露、
格非、余華。沒有他們，博爾赫斯是否最多不過是用撫摸漢碑、手杖的
姿勢做文化接觸的虛無象徵來聊以自慰，殊難意料；對於我們，更重要
的是，博爾赫斯通過他們給當代中國文學帶來了何種新的素質，啟示了
何種新的可能性。

　　一個大家都可以接受的事實是，文學觀念和創作在 1985 年前後發生
了革命性的變化，我們已經用了很多的話語來描述這場文學巨變構成的
對傳統文學觀的威脅、破壞和顛覆。一個不易理解然而又確實存在的問
題是，我們並沒有真正弄清楚什麼才是文學的革命性的力量，拼了力氣
跑在前面的先鋒是不是就只把舊的給打個稀巴爛，除了廢墟他們沒讓我
們看見別的？批評有時沈浸在摧枯拉朽的快感和激動之中，不免忘了仔
細瞧瞧廢墟上和廢墟之外默默矗立的新的群落。其中，博爾赫斯啟悟的
中國作家和作品就是極有價值的觀察物件。

二

　　從主觀和自覺的意義上說，馬原是因為立足於技術的角度才看重博
爾赫斯的小說的，他自己毫不掩飾剝離其小說技巧為我所用的心理和做
法：「與利用逆反心理以達到效果有關的，是每個寫作者都密切關注著的
多種技法。最常見的是博爾赫斯和我的方法，明確告訴讀者，連我們（作
者）自己也不能確切認定故事的真實性 —— 這也就在聲稱故事是假的，
不可信。也就在強調虛擬。當然這還要有一個重要前提，就是提供可信

---

6 介紹博爾赫斯最早、最力的雜誌是《外國文藝》，其他還主要有《世界文學》、《外國
　文學報道》、《讀書》等。

的故事細節，這需要豐富的想像力和相當扎實的寫實功底。不然一大堆虛飄的情節真的像你聲明的那樣，虛假，不可信，毫無價值。……這樣的方法往往是最具效果的方法。另外的方法還有一些，比如故事裏套故事的所謂套盒方法，也是博爾赫斯用的比較多的，原理大致相同」。[7]這樣說來，馬原小說裏對虛擬的強調只是一種姿態，一個新鮮的招數，他時不時地告訴你他在編造故事，可是目的卻是要你相信這是真的；就像有人對你講什麼之前之後做詭秘狀說「信不信由你」，效果卻是不由你不信。刨根問底，可以發現博爾赫斯和馬原對世界的認知在基本的觀念形態上的差異。中國傳統文化中的漢人馬原（如他常常自稱的那樣）實質上是現象世界的崇拜者，他認定在主體之外存在著一個先驗自明的現實世界，它的真實性是毋庸置疑的。當人爲的邏輯和觀念強加到現象世界，對自在物進行一廂情願的「施暴」式解釋，它的真實性便被破壞了，被弄得面目全非。馬原試圖驅除各式各樣的因日久和習慣而變得似乎是天經地義的人爲「施暴」，努力還原他所認定的那種自在自明的真實，比如切斷因果鏈條和線性邏輯，貶抑時間在小說中的作用而醉心於空間結構的並置，等等。博爾赫斯正相反，他懷疑現實存在的權威性，不僅故意混淆了傳統小說精心構築的現實世界和力圖模仿它的想像世界的界線，更以虛幻的想像壓倒、淹沒了一直受人尊敬的現實，甚至進一步將現實完全從虛幻世界中剔除出去。幻想是博爾赫斯最基本的生活方式和創作方式，幻想對於他並不是生活之外的事情，他就生活在幻想中。「真實」這個概念本身一直是博爾赫斯所懷疑的，不管它用來充當現實世界的自明特徵的標籤，還是跑到博爾赫斯熱愛的他自造的冥想世界來討好他。無怪乎馬原對於博爾赫斯的小說技巧表現出更濃的興趣，當理解、看待世界的方式存在著根本性差異時，技巧在文本中被單獨看中，被剝離下來，似乎不可避免。博爾赫斯構造幻想的小說世界純粹性的方法（一切止於這個幻想的藝術世界，即小說本文的層面），卻被馬原挪過來當作讓人相信他的小說背後的真實性（即小說試圖還原的現象世界）的手段，這之間的裂隙不

---

7 馬原《小說》，《文學自由談》1989 年第 1 期。

能不說是十分巨大的。

　　馬原活剝來的技巧最突出的在兩個方面。一是創作活動本身進入敍述之中，敍述有時脫離了正統的敍述內容，討論敍述和寫作本身。這在馬原的小說中隨處可見，如《岡底斯的誘惑》第十五節，他很體貼似地替讀者著想，「提出一些技術以及技巧方面的問題」，關於小說的結構、線索等；又如《西海的無帆船》第二十三節討論敍述的人稱、雙線並行、選材等問題。另一個重要的方面外表上沒有這樣昭彰，即敍述中間實體經驗的「缺場」。馬原認爲這與傳統的空白理論和含蓄手段不同，這根本上不是言猶盡而意無窮，因爲缺乏的不是情味、韻致，不言之言：在馬原明確的意識裏，他覺得自己在這方面受啓悟於海明威和他那個有名的「冰山理論」：「作家寫出的只是浮在海面的冰山露出水面的部分。。作者（指海明威－引者注）利用了人所共有的感知方式及其規律，他知道大家都知道的東西你不說大家也會知道這個道理」。[8]事實上，馬原得益於博爾赫斯的可能更大、更重要一些，儘管他自己未必是在十分清楚的狀態裏有意識去做的。如果說海明威教會了馬原省略經驗，被省略的部分是讀者都知道的或是可以猜測出的，那麼讀者根本無從知曉的經驗在馬原小說中的缺失，則是博爾赫斯啓示的了。博爾赫斯式的實體經驗的不到場，使與之相聯已「在場」的經驗也都變得不甚確定，甚至飄忽起來，有時產生出一種神秘的效果。讀者當然可以想象「缺場」的存在到底是什麼，但卻無從判斷何種想象才是接近作者本意的、合理的、可能性最大的，因爲本文允許想象卻並未提供任何關於想象的方向性暗示，或者說提供了任何方向上的想象的暗示。這正是博爾赫斯建構迷宮的一條內在法則。海明威式省略的依據是讀者可以通過已知的經驗自己去達到省略的經驗，博爾赫斯式的經驗「缺場」則並不依賴於假想中存在的由已知到未知的通道，至少作品暗示出來，這樣的通道並不存在。馬原的《遊神》等諸多作品便是一些不甚了然的故事，具有博爾赫斯式迷宮風格和感受。

---

8 馬原《小說》。

　　但是我們完全有理由提出這樣的疑問：從文本中剝離下來的技巧的純粹度是不是百分之百的？馬原從域外大師那裏學來的東西是否僅只是一種讓渡性的姿態和招數，僅具工具性和手段的意義，以達到他所謂的還原現象真實的目的？實際上，作家的主觀願望、清醒的理性認識和作品的存在事實之間總是有一段距離，對於開初引述的馬原的那段話我們是難以盡信到底的。其實，真正引起文壇注目並形成衝擊力的並不是什麼還原真實的目的，人們並不十分在乎故事和故事指涉的現實是真是假，這不免讓人懷疑博爾赫斯式的招數是否全心全意獻身於馬原的目的，自己心甘情願地只做不上臺面的僕人；批評和創作界共同感興趣的反倒是那些姿態、招數、技巧，而且，大家關心的焦點並不在於它們的讓渡性意義，而是熱心地賦予它們本體論的價值 —— 這樣，再把它們稱作姿態、招數、技巧就不太合適了，於是大家就開始探討馬原的敍述態度、方式、角色，對敍述本身的敍述，探討馬原小說世界本身。馬原在自覺意識裏並沒有足夠地認識到他從博爾赫斯那裏學來的遠遠不止於技巧，技巧剝離了下來，可是還連帶了許多東西，後者往往是更重要、更需要認識的。當他不夠審慎地把博爾赫斯對虛擬的強調認作只是對讀者逆反心理的利用，「只是心理學在小說創作上的表面化作用」[9]時，他實在委屈了他的阿根廷老師。

　　還耐人尋味的是，馬原有時卻不知不覺地放棄了呈現生活真實的企圖，去認同博爾赫斯的觀念世界，這時大概理性和自覺意識正打盹兒，博爾赫斯化的感覺和幻想就趁機活潑、自由自在了一會兒，理性困倦地閉眼的次數不能算少，但每次的時間都不長。這應該成爲理解馬原的博爾赫斯味濃重的作品爲什麼多是較短篇什的一個角度。比如《塗滿古怪圖案的牆壁》，姚亮死了，留下一部叫《佛陀法乘外經》的手稿，這裏面不但記述了很久以前的事以及姚亮自己的死，還記述了尚未發生的事，以後的事實仿佛就是按照這部手稿的記述去進行、發生的，手稿預知了（也就是主宰了）將來的世界。「陸高終於發現這部手稿與他正在讀的另一

9　馬原《小說》。

本阿根廷人博爾赫斯所著的叫『沙之書』的書非常相似同樣沒有接續的頁碼沒有邏輯序列的敍述有的只是一節一段的跟發生過的正在發生的必然要發生的事件的敍述……陸高希望從中找到一種新的歷史學方法結果他失敗了他從而發現這部手稿通篇胡說八道它其實是不存在的或可以說它的存在與不存在毫無不同」。可以明顯地看出，馬原的還原真實的努力在一個神秘的幻想世界面前是怎樣退步以至消隱了的，從另一個角度說，也就是向博爾赫斯認知世界的基本觀念形態趨同了。

與馬原不同，另一位先鋒小說家孫甘露沒有那種關於自在真實的現象世界的意識，文學沒有被有意識地與主體之外的目的相聯繫，他對文學的感情，「出於一種對冥想的熱愛」。很自然地，孫甘露對博爾赫斯沈溺其中的純粹的幻想世界產生出近乎天然的親切感。正是由於這種基點性的契合和親近，孫甘露不可能像馬原那樣用剝離的眼光單獨相中其技巧性的部分，他爲博爾赫斯的整體世界所動：「在被介紹過來的有限的博爾赫斯的著作中，玄想幾乎是首次以它自身的面目不加掩飾地凸現到我們面前。……他使我們又一次止步於我們的理智之前，並且深感懷疑地將我們的心靈和我們的思想拆散開來，分別予以考慮。這樣博爾赫斯又將我的平凡的探索重新領回到感覺的空曠地帶，迫使我再一次艱難地面對自己的整個閱歷，……正是此刻，世界的要素像遙遠的背景一樣襯托著我們。」[10]在現實世界這個遙遠得無法看清也沒有必要看清的背景之上，是玄思冥想的神秘世界，是《訪問夢境》，《我是少年酒罈子》，是《信使之函》，是《請女人猜謎》。

像博爾赫斯一樣，孫甘露也用玄想設置了一個個迷宮。他的想象穿行於迷宮中，一邊津津樂道地破謎解謎，一邊又以破解活動遮蔽了燭照謎底的光亮，「用一種貌似認真明晰和實事求是的風格掩蓋其中的秘密」。更具體地，讓我們以《訪問夢境》和《我是少年酒罈子》爲例，體悟其博爾赫斯式的特徵 ——

---

10 孫甘露《學習寫作》，《文學角》1988 年第 4 期。

（1）如何把握作者構築的小說世界，敍述者在文本中已有夫子自道式的提醒：

> 我正面對一扇窄門，迎門置放的一把椅子幾乎意味著一種邀請，而椅背上挂著一條鮮豔如血的圍巾又似乎是對邀請的某種解釋，而圍巾的懸挂方式又像是對任何試圖理解解釋的勸阻。（《訪問夢境》）

> 在這迷宮裏，我的理性是無所作爲的，我只能爲我遐想的衝動所驅使，在悲觀的僥倖中擇路而行。（同上）

> 我的樂趣此刻已不在何時走出（迷宮），而在於備受折磨。（同上）

（2）作者或敍述者如何理解、把握世界：幻想、懷疑主義（對現實、時間、人性、自我、幻想本身）和體悟「無限」：

> 總之，他是不真實的，兩又是令人難忘的。（《我是少年酒罎子》）

> 他們活動於他們臆想的空間，他們不吝嗇時間，而又對流逝的歲月耿耿於懷。（同上）

> 我沈浸在一種疲憊不堪的仇恨之中，我的經歷似乎告訴我唯有仇恨是以一種無限的方式存在著的。（同上）

> 我們總有無窮無盡的走廊和與之相連的無窮無盡的花園，……（同上）

> 我驚喜我以如此具體實在的方式邁入了我渴望已久的抽象的歷史。（《訪問夢境》）

> 我現在開始回憶。我將排除時間的因素，……（同上）

> 書名叫《審慎入門》，它的每一頁都充滿了讝語似的獨白……它暗指我們這些行走著的活人全是應運而生。（同上）

> 有些人一旦離開了他的冥想他就立刻化爲烏有了。我深知我處境險惡。（同上）

> 我不能永遠置身於這種杜撰的真實中。（同上）

> 我曾經在我虛構的決鬥中被我虛構的仇人殺死過一回，不過那是以前的事，但虛構的時間倒是未來，嚴格計算起來，也就是在等一會兒。（同上）

這樣集中引述是犯忌的，我之所以甘冒這樣的風險是想同時顯示博

爾赫斯在另一個方面對孫甘露的影響。以論文的方式寫虛構故事，假作評論並不存在的作家、著作或是自己正在創作過程中的小說及其人物、事件等。博爾赫斯收集在《迷宮》（Labyrinths）和《虛構集》（Ficciones）裏的很多是這類作品，如著名的《〈吉訶德〉的作者彼埃爾·梅納德》、《審閱赫勃·奎恩著作》。在孫甘露的《請女人猜謎》裏，「我」不斷和女護士討論「我」的那部《眺望時間消逝》的小說，也純屬子虛烏有。孫甘露小說迷宮的建構過程中，總時不時地跳蕩出幾句明晰的、理性的、彷彿是旁觀的議論的言語，如「信是一次遙遠而飄逸的觸動」，「信是一種猶猶豫豫的自我追逐，一種卑微而體面的自戀方式，是個人隱私的謹慎的變形和無意間的揭示。」（《信使之函》）這很容易讓人想到博爾赫斯以論文方式創造虛幻世界的狀態：彷彿同時用了兩種眼光，一種出自心靈，一種出自思想。對於博爾赫斯和孫甘露，那些論文式的揭示和自我剖白，並非兒戲好玩，這些資訊常常是具有啓示意義的。再比如《訪問夢境》的題記：「到了結束的地方，沒有了回憶的形象，只剩下了語言。」（作者在這句話後面署卡塔菲盧斯的名字，實際語出博爾赫斯的小說《不死的人》）這句話的含意等於提供了理解此部小說的基本切入點：語言（意念）活動取代了具體形象的發展。在不同於以往理解的意義上，這類作品本身即包含了對作品的闡釋和批評。

　　如果僅把孫甘露看成是博爾赫斯的中國翻版，那當然是一種藝術感受力遲鈍的愚蠢判斷。英國的 V·S·普裏切特稱揚博爾赫斯有能力使「一個意念行走」；孫甘露專注於這一向度上的可能性，並把它推到了極點，正是這一極端的做法──遠離具體事物，將抽象觀念詩化，斬斷語言的所指，讓能指做封閉運動，如此等等──使他與博爾赫斯區別開來。只是這些已超出這篇文章討論的範圍了。

　　從作品透露的資訊判斷，余華受博爾赫斯的影響顯然較馬原、孫甘露、格非晚些，直到最近，才發表了兩部博爾赫斯面目的小說：《往事與刑罰》和《此文獻給少女楊柳》。余華靠近博爾赫斯，實質是幾年來對文學把握世界方式進行艱難思考的一個結果。他發現，人類自身的膚淺來

自經驗的局限和對精神本質的疏遠，只有脫離常識，背棄現狀世界提供的秩序和邏輯，才能自由地接近真實。很顯然，余華所說的真實的概念不存在於只對實際事物負責的經驗裏，而進入了個人的想象世界和精神領域。「我個人認爲二十世紀文學的成就主要在於文學的想象力重新獲得自由。」「對於任何個體來說，真實存在的只能是他的精神。」「人只有進入廣闊的精神領域才能真正體會世界的無邊無際。」[11]博爾赫斯的。「巴別圖書館」式永無邊緣的虛幻迷宮正迎合了余華對廣闊的想象和精神領域的向往。

　　事實上，余華和博爾赫斯無法達到親密無間的狀態。毫無疑問，二人的親近基於共同的對現實的懷疑及因此而建立的虛擬世界，但是，博爾赫斯的虛擬世界是超然于現實的，他沈溺其中忘記了現實；而余華則試圖以他精神領域裏的想象世界去映照、重構、顛覆現實的經驗世界，他對這個他認爲不真實的世界一直耿耿於懷，無法徹底斬斷與它的關係，他總想以他構造的世界賦予（說重一點是強加）不真實的生活以真實，而且，他的虛構世界和博爾赫斯的相比，在純粹性上（就與現實關係的親疏程度而言）不免遜色。以《往事與刑罰》爲例：1990 年某個夏夜，陌生人拆閱了一份來歷不明的電報，沒有發報人的姓名住址，電文只有「速回」兩個字。陌生人重溫往事，選擇了向 1965 年 3 月 5 日所喻示的方向走去。但是，由於另外四種時間（代表四樁往事）的干擾，他無法正確到達。陌生人碰上了刑罰專家，刑罰專家提供了另外四種時間所揭示的內容：他對 1958 年 1 月 9 日進行了車裂；對 1967 年 12 月 1 日施予宮刑，割下了那一日的兩隻沈甸甸的睪丸；他鋸斷了 1960 年 8 月 7 日的腰；最爲難忘的是，他將 1971 年 9 月 20 日埋入土中，只露出腦袋，刑罰專家敲破它的腦袋，一根血柱的噴泉輝煌無比。最後，陌生人發現刑罰專家自縊身亡，時間是 1965 年 3 月 5 日。這五個時間和它們所代表的血腥、殘暴、死亡，很清楚地指向了那段並非久遠的歷史。《此文獻給少女楊柳》沒有這麼強烈和刺激的具體所指，但它還是指向了現實世界的一種抽象存在

---

11 余華《虛僞的作品》，《上海文論》1989 年第 5 期。

形式：時間。「我開始發現時間作爲世界的另一種結構出現了。」時間的意義在於它隨時都可以重新結構世界，也就是說世界在時間的每一次重新結構之後，都將出現新的姿態。[12]再清楚不過地表明，余華虛擬世界的目的之一在於重構現實世界。時間同樣是博爾赫斯熱心探討的一個問題，但無論他抱何種態度，他的問題的提出和解答都是封閉在他那個幻想世界裏的。可以這樣說，博爾赫斯啓迪余華去營造了虛擬的世界，但這個世界卻沒能拴住他全部的心思，他以此爲基點，又回過頭去打量他剛剛脫離的現實世界，當然這時他的眼光已不同於以往，他躍躍欲試想去重構日常的經驗和事實。有必要強調一下，博爾赫斯式的虛幻世界對余華是重要的，沒有這個精神領域的建構，面對不真實的現實，他將無處立足安身，無所依靠，喪失向不真實出擊的根據。

這篇文章要談到的最後一位中國先鋒小說家是格非。

格非曾說：「我始終以爲寫作阻礙了生活，人的行爲比運用語言更能表達自己。」[13]他所認定的「二十世紀無可爭議的大師」博爾赫斯多次表示過類似的見解：「有條不紊的寫作，使我離開了人們的眼前的狀況。可以確定的是，所有這些寫下的東西，取消了我們，或者使我們變成了幽靈。」[14]（《巴別圖書館》）「我沈浸在這些想象的幻景中，忘掉了我所追求的目標。……我覺得我成了這個世界的抽象觀察者。」（《交叉小徑的花園》）

格非說《褐色鳥群》的結構受了朋友火柴盒裏裝了四分錢去買火柴的啓發，實際上，這個故事的結構是典型的博爾赫斯套盒式的。而且，就像故事裏的一個人物棋說的那樣，「你的故事始終是一個圓圈，它在展開情節的同時，也意味著重複。只要你高興，你就可以永遠講下去。」這正是「巴別圖書館」的性質：「這個圖書館是無盡的，周期性的；如果有一個永恒的遊客，從任何哪個方向穿過去，經過幾個世紀之後，他會

---

12 余華《虛僞的作品》。
13 格非《一些斷想》，《文學角》1988 年第 6 期。
14 本文所引博爾赫斯的小說，皆從王央樂譯《博爾赫斯短篇小說集》，上海譯文出版社 1983 年版。

得到證實：同樣的一些書籍，以同樣的雜亂無章在重復。」

　　《青黃》是一篇最典型的博爾赫斯式小說。這裏有對博爾赫斯對智力、學術的審美性興趣的模仿，有「我」整日整夜被謎一般的命運所困擾的窘境，有突然產生的「一種不真實的感覺」，甚至小說最後「此文獻給仲月樓公」怕也是博爾赫斯式的。

　　零零碎碎地，關於格非和博爾赫斯，我說出了什麼？

　　坦率地承認，我說了（因爲不能不說，這對於本文要討論的很重要），卻什麼也沒說出來。因爲我無力說出什麼。我願意讓這個問題擺在這兒（而不是掩蓋它），作爲我這篇文章未完成的部分。認清了自我滿足的虛妄和欺騙性，又有什麼論文是「完成了」的呢？

三

　　回到一開始就提出的問題，我們必須回答中國先鋒小說通過對博爾赫斯的接受給文學帶來了何種新的意義。不論具體的接受動機和方式如何不同，博爾赫斯啓悟了中國作家對虛擬世界的自由創造，爲小說在傳統的地盤之外，又開拓出一塊新的空間。這個虛擬和幻想的空間只按照自身的規則存在和運行，因而傳統結構中的即使是同樣的語彙也不足以說明這個空間的全新意義。對於務實的中國文化和被現實緊緊扯住張不開翅膀自由翱翔的中國文學來說，這個新空間的建立非可等閒視之。這個虛幻的空間常呈現迷宮的面貌，它呼喚（要求）一種超越常理的智力，現實世界裏的能力在這裏無所作爲，它培養對待一切的審美性興趣和極度純粹的境界，它推動人類朝向一個特別的方向探求與體驗：人生的神秘與奇妙 —— 它就是那個也叫作宇宙的無限的：「巴別圖書館」。

　　一般地，我們討論的幾位作家並不掩飾對那位阿根廷老人一定程度上的模仿，相反，有時他們極力要達到模仿得逼真的效果。這表明他們內心的自知和自信。以否認前輩作家成就的方式來顯示自己的所謂創作個性只能暴露自身的狂妄和無知；對於中國文學來說，即便僅僅是對域外優秀作家、作品的模仿，也是一種引入新鮮活力，開啓新的可能性的

方式，一潭死水無論如何撲騰總不會鬧出多大成效來。對模仿的流行性
指責實質上是出於一種狹隘的、頑固的、自卑的（畸形自尊的）文化心理。
從絕對的意義上說，任何模仿都不會僅僅是模仿，況且，中國先鋒小說
根本就沒有甘心止於模仿。

　　受博爾赫斯影響和啓悟的中國先鋒小說似乎表明，小說作爲當代最
重要最有實力的文學樣式，已經顯露出一種新的未來發展的向度。

1990 年 7 月復旦南區

（載《上海文學》1990 年第 12 期）

輯　四

小說：九十年代和今天

平常心與非常心

── 史鐵生論

一

一首歌裏有這樣兩句歌詞：

也許我將獨自跳舞　　獨自在街頭漫步

好長時間以來，這兩句歌詞被我有意地從它原來的上下文語境中分離出來，獨立地縈繞於耳，體味在心。欲舞而形單影隻，真跳起來是怎樣一幅情景？漫步卻在街頭，看人間風物、日常景象，同時又沈思冥想，說不準因而產生一種超升之感。一人而有這兩種狀態、情懷，在我看來就兼具平常心與非常心。漫步是平常心，跳舞是非常心。想到史鐵生，就總也擺脫不掉這樣的印象。他既是一個漫步者，也是一個舞者。

但史鐵生踏進文壇之前就癱瘓了。我非常能夠理解許多關於史鐵生的評論爲什麼總是從這一嚴酷的事實出發，由人論文，人與文互相投射，糾纏於殘疾、自殺、死亡等等問題。折磨著史鐵生的問題同時成爲批評家探究的中心，應該說是很正常的，而且創作與批評都由此提出了許多有深度有意思的話題。然而，過於集中、過於中心化的洞見也許遮蔽了其他向度問題的探討。我在想，讀史鐵生的時候，能不能「分散」一下注意力，要把已知的嚴酷事實從意識中完全抹去不太可能，但卻可以「淡化」此種意識，像看一個普通人的作品一樣看史鐵生的作品，這樣或許會有另外的發現吧？我立即意識到要實施這樣的想法困難重重，史鐵生的作品本身就把讀者的注意力向「中心」拉得很緊。儘管如此，卻不妨一試。

二

　　平常心不執不固，不躁不厲，閱盡萬象，匯於一心。持平常心的人是一個安靜的觀察者，又是一個敏慧的反省者。史鐵生的《我與地壇》（1991）最能體現出這些特徵來：

> 15 年了，我還是總得到那古園裏去，去它的老樹下 ，或荒草邊或頹牆旁，去默坐，去呆想，去推開耳邊的嘈雜理一理紛亂的思緒，去窺看自己的心靈。15 年中，這古園的形體被不能理解它的人肆意雕琢，幸好有些東西是任誰也不能改變它的。譬如祭壇石門中的落日，寂靜的光輝平鋪的一刻，地上的每一個坎坷都被映照得燦爛，譬如在園中最爲落寞的時間，一群雨燕便出來高歌，把天地 都叫喊得蒼涼；譬如冬天雪地上孩子的腳印，總讓人猜想他們是誰，曾在哪兒做過些什麼，然後又到哪兒去了，譬如那些蒼黑的古柏，你憂鬱的時候它們鎮靜地站在那兒，你欣喜的時候它們依然鎮靜地站在那兒，它們沒日沒夜地站在那兒從你沒有出生一直站到這個世界上又沒了你的時候；……

　　要是換一個人來看，地壇很可能就會是另外一幅情景，感受也會大大不同，那我們就得承認觀感態度對觀感物件（如地壇）和觀感主體（如「我」）的影響。事實上，在渾然天成的語言表述中，主體、態度及物件三者之間往往融合爲一，不可離析，又三者缺一不可。細究起來，這種情形中最重要的反倒是外在於主體的物件，需要借助它，主體才能將態度顯現，並且在態度顯現的同時實現從主體向物件的趨赴和讓渡，物件成了主體的歸宿，不合則不能心靜神安，達觀從容。一旦融合，物件對於主體來說就不再是外在的了。在《我與地壇》中，史鐵生找到了地壇「這樣一個寧靜的去處」。「去處」，隨手拈來的一個詞，可以做兩層意義上的理解，一是指客觀存在的一個地方，再一層意思就是說，它是自我之所，是「我」投奔的方向，而且包含了一種心情在裏面。「我」與地壇那種神秘性的契合、感應，不是別的，是一種物我合一的自適狀態：「在

滿園瀰漫的沈靜光芒中，一個人更容易看到時間，並看見自己的身影。」

　　從這裏很容易看出東方傳統的文化觀念和審美理想的積澱。此處不深究這個問題，但不妨注意這一點。有論者談史鐵生時，曾引周作人譯日本作家永井荷風的散文，這倒是頗具慧眼的一種對照：「雨夜啼月的杜鵑，陣雨中散落的秋天樹葉，落花飄風的鐘聲，途窮日暮的山路上的雪，凡是無常、無告，無望的，使人無端嗟歎此世只是一夢的，這樣的一切東西，於我都是可親，於我都是可懷……」[1]

　　平常心之爲平常，正在於主體能在一般風物、日常情景中有可感可懷，平常既是「心」的性質，也是主客交融的客體的性質，即主體投射的物件的平常。在傳統的文化觀念與審美觀念中，一般認爲平常心不易獲得，它是需要經過一個修養、熏陶、領悟的文化過程之後才能夠達到的人生境界與藝術境界。我不以爲史鐵生身上也存在一個這樣的從無到有的過程，儘管時間也在幫助他不斷地提升自己，但史鐵生之平常心從初登文壇時即有，而且一直伴隨他走過這些年，愈臻善美。直到現在，我還記得讀高中時在筆記本上工工整整抄錄下來的《我的遙遠的清平灣》（1983）中的句子：

　　　　火紅的太陽把牛和人的影子長長地印在山坡上，扶犁的後面跟著
　　　　撒糞的，撒糞的後頭跟著點籽的，點籽的後頭是打土坷拉的，一
　　　　行人慢慢地、有節奏地向前移動，隨著那悠長的吆牛聲。吆牛聲
　　　　有時疲憊、淒婉；有時又歡快、詼諧，引動一片笑聲。那情景幾
　　　　乎使我忘記自己生活在哪個世紀，默默地想著人類遙遠而漫長的
　　　　歷史。人類好像就是這麼走過來的。

　　如果再考慮到命運的殘酷無情，你會覺得史鐵生能存一份平常心是一件了不起的事情。不管怎麼說，中國傳統士大夫的進退用藏、得意失意，畢竟都是在自身生命與外在的社會現實之間展開的一種關係，在這種關係中，最大的悲哀莫過於自我的價值不能得到體現和證實，在這個時候就需要平常心來克服沮喪、頹唐和憤懣，把一切看淡看輕看透，進

1　參見胡河清《史鐵生論》，載《當代作家評論》1991 年第 3 期，引文出自《知堂回想錄》。

而達到自娛自適自樂的狀態。這樣一種心理平衡之所以比較容易獲得，其原因還在於我們的文化傳統中已經形成了「達則兼濟天下，窮則獨善其身」一類的自我與外在關係的調整模式，一代又一代被尊崇的士大夫很多是這樣走過來的，不僅有前例可循，而且文化傳統的力量在暗中支援、誘導。但是，史鐵生面對的卻是生命自身的問題，而不是自我與外部世界的關係，命運摧殘身體，其結果很可能是摧毀精神，身外之物看淡容易，把自我的嚴重創傷、把生命本身看輕就非常困難。事實上史鐵生也沒有把這些看輕。那麼，他的心理平衡是如何達到的？他怎麼還會有一份平常心？

這實在是個很大的難題。身外之物不可得時，可以返回自我，以對自我的重視（乃至自戀）來看低自我之外的一切。但史鐵生無法這樣做，他正是在打量自我時才產生出巨大的痛苦，一己的生命毫無優越感可言。這時候，幸虧有一種通常的說法幫助了他，我想，靠了這種想法，他才擺脫了幾乎無法克服的心理危機：談人生時，出現頻率很高的一個詞「命運」，通常被認為是一種不可捉摸、無法抵禦的外在力量，它要怎樣擺佈人，人是無能為力的。這樣，在人與命運之間，就存在著一種難以把握的關係。本來，對於史鐵生來說，生命的創傷與身體的疾患完全是自我內部的事情，它就是自我本身，不可能與自我形成一種依賴於距離才存在的關係，因為關係是在雙方以上的存在中才可能成立。沒有關係，哪裏能夠談到平衡呢？然而史鐵生設置了一種關係，即自我與命運的關係。他把最最具體的、最最真切的遭遇與痛苦從自我中抽離出來，以為這完全是由於神秘的外在命運造成的，進而把這當成命運本身，這樣，自我對其遭遇與痛苦的承擔，就被轉變成一種自我與抽象之物命運之間的關係，本是生命內部的承擔因此成為自我對外物命運的承擔，像《宿命》（1988）一類的小說就可以在這樣的基礎上解釋。這樣一種轉換因為借助了一種被認可的說法，是非常隱蔽、難以察覺的，對於史鐵生本人來說，轉換的發生可能在有意識與無意識之間，但其結果卻大大有利於挽救心理危機，它提供了一條心理出路。應當承認個體生命承受痛苦能力的限度，同時也必須寬容地對待以轉換痛苦的方式對痛苦的承受，不妨把這

叫做擔當痛苦的策略。直面慘澹的人生，需要無盡的勇氣，但人生慘澹
至無力直面時，要麼是轉換痛苦，以一種可承受的方式承受下來，要麼
是生命的毀滅。史鐵生選擇了前者，他把內在的痛苦外化，把具體的遭
遇抽象化，把不能忍受的一切都扔給命運，然後再設法調整自我與命運
的關係，力求達到一種平衡。在這種選擇中，給人印象至深的倒不是勇
氣的不足，不是逃避，反而有一種智慧在其中：可以設想，在此種境況
中選擇個體生命毀滅者，並不一定就是因為勇氣太多，卻很可能是缺少
了這樣一種智慧。

　　正是這種智慧，給史鐵生的平常心打了根基。智慧這類東西，說不
太清楚，它既能在文化傳統中找到源頭、給養，又是個體生命一己的屬
性；它既是後天精神修煉的結果，卻又須原先就有「慧根」。說史鐵生的
智慧，進而說史鐵生的平常心，在這方方面面之間都要有所照顧，偏廢
了就恐怕與實際情形產生較大的差距。再說平常心本身，就不是「偏」、
「廢」，不是「執」。

　　平常心於平常入眼入耳入一切感官之事物，能夠體驗到一種呼應與
投射，其最高境界正是文化傳統崇仰的古典理想：天人合一。由凡俗而
超越，由渺小而偉大，由狹隘而恢宏，由小道切切而大音稀聲，由條分
縷析而渾沌冥漠，至天人合一之境，平常心也許是途經的一站吧。至於
具有平常心是否就能達到這種最高的古典理想境界，就很難說了。史鐵
生呢？也不好說，但不妨讀《我之舞》(1986)，可以體會到一種自我超升
的大氣，一種平常心的豐厚蘊含，一種在默默中發生的心靈震顫──

　　我獨自在祭壇上坐著，看地移天行。

三

　　行文至此，我隱隱產生了一種不安：我是不是過分強調了史鐵生的
平常心？實際情形就是這樣的嗎？事實上，史鐵生身上果真存在著另一
種狀態，我把它概括為非常心。說不準歷史上確有這樣的高人，他能夠
把平常心貫穿始終，一生不憂不懼，靜觀生命在和風細雨、花草蟲魚和

日月光華中磨蝕而無異樣感受。史鐵生決不是此類的得道者，他靠智慧把痛苦外化，把遭遇抽象化，這種轉換如果推向極端，就會把自我抽空了。但顯然轉換無法徹底，自我無法完全抽空，無法把一切都推給命運。內在的痛苦、具體的遭遇、生而有之的欲望，自我無力排除得乾乾淨淨，除非是走向毀滅。於是，我們就時常從史鐵生那裏聽到不堪的呻吟、尖利的呼叫和絮絮叨叨的抱怨，時常能夠感覺到無休無止的生之欲望與死之誘惑之間的拉鋸戰以史鐵生的心靈與大腦爲戰場在猛烈進行。這些當然不是平常心了。

我並不以爲個體在展示生命的過程中，平常心是最值得崇仰與稱道的；而非常心，在我一己的想法裏，可以再分爲兩種狀態，一種尚未及平常心，其表現如自我迷戀之「執」，瑣細處的計劃，對不如意的牢騷、抱怨，對痛苦的反覆咀嚼乃至發展爲病態的創傷意識，等等。儘管說這一切可能夠不上什麼樣的人生境界，但因其真實性，因其暴露出的人性弱點與局限具有普遍的意義，我們在面對此種境況時，如果不能表現出悲天憫人的寬厚胸懷，至少也該寬容對待。在史鐵生的作品中，此種非常心的流露也不難覓見，由此我們容易看到一個更真實、更接近於具體生活、更直接表達具體感受的史鐵生。平常心中有很重的文化意味，某種意義上是人對文化的體現，這裏可見的卻多是活生生的個體對特定命運的真切承擔。

還有另外一種非常心，我以爲其境界決不比平常心稍低一點點，甚至可以明確地這樣說：平常心是一個處於中間的刻度，其上其下各有一種狀態的非常心，而其上狀態的非常心，就非常的難能可貴。它以最真實的人生境遇和最深入的內心痛苦爲基礎，將一己的生命放在天地宇宙之間而不覺其小，反而因背景的恢宏和深邃更顯生命之大。史鐵生特別感動我的，就是這樣一種不時表現出來的非常心，此時的史鐵生，不再從平常心發出韻味悠長、寧靜致遠的淺斟低唱，而代之以心靈的激情與精神的偉力，呈現出來的不再是一個漫步者的形象，不再是靜觀的柔順與和諧，而是昂揚若狂的生命的舞蹈。

生命之舞本來是個比喻性或象徵性的說法，但具體到史鐵生身上，

就必須從更深廣的人生意義上來看。在史鐵生的小說中，短篇《我之舞》和中篇《禮拜日》(1987)是我特別看重的。《我之舞》多次寫到幻覺幻像，而且重筆濃彩，產生出十分強大的震撼力。生命之舞不僅迷住了小說中的人物路、老孟和「我」，而且也會迷住以心靈去讀小說的一切人。路有些「癡」，他曾到過一座神秘的灰房子，老孟說那可能是一個用寶石拼接成的空心球，裏面漆黑一團。路「用自己的衣裳點了一把火在手裏搖，轟的一聲就再也看不見邊兒了。無邊無際無邊無際無邊無際……。」

> 老孟自管說下去：「每一顆寶石裏都映出一個人和一把火，每一顆寶石裏都映出所有的寶石也就有無數個人和無數把火，天上地下轟轟隆隆的都是火聲，天上地下都是人舉著火。」
>
> 世啟說：「老孟，你今天喝得太多了。」
>
> 老孟自管說下去：「我說路，你幹嘛不跳個舞試試看？你幹嘛不在裏頭舉著火跳個舞？你那時應該舉著火跳個舞試試看。」

本文開頭曾問過這樣一句，欲舞而形單影隻，會是怎樣的情景？不想答案卻是出乎意料的──

> 「你要是跳起來你就知道了，路，你就會看見全世界都跟著你跳。」
>
> 路呆呆地夢想著跳舞。

答案不是想出來，而是跳起來後才看到的。個體存在的孤立無助，一直是困擾現代人的一個基本問題，這裏設想出一種解救之道，不露自我迷戀和自我可憐的味道，卻強調以自我的積極行動，帶動起個體與全體的融會。

神秘的灰房子倏忽間不見，化為一座古祭壇，下肢殘疾的老孟和「我」幾次看到一對男女在古祭壇上舞蹈，受到感染的同時也產生了一種遺憾：他們本來跳得不壞，可是在還有力氣去死的時候，這兩個人卻不想跳了。後來老孟自己是用完了所有力氣的，他等待的女人帶來一輛能夠跳舞的輪椅，「他們從黃昏跳到半夜，從半夜跳到天明，從天明跳到晌午，從晌午跳到日落。誰也沒有發現是什麼時候，老孟用盡所有的力氣了，那奇妙的輪椅仍然馱著他翩翩而舞。」

《禮拜日》的分量由我看來並不在表達出諸如渴求人與人之間徹底

溝通而達到存在的徹底自由的理念，其分量在於宏大的時空架構，在於在這種時空架構中表現關於生命的一切。遷徙的鹿群，北極圈附近的冰河，狼與鹿不動聲色的心智較量與肉體的殊死搏鬥；一個男人為了尋找的長途跋涉，荒漠，魔笛，書，燦爛的星空和一種達觀的領悟：自由是寫在不自由之中的一顆心，徹底的理解是寫在不可能徹底理解之上的一種智慧；少女，老頭，花開花落，悠悠萬古時光。在這樣宏大的時空架構中，生命不是縮在一個小角落裏庸庸碌碌、自生自滅的過程，生命無所不在，它能夠以精神的超越性達到精騖八極、心遊萬仞的境界。並不是任何單獨的存在方式都能夠以如此宏大的時空為背景，也並不是任何單獨的存在方式都能夠將心氣與激情充盈於如此宏大的時空，以時空之大顯個體生命之大，以宇宙之輝煌顯人生之輝煌，這實在是一般人難以企及的非常心之投射。「天上人間，男人和女人神遊六合，似洪荒之嬰孩絕無羞恥之念，說盡瘋話傻話呆話蠢話；恰幽冥之靈魂，不識物界之規矩，為所欲為。」

　　這是一種人生境界，精神境界；落實為文，又是一種藝術境界，詩的境界。其間過程，由人生、精神直至藝術與文學，水到渠成，有一氣貫穿之勢，無矯揉造作之姿，根植充沛的底蘊，超升凡俗庸常，追求闊大深遠，人生與藝術合二為一，皆可因盡非常之心而達非常之成就。我不禁想起梁朝鍾嶸的真知灼見，以為與此契合，幾近天衣無縫：所謂「氣之動物，物之感人，散搖蕩性情，形諸舞詠。照燭三才，暉麗萬有，靈祇待之以致饗，幽微藉之以昭告。」所謂「動天地，感鬼神」，所謂「凡斯種，感蕩心靈，非陳詩何以展其義？非長歌何以騁其情？」（《詩品序》）「展其義」、「騁其情」，所以有史鐵生的作品。

四

　　在世界大都會的一個角落裏，有一位深居簡出的詩人，寫過一首叫《六月的上午》的詩，繆斯撥弄和絃，讓這首詩和前引的兩句歌詞貌合神亦合。因為一己的固執吧，想起史鐵生，就想到那兩句歌詞；想到那

兩句歌詞，就想到這首詩。其中寫道：

> 兩三個男人／在直角形街口談天漫步／他們閉上眼睛／心裏的眼
> 睛就張開／張大成一個巨大無比的街口／他們於此狂舞若癡若醉
> ／像有死亡在誘惑和牽引／像有一隻所有鳥的鳥／像有一個所有
> 的星宿和太陽的太陽

1992 年 7 月 2 日復旦南區

（載《上海文學》1992 年第 10 期）

亂語講史　俗眼看世

── 劉震雲《故鄉相處流傳》的無意義世界

　　劉震雲的長篇小說《故鄉相處流傳》又一次讓我感覺到批評的多餘。面對優秀的作品，批評能夠說出些什麼？它能夠提供與作品的優秀程度相比肩的思想嗎？事實上對於優秀作品的說三道四，除了顯示出批評和作品之間的差距之外，其他的意義並不大，所以，聰明人不說話。倒是相對不那麼優秀的作品需要批評，因為這時批評比較容易站得比作品更高，能夠發現作品裏被語詞遮蓋的最有價值的部分。我無意把這樣一種一般的感受在理論上普泛化，只是想以此點明我將要說的一切和《故鄉相處流傳》這部作品之間的關係：它基本上是多餘的，作品本身已經說得很清楚了；其實尷尬還不僅止於此：在一個巨大的話語規則之內，我所做的可能並不是真正的批評，毋寧說成言不及義的閒言碎語。

一

　　小說包含四個部分，分別涉及到歷史和政治大事是：曹操、袁紹之爭；朱元璋移民；慈禧下巡和太平天國的失敗，以及 1958 年的大煉鋼鐵和 1960 年的自然災害。因此，這部作品很容易被看成是歷史小說或政治寓言。但是這種類型化的看法很可能極大地局限了小說的價值，實質上它正是以打破類型化的方式來顯示自身的，在這樣一種意義上，可以稱它為「非歷史化」的歷史小說或「非政治化」的政治寓言。歷史與政治，在我們的現實和意識中，總是要人正襟危坐、一臉嚴肅去對待的，它「內含」了一種超越眾生之上的威儀、神秘和禁忌，並通過一套奇特的意識形態話語作用於我們的無意識，使我們在不知不覺中被震懾、同化和催

眼，認爲它具有一種不爲任何人的意志所動的鐵律，我們只能屈服它、
跟從它，對它頂禮膜拜，討好諂媚。但劉震雲從卑躬屈膝的行列中跳了
出來，他像喊出皇帝沒穿衣服的小孩、像大鬧天宮的孫猴子，無所顧忌，
不知深淺，隨隨便便講出他眼中的歷史和政治。講話的方式和講話的內
容是緊密聯繫的，小說的意義也正在這一點上有所突破：以一種嘻嘻哈
哈的方式來講，歷史和政治也就變得嘻嘻哈哈，非常好玩起來。因此，
小說對於「歷史化」和「政治化」的拒絕是徹底的，不僅拒絕它的「內
容」，而且拒絕了它所要求對待它的方式。它被「解凍」了，我們的臉色
也可以放開一些。

　　事實上小說對待歷史和政治的方式並非小說家的獨創，它更多地來
自民間，來自「地下」，來自你我的嬉笑怒罵、異想天開。但異想天開、
嬉笑怒罵沒有成爲「文章」，是小說家讓它成爲「文章」 —— 即浮出歷史
地表、以合法化的形式存在。它本來是「野史」，但正／野之分本身便是
歷史偏見的產物，它對抗這種偏見，登堂入室，獨立成體。曹操、袁紹
鬧翻，爲知就不是爲了爭奪對沈姓小寡婦的性特權？而朱元璋千里移民，
從一開始就是一場政治騙局；慈禧太后下巡，說穿了不過是尋找舊情人，
鴛夢重溫。歷史原來是幾個特權人物爲掩蓋一己目的的幌子。

　　這幌子是怎樣掛起來的呢？《故鄉相處流傳》演示了一套意識形態
話語的奇特邏輯和巧妙操作，比如說幾十萬渾渾噩噩的庸衆，什麼也不
懂，曹丞相來了，就「教」他們「明白」了兩件事：一、誰是我們的敵
人？劉表；二、誰是我們的朋友？袁紹。劉表赤眉綠眼，燒殺姦淫，罪
大惡極，雖說誰也沒見過劉表和他的軍隊，可是「每日這麼講，幾個月
下來，我們也真恨上了劉表。我們過去素不相識，無冤無仇，你來吃我
們小孩奸我們婦女幹什麼？」有人從劉表所占的地面回來，說劉表的軍
隊並非如此，激起衆怒，「劉表是十惡不赦的罪人，他的軍隊怎麼會不是
紅眉綠眼？怎麼會不吃人奸人？」於是一致認爲此人搖唇鼓舌，渙散軍
心，便亂棒打死。等時過境遷，劉表成了朋友，袁紹變了敵人，自然也
會有化敵爲友和化友爲敵的道理。所謂「教」人「明白」什麼「道理」，
就是意識的作用，它是一個從「無」到「有」、從「外」到「裏」的過程，

所以先要「教」，要不斷地講，等聽衆「明白」了，「內化」便是毫無困難的了，便是自然而然的了，最終就可能達成意識作用最初期待的效果，即一種所謂的「發乎於心」的「自覺」的實踐性行爲，像把異己分子亂棒打死、集體歸順某個政權等等。值得深思的是，意識形態話語邏輯之奇特、操作之巧妙，常常達到使衆人皆迷的高超境界，彷彿集體吸毒一樣，陶陶然不能自主。只要肯正視事實，被意識形態話語「催眠」後的歷史情境就會紛至湧來，不僅中國，而且世界，或隱或顯，時強時弱，顯者如希特勒政權及其發動的世界性戰爭，災難和殘酷的結局誰都接受不了，所以容易回過頭來反思；隱蔽性特別強的話語作用幾乎就無從說起了。尤其是正在「催眠」的過程中時，誰敢保證自己是個特殊的清醒者？於是，意識形態話語的作用以一個悖論顯示了它的不凡成就：等你以爲你已經「明白」了什麼的時候，其實正是它使你最迷糊的時候。

也正因此，歷史的幌子在風雨中招搖，一招搖就是幾千年，總也不見收起來。這是爲什麼？有句話道是：你方唱罷我登場。把歷史比喻成一個舞臺不免有些濫俗，但想想還就真是那麼一回事。劉震雲想得更簡單，歷史舞臺上唱戲的其實只是同一撥人，這個朝代死了，下個朝代活了，甚至連名連姓都不改，你就是古人，古人就是你。小說寫千年歷史，一幕幕大戲小戲，就是由這幾個人從頭唱到底，讓人生出無限的悲哀：同一撥人借屍還魂，唱來唱去，能唱出什麼新花樣來？「無非過去大路旁糞堆上插的、迎風飄的是『曹』旗，現在換成了『袁』旗。」所以，人的進化、社會的進步、歷史的前進，以及改朝換代、改造社會、創造歷史等等，如果不是善意的神話，就是蓄意的欺騙。也就是說，歷史不是歷史，因爲過去的都不會過去，太陽底下無新物到如此徹底的程度，後來者似乎不必再多什麼，且只聽先輩的至理名言：

> 曹成語重心長、故作深沈地說：
> 「歷史從來都是簡單的，是我們自己把它鬧複雜了！」
> 我一通百通：
> 「是呀，是呀，連胡適之先生都說，歷史是個任人塗抹的小姑娘。」
> 曹、袁都佩服胡的說法。袁說：

「什麼塗抹，還不是想占人家小姑娘便宜。」

天下沒有不散的筵席，只有歷史的幌子——占歷史的「便宜」——從古掛到今。

二

在歷史的舞臺上折騰來折騰去的人又是什麼東西呢？人不是一個抽象的概念，分三六九等，這不僅是高居最上等的大人物的思想，最下面的普通百姓也明白這個道理，比如曹丞相，日理萬機，多個捏腳的，多玩幾個婦女，大家都想得通；二十萬大軍一律不准強姦民女，延津幾十萬人，管一個丞相連吃帶日，還管不起？這算不上「生活特殊化」。但是，如果僅僅看到大人物和小人物之間的區分，那就太膚淺。大、小人物之間其實難解難分，小人物「需要」大人物，「丞相，離開了你，我們變成了一堆毫無趣味的人。我們前進沒有方向，我們生活沒有目的。我們成了幾十萬渾渾噩噩的、沒頭沒腦、多一個不嫌多、少一個不嫌少的蒼蠅。」接下去講，大人物之所以能夠呼風喚雨，是因為蕓蕓眾生就是風和雨，等待著呼喚，像小說中人物真切感受到的，「曹丞相把我們這些糊塗愚昧的人帶進了一種大事業，使我們人人都成了英雄，變得只關心大事，一切大而化之，不計小節」，「記起我們是身負重任、天下皆在我身的人，不是稀裏糊塗過日子、只惦著柴米油鹽沒有開化和覺悟的老百姓。」但是這一點也未嘗不可往俗裏看：云云眾生，是牆頭草，隨風倒，曹操與袁紹，大清王朝與太平天國，誰得勢擁護誰，「畢竟都是見利忘義的小人」，但也沒有什麼好慚愧的。

往深裏說，大人物小人物其實都一樣，一樣到就是一個人，當初一國丞相淪落為豬狗，前朝柿餅臉姑娘脫生成慈禧太后，甚至說今天在朝為官，明天即為階下囚，哪有一成不變的事？

不固執於大小人物之分，明白這二者其實相通、相同，通、同到「人」字上來，才好明白人是什麼東西。人是什麼東西？在《故鄉相處流傳》的世界裏，答案倒也簡單，平時人自己把它複雜化了，講一下孬舅的故

事，就該明自了：孬舅當村支書，大躍進辦食堂時安排兩個炊事員，後來撤掉一個，只剩下了肯和自己睡覺的曹小娥，再後來，曹小娥也撤掉了，支書親身做炊事員，因爲糧食少到了連一個人也吃不飽的地步。「再支書也是間接，不如直接當炊事員。」關於撤掉曹小娥，孬舅說得很乾脆：「當初讓她當炊事員是爲了睡覺；現在睡不動了，還讓她當幹什麼？」曹小娥後來被亂棍打死，孬舅看著一堆肉醬，卻更可惜一隻風乾的豬尾巴隨風而散，化成塵埃。

就《故鄉相處流傳》的衆生相來說，任何個人的故事都是普遍的人的故事，孬舅的故事同樣具有類的意義、抽象的意義，同樣是普遍的人的故事，那麼，人是什麼東西，還有什麼好說？

三

《故鄉相處流傳》展示給我們看的，就是這樣的歷史，這樣的人物，這個世界熱熱鬧鬧，嘈嘈雜雜，聲色犬馬．一應俱全。但是這個世界毫無意義。世界和生活的意義是什麼？之所以沒有人能夠做出圓滿可信的回答，是因爲意義本身不可能被具體指實。意義的存在依靠抽象性、差別性做保障，需要超越性的精神能力來感知和體會，而且只有在貫注了相應的精神之魂的實踐行爲中才能逐漸靠近和獲得實現。但是這一切與《故鄉相處流傳》的世界無緣，意義幾乎是徹徹底底地從這裏被放逐了。禁不住想，這個世界怎麼了？這樣一種驚怪化爲一個實質性的提問，即是：意義是怎樣放逐的呢？

劉震雲眼光太毒，看得太透，他所刻畫的云云衆生，一舉一動，無不具體、實際，目標直接、乾脆，不含糊，不玄虛，食色權欲，都是基本的人性人倫，精神、抽象、超越之類，比較起來全都矯揉做作，華而不實。更重要的是，一切的差別在這裏都消失了，歷史／現實、偉人／庸衆、真實／虛假、莊嚴／嬉鬧、大事業／小事情、表面文章／幕後新聞、國家戰爭／個人性欲，這一切全都攪和在一塊，你中有我，我中有你，對立消解了，差別取消了，而沒有對立和差別，對個人來說，即沒

有選擇，幹什麼都一樣，都天經地義；對社會來說，時代的變化也毫無意義，因爲所謂的變化其實是假相，不過是時間的流失而已。二元對立的瓦解和等級差別的消失據說是社會進化的標誌，特別是在所謂的後現代神話中，它成了最基本的文化規則，一時之間，好像只有在這種「超前」的社會形態中才能實現某些理論奢侈的欲望，不知道《故鄉相處流傳》的出現，是否可能成爲新潮理論近在眼前的理想文本，庖丁之刀，或正可用。

但是，如果不只爲尋求理論遊戲的快樂，在比較不那麼理論化的眼光看來，意義的喪失其實正源於《故鄉相處流傳》這個世界的創造者的觀察眼光。站在特別高的高度，以大智大慧的眼光俯看塵界煙火，或許會覺得一切皆是徒勞，一切皆是空幻，一切皆無意義。但是劉震雲顯然不是這樣的大智大慧者，與其說他居高臨下看世界，倒不如說他是從比平常的高度更低、並且盡可能低的層面看歷史、看現實、看人生的，不料想從更低處看，卻看出了更多的破綻和真相。說得更明確一點，從更低處看‧即是把所入眼者皆「庸俗化」。曹成曾一針見血，說「我」「把莊嚴的歷史庸俗化」，「我慚愧地一笑。」

歷史本來是莊嚴的還是庸俗的，這且不去說，我們應該關心的是，這種「庸俗化」的眼光與《故鄉相處流傳》的寫作之間的關係。《故鄉相處流傳》顯示出來的寫作心態的自由在當代創作中是不多見的，作家從心所欲，隨興而至，意到筆到，往往令人忍俊不禁。《故鄉相處流傳》的特殊效果事實上正導源於對一切的「庸俗化」，對歷史、對世界、對偉人，太正經、太嚴肅、太當回事，歷史、世界、偉人往往就可能太不把你當回事，甚至把你壓垮或者把你玩弄於股掌之間，劉震雲反其道而行之，即何不把歷史、世界、偉人玩弄於股掌間？但區區一個寫字的，能有這麼大的本事？劉震雲的做法就是先把這些莊嚴的東西「庸俗化」，「世界觀」先確定了，剩下來的大多屬於技術操作層面，是基本功，相對好辦得多。

「庸俗化」觀念的産生和強化，褻瀆意識的湧動和釋放，從根子上說是個現實問題，這樣一種創作心態、創作方式說絕對一點，不是「無

中生有」的「創作」。如果在「創造」和「虛構」的意義上理解小說（Fiction），強調小說世界與現實世界之間的隔絕，這未嘗不可以說是文學理論和文學批評精致化、機械化的人爲「神話」，許多創作上的問題，按照這種受寵的「神話」去解釋，常常顯得做作與不適，相反，倒是一些「古老」的觀念來得自然、容易理解，而且能夠獲得一種現實的深度。就《故鄉相處流傳》的寫作心態和寫作方式與現實之間的關係而言，不妨把這樣一段自我交待看作一種「象徵」，「象徵」了現實向寫作的過渡：一個非同尋常的大人物，栽了一棵狗尾巴樹，可沒有過三天就死了，村支書偷偷換了一棵新的。「我面對著新的狗尾巴，不禁」吃吃「亂笑一陣，覺得心中無名的解氣。支書，你真是偉大。狗尾巴是假的，大槐樹焉知一定會是真的？別人可以順嘴亂說，我爲什麼不能順嘴亂說？」世界的意義就在劉震雲「解氣」地褻瀆一切冠冕堂皇的東西的時候流失了，也就是說，寫作能夠創造意義，也能夠把意義殺死。中國人感受不到上帝之死的災難性後果，我們也從未有上帝，換一種說法，也許即是我們從未追求和獻身意義，《故鄉相處流傳》的世界也許只是有點誇張地顯示了某種真相，但這對我們不構成強烈的衝擊和震撼：劉震雲殺死的也許只是虛假的意義，真正的意義是什麼，既然我們從未擁有過它，現在明白了自己沒有，也就沒有什麼好在乎的，我們怎麼過來，就再怎麼過去，時間還在走，戲還在唱，人還在活，如此而已。

　　但是，「世界混沌紛繁，千古一泡血淚，誰又能說得清楚呢？」

1993 年 5 月初上海沙地

（載《小說評論》1994 年第 4 期）

《馬橋詞典》隨筆

　　《馬橋詞典》讓我想起帕斯捷爾納克的話，出自他早年的論文《幾個原理》：「任何真正的書，都是沒有首頁的，它像樹葉的喧鬧聲一樣，只有上帝知道她誕生於何處，她伸延開來，滾動過去，猶如在有寶藏的密林中，在最黑暗的、令人震驚和失措的瞬間，滾動著，一下子通過所有的頂端發出聲來。」

　　《馬橋詞典》出自於韓少功之手，但韓少功並沒有自命為一個世界的創造者，這是使這部作品的內涵有可能趨向無限豐富的一個必要的保證，因為任何個人創造的世界都是極其有限的，那種曾經時髦的文學創造世界的狂妄說詞不會一直時髦下去大概可以算是一個明證。詞典這種形式，暗含了韓少功的態度：他放棄了那種以一己的觀念去統攝一個世界的做法，他不想把這個世界修理得整整齊齊，在每一個地方都打上自己的烙印，以此來顯示個人的存在和能力 —— 不僅小說家習慣於此，日常生活中我們每個人又何嘗不是如此呢 —— 他選擇了詞典這種形式，也就是選擇了一種對世界的謙恭的態度。在這種態度下，世界才會盡可能地完整呈現出來，世界的枝枝蔓蔓才可能不遭受刀砍斧削之刑被保留下來，世界的暗角才有希望透進些微的光亮。

　　一個詞語的捕捉者，一個詞典的編撰者，在保持對歷史文化必要的謙恭品質的同時，能夠有什麼樣的作為呢?也許我們這樣說不能算誇大：韓少功通過《馬橋詞典》，使一種處於普通視野之外的，安於黑暗、邊緣、孤絕狀態的，民間的，無聲的詞語，發出了聲音。韓少功不能不借助於規範的、普通的語言進行詮釋，這種無可奈何的做法也正是一條主動進取的途徑：如果我們不說是向規範和普通的語言的挑戰，平靜地說，也

是交流吧。馬橋的詞語多少有些以屈就的方式向處於中心和主導的言語系統顯示了自己的存在，但你必須同時注意到它的存在的獨特性和不可全然化解的頑固。任何的詮釋都有詮釋不盡的地方，都會有詮釋的「餘數」，平常我們把這些「餘數」不經意地忽略掉了，但面對《馬橋詞典》，我們卻必須注意這樣的「餘數」，注意規範的語言無能爲力的地方。即使詞典的編撰者小心翼翼地保護著馬橋的詞語不被一種處於有利地位的強勢語詞所扭曲和損傷，我們也須留意二者之間的摩擦痕迹，否則便等於否認了馬橋詞語的存在。

有時候我們發觀韓少功的思緒一下子飄離了馬橋，中國環境的馬橋一下子被置換成世界環境的中國。這使我們有理由把《馬橋詞典》首先看成《馬橋詞典》之外，也不妨把它看成一部隱喻性的作品：它探討的是處於不利地位的語言和文化的問題，特別是這種語言和文化的表述和被表述的問題。在世界文化環境中，中國有時就是馬橋。

一種處於邊緣地位的語言和文化所遭受的不公正待遇，並非只是一味的排斥，在今天所謂的後現代文化環境中，它面臨的往往是另外一種屈辱：脫離原先的語境，使它變質。在我們的電視綜藝節目中，我們常常會看到方言土語被變成了調笑的佐料，同時，方言土語本身也就是可笑的了。當中國的苦難在一個西方同情者眼中變得「精彩」起來的時候，它就被當成了「審美物件」，而不是具有表述功能的言語事件。文化研究提醒審美化的危險，強調作品、言語、文化不僅只有在其語境中才能被最好地理解，而且，也只有在與具體的、與地域群體相關的語境中，才能體現出其最獨特的價值和在世界上應有的位置。這也就是反對使一個言語事件審美化和濫情化的理由。在對《馬橋詞典》的閱讀中，不要使它成爲獵奇的物件，不要使閱讀變成一種文化消費行爲才好。

韓少功說：「不是地域而是時代，不是空間而是時間，正在造就出各種新的語言群落。」但是《馬橋詞典》處理的主要是一定時間跨度內的地域語言現象，它的突出特徵主要是由相對隔絕的空間造成的，雖然我們不能把時代性的因素排除，作者強調的卻是隱身在規範的普通用語之外的一個言語暗角。是不是可以說，《馬橋詞典》記錄的，主要還是一個相

對靜止的世界中的、不是處在劇烈變化過程中的詞語的相對穩定的意義或相對緩慢的延遷？韓少功的話提示了我們，使我們感覺到，語言群落的形成，應該在時間和空間之間、在時代和地域之間，有一場搏鬥，甚至是戰爭。比如說，地域在時代的壓力下，它的語言怎樣進行抵抗、怎樣妥協、怎樣接受和消化時代強力的？它怎樣在它的語言裏記下了自己最終的失敗和沮喪？它是怎樣藏匿起又時不時會閃現出自己的隱痛的？

在這樣一部基本上是平靜敍述的詞典中，我們仍然能夠感覺到韓少功對馬橋的感情。馬橋和馬橋的詞語，是已逝青春歲月的模糊證據，韓少功以詞典這種堅實的形式，使這份模糊的證據確定下來。它寫的是馬橋而不是「我」在馬橋的生活，所以它不是知青小說，它藏起了那份情緒，卻又會在不經意間流露出來。本來在「懶」等少數幾個詞條裏，我們已經看到了當今時代對詞語的改造，但韓少功顯然對此難以接受，這些變化往往只會引發他的憂憤。「從他們多少有些誇張的自我介紹裏，我發現了詞義的蛻變，一場語言的重新定義運動早已開始而我還蒙在鼓裏。我所憎惡的『懶』字，在他們那裏早已成爲一枚勳章，被他們搶奪，爭著往自己胸前佩戴。」韓少功似乎失去了詞典編撰者的耐心，情緒激動地一下子羅列了諸多辭彙，「懶是如此，那麼欺騙、剝削、強霸、兇惡、奸詐、無賴、偷盜、投機、媚俗、腐敗、下流、拍馬屁等等，都可能或者已經成爲男人最新詞典裏的贊辭和獎辭 —— 至少在相當一部分男人那裏是這樣。」這也正是時代和時間正在造就的新的語言群落，但韓少功在他這部「個人的」詞典裏不想多花力氣。九十年代重訪馬橋，所聞所見也多半不會喚起一種平靜的好心情。

不管怎樣，馬橋的詞語仍然在變化，而且，像馬橋之外的其他地方一樣，以加速度趨變。韓少功沒有人爲地把馬橋封閉起來，所以我們不可能考索馬橋詞語的最初源頭，也就是說，我們找不到《馬橋詞典》的第一頁；同樣我們也找不到《馬橋詞典》的最後一頁，在超出「個人的」意義上，《馬橋詞典》是一部無限的書，我們不知道詞語的變化、增生、消亡的最終會到哪一步，這是不是一件令人憂慮的事呢？如果它朝向「懶」的方向發展，這部無限的書就會叫我們寢食難安。

　　博爾赫斯曾經設想，一本無限的書，如果燒起來，它的火也就是無限的。

1996 年 7 月 5 日

（載《當代作家評論》1996 年第 5 期）

讀《碑》

一

幾年來，我和師友編選《逼近世紀末小說選》，其間真有些當初預料不到的苦惱。其中之一，我們一直希望能多選一些短篇，可是從 90 年編到現在，編了七個年度的作品選，還真沒有遇到多少特別讓人激賞的短篇。編選者的閱讀量當然是個限制，可創作傾向於長中篇也確實是明顯的事實。這中間的原因要說清楚多少得費點事，不說也罷；有一點卻是可以討論的：習以為短篇小說特別講究「藝術性」，精巧，精美，精悍，更接近純粹，更追求完善，等等。在諸如此類的關於短篇小說的「正確」說法的背後，在一些習以為常的意識背後，是不是還有什麼意思沒有表露出來？例如，關於文學作品的容量，我們似乎不需要多加思考就可以理直氣壯地向長篇要求一定的容量，卻很少以這個標準要求短篇，對短篇的這種「寬容」是不是意味著：這種精巧的小玩意本來就與大容量無關？作家寫短篇，練練或顯顯手藝罷了，要安身立命，要建造個大東西，靠它是不行的。

這種意識多少是有些問題的。目前短篇的相對薄弱和遭受冷落，與這種觀念上的問題也多少有些關係。

以上是題外話，我本意是要談一個短篇小說作品。

二

《碑》，七千字左右，作者許輝。收入《逼近世紀末小說選/卷四·

1996》（上海文藝出版社一九九七年第一版）。

　　生死大痛，以淡筆、亮筆、暖筆出之，區別于慣常的濃、暗、冷的筆法，但這個說法也成問題，因為一時找不到恰當的詞語──這幾個「筆」字，很容易造成一種「修辭化」、「技術化」的誤解，以為不過是一種寫作技巧而已。其實淡、亮、暖更是切實的人生經驗，而不僅是小說的筆法。

　　羅永才想洗一塊碑，從縣城到鄉下去了兩趟，才見到洗碑的人。這時小說差不多寫到一半篇幅了，我們才知道他是為誰立碑──愛妻和愛女。我們不知道他的妻、女是怎麼死的，我們也說不出來這個喪妻喪女的男人是怎麼個心緒。

　　小說多用筆寫這個男人去洗碑時置身的自然環境和人的環境。他和環境之間有一種交互的感應。

　　自然環境主要是季節和天氣。第一次到山王，「那會兒春氣已盛，豔陽高照。人在這時候，滿眼望出去，都覺舒坦。」第二日又來，「春陽更暖，鳥雀啾啾，身上的呢子衣都得解開扣子了。」第一次去，洗碑的王麻子不在，羅永才心想：

　　今兒個白跑一趟了。卻也不覺著損失什麼。吸著煙，呆眼望那破院框子外頭的野坡雜樹，心間真是各樣感覺都沒有，只覺得春陽漸暖，寒氣消散，萬物都在頂撞、爬升。坐了一氣，便起身回崙溝縣城了。
　　第三回去，還不到約定拉碑的時間，只是心裏放不下，就來看看。沒有什麼事兒，就聽了勸告，到山上走走。
　　山坡上也沒有什麼人，像是連半個人都沒有，只剩下春陽、暖意、松樹、枯草散落各處，叫人心定。
　　爬山時歇息了幾次，先一次看見了兩個小坑，「叫人疑是老早的火山坑，是火山噴發時形成的，後來火山死了，年長日久，火山坑又被碎石塵屑給填住，現今只剩下兩個陷處，叫人去想。」再歇息時留意了──
　　歇息處也是枯草坡，這時才留意了。身下身左的枯草裏，都已冒

著綠青青的芽子了，那些芽子望去甚有張力，生命的趣味濃厚，又鮮活不盡。羅永才望得癡了，心間暗想：這都叫咋講哩！坐了一時，一身的感念，起身再往前走。

再看人的環境。人的環境主要是他到山王碰到的幾個人。第一個是快進莊時路邊打石頭的中年人，羅永才向他打聽洗碑的價錢，他答：上這塊來洗碑的，都是講個心情，不講究錢多錢少的，多了，是個心情，少了，也是個心情。羅永才聽他講得在理，又不知回他什麼話好，半晌才講：「那是的。」第二回見到中年人，沒有什麼恰當的話好講，只是莫名其妙地道了聲謝；第三回來，中年人建議他到山上望望奶奶廟，心裏頭多少會好受些。

爬山時碰到一個七十歲的老漢，挑著七八十斤柴草和他講閒話。其實講的也是生生死死的事，卻也是閒話。羅永才聽了，心情反倒平靜。

主要的人是王麻子。王麻子洗碑，生死傷痛自然經多見慣。羅永才第一次見到他，是這樣的情形：

> 那人坐在院裏洗碑，碑形已經看出來了，下方上圓，他洗的時候，左手是鑿子，右手是錘，也不急，也不躁，也不熱，也不冷，也不快，也不慢，一錘一錘，如泣如訴，叫羅永才看得呆了，立在牆外進不去，心裏只是有一種感覺：春陽日暖，萬象更新，雀鳥蘇醒、飛翔、遊戲、鳴叫、盤繞，像是一刻都止不住，人在此時此刻能想些什麼，該想些什麼，各人都是不一樣的，各人也都是按著自個的路子走的，惟這破院裏的這一個麻臉匠人，像是不知，也像是不覺，木呆呆地坐在亙古的石頭旁邊，一錘一鑿，洗了幾十年，也還是不急不躁，不去趕那些過場，湊那些熱鬧，真叫人覺得不容易！

還有一個人，沒出場，只是在奶奶廟留下一張求靈的紙條，羅永才看了──

失意人　　張志忠

我最喜歡陶娟，我恨不能把她摟在懷裏十天十夜！

奶奶顯靈，叫我娶到她吧！！！

　　羅永才的內心圖景，沒有直接呈示，但我們可以感受到，他的內心圖景和他所感應的身外圖景和諧一致，自然季節的代序彷彿也同時在他內心發生，也是春陽漸暖，活氣漸濃，生機漸起；而他所遇到的幾個普通人，他們的生命情景和他們應對生活和命運的態度與方式，也在感應中轉化為他自己應對命運的無形的參與性力量。

　　羅永才的心，感應力極強，他常常看得癡了，望得呆了；感應力強，所以受到的啓悟就大。他的心理，多不形諸筆墨，偶爾用語言文字表示出來，也簡簡單單。

　　其實他所感應並從中受到啓悟的自然和人也都是簡簡單單，極其平常的。真正有感應能力的人並不是只有從不平常的事物那裏才能受到啓悟。小說的敍述，也是簡簡單單，用一顆平常心，講平常的事 —— 說到底，生死大痛，在人生，本也是平常。

　　要說不平常，能從平常之中獲得啓悟就不平常，能從生死大痛轉換為鮮活不盡的生命趣味就不平常。羅永才望著王麻子，有一會兒走了神，仿佛看到自己和一個人去野地裏給他娘上墳 ——

> 火燒著時，他跪下磕了幾個頭，頭碰在去年乾枯的草葉上時，硬硬的，紮人，那人卻不磕頭，只去拾掇那火，叫那火不要滅，又不要燒得太旺、太快，諸事都完了，那火慢慢便糊了，慢慢地冒著煙，兩人便呆坐著望著那煙，往野地裏的野景，一地的野景，都叫墳頭的那縷煙，弄得活泛了，弄成心間的一些活氣，年年日日也不滅、不幹、不盡……

三

　　小說是在這些事發生後一年，才開始敍述的。一年以後的一個春夜，羅永才驚醒了，「春夜裏總是有一些驚動，驚乍乍的，」其實完全不成一回事的。敍述結束時說，春夜總會起一些小騷動、小摩擦、小動亂的，但很快就消失了。

　　其實午夜夢迴，哪裏事小？生死大痛，平常是平常，卻不小；生生

不息的活氣，平常也是平常，卻也不小。

　　這個短篇，我是絕對不願意看成是精巧的小玩意的，說到作品的容量，它擔當得起實實在在的人生境況，而且蘊藏得深遠厚重，斷不是輕骨薄相的那一類。

四

　　《莊子·至樂》講了一個很有名的故事：莊子妻死，惠子吊之，莊子方箕踞鼓盆而歌。惠子當然奇怪，莊子就講了一通大道理：「是其始死也，我獨何能無慨然！察其始而本無生，非徒無生也而本無形，非徒無形也而本無氣。雜乎芒芴之間，變而有氣，氣變而有形，形變而有生，今又變而之死，是相與爲春秋多夏四時行也。人且偃然寢於巨室，而我噭噭然隨而哭之，自以爲不通乎命，故止也。」

　　讀《碑》，使我想起這個故事，相形之下，覺得莊子鼓盆而歌，實在有些做作；其二，覺得莊子講的那一通大道理，與真實的人生境況比起來，既空洞又枯澀。這樣的大道理比起春氣裏的陽光，枯草下的新綠，感受性是很差的。再說，既然知生死之不二，達哀樂之爲一，何必又誇張地鼓盆而歌，敖然自樂？哭也好，歌也好，都算是劇烈性反應，至少是不夠蘊藉。

　　《碑》講的是平常人的故事，甚至連故事也說不上，只是平常人的哀死樂生，不是至人的思慮，所以平常人的生死大痛做了人生的底子和土壤，並且從這生死大痛中生長出來鮮活不盡的生趣，就像枯草下冒出綠青青的芽子。

1997 年 4 月 5 日

（載《當代作家評論》1997 年第 6 期）

十年前一個讀者的反應

—— 為新版《九月寓言》拼合舊文[1]

時間是考驗人的東西。從「文革」結束到二十一世紀初的今天，這麼一長段的時間裏，文學不可避免地經歷了種種波折。從事文學的人，來了一批，又走了一批，然後又有新的人來了。這麼一長段的時間裏，和文學發生過或深或淺的關係的人，我們數不清；可是從開始到現在一直伴隨著這一長段流程走過來的人，我們卻數得出有幾個。說大浪淘沙，並非浮泛的濫調。不用說，張煒就是這數得出的人中突出的一個。

可以從多個方面和角度探討張煒的文學成就。但在這裏，我想應該特別注意到他在長篇小說創作上投入的巨大熱情和精力，特別注意到他在長篇小說創作上的貢獻。八十年代《古船》的出現，啓發和影響了其後不少敘寫中國現當代歷史的重要作品；九十年代初的《九月寓言》，另闢天地，民間生活生生不息的亙古長流，被他轉換成了一個生機盎然的文學世界。此後，張煒又接連出版了《柏慧》(1994)、《家族》(1995)、《外省書》(2000)、《能不憶蜀葵》(2001)、《你在高原‧西郊》(2003) 等長篇小說。讀這些長篇，你能夠強烈感受到時代的壓力、良知的催逼、一個知識者不能停止的掙扎和無休無止的憂思。對這些飽含著複雜時代資訊和個人資訊的作品，我想，我們也需要時間來幫助我們理解。

記得 1993 年，我讀完《九月寓言》之後，在非常激動的狀態下寫了《大地守夜人》；寫完之後還覺得有話要說，就又寫了《不絕長流》。現

---

1 《九月寓言》1993 年由上海文藝出版社初版；這裏所說的新版，指由春風文藝出版社（瀋陽）出版的「新經典文庫」中的一種，2003 年版。「文庫」主編者為新版本約請撰寫研究性文字，我遂有拼合舊文之舉。

在已經是十年之後；十年之後，《九月寓言》已經是一部有自己「歷史」的書了，它現在要出新的版本，我就把當年寫的東西合在一起，放在下面。這樣的做法也許有個好處，就是可以看看這部作品曾經激起了一個讀者什麼樣的反應。這樣的反應，也是這部作品的「歷史」的一部分。

一

一連幾個晚上，寫下《大地守夜人》這樣一個題目之後，就再也寫不出一個字。本來是因爲要說的話一遍遍在心裏翻滾，要像作家本人那樣「激切地理解和欣悅地相告」，可是真開始動筆，卻感到有一種什麼東西在阻塞著表達。這不免令人懊惱。後來我慢慢明白，我無力先清除掉這阻塞再作表達，我必須在對阻塞的克服過程中完成表達。這會是一個什麼樣的過程呢？我說不準，但我非常明確的是，推動我來做這件事的，是一種復活的歡樂，它得自于張煒的作品，特別是《九月寓言》，因此，我現在來談張煒，從最初的情形看，並不出於某種深思熟慮的動機，而是不能自抑的歡樂使然。

還有什麼樣的歡樂比復活的快樂更大、更真實、更令人沈醉和冥思？然而敍述又必須對抗阻塞，痛苦要和歡樂相伴相隨是無法避免的了。

二

從張煒開始發表小說到現在，當代文學的變化頗有些讓人目不暇接，文壇熱浪一潮連著一潮，趨變弄新作爲對相當長一段歷史時期內僵化文學的反彈，作爲對壓抑性的意識形態話語的叛離，爲當代文學的發展進行多向探索，開啓了多種可能性空間，因而受到批評時尚的鼓勵，甚至賦予這種方式本身以肯定的文學價值，幾乎無暇顧及和探討這種方式的價值和可能性的限度。張煒給人的一般印象似乎是，既不開風氣，也不湊熱鬧，不追隨什麼人，後面也沒有一大幫追隨者，一個人做一個人的事情，把寫作當成勞動，一個字一個字往稿紙上刻，於是就有了《蘆

青河告訴我》（1983）、《浪漫的秋夜》（1986）、《秋天的憤怒》（1986）、《秋夜》（1987）、《童眸》（1988）、《美妙雨夜》（1991）等中短篇小說集。這期間長篇小說《古船》（1986）的問世給文壇帶來強烈的震撼，也讓不少人心裏暗暗爲張煒捏了一把汗：在爲新時期文學貢獻了當時最優秀的一部長篇之後，在調動和使用了長期積累的思考、才識和氣力之後，張煒還能再寫出些什麼？幾年以後，長篇小說《我的田園》（1991）幾乎是悄悄地出版了；接下來的一年，長篇小說《九月寓言》發表 —— 這好像是不可思議的事情，我們簡直不敢期待會有這樣一部如此令人激動的作品。

　　因爲有了《九月寓言》，我對張煒在這之前的作品也獲得了新的體認。比如說，以前零零碎碎地看那些中短篇小說，常常覺得不太夠味，形式上缺乏「創新」，內容也說不上有多麼「深刻」，現在把這些作品連貫起來重讀，才反省自己也許是吃慣了放了太多味精的東西，口味變壞了也難說。張煒有篇小說叫《采樹鰾》，看了這個題目沒有什麼特別的感覺，甚至沒想起這個題目說的是什麼，但讀著讀著，塵封的記憶就被衝開了，童年的情景像潮水般湧來。原來我已經把什麼叫樹鰾忘得一乾二淨，小時候喜歡做的事已經被所謂的知識、經歷、眼花繚亂的新奇事物淹沒了。小說還給我一段生活，讓我心裏重新裝下那晶瑩透亮的樹鰾，它「是從樹木的傷口、裂縫中流出來的」，「是大樹乾涸凝結的血液和精髓」。這些年張煒由著心性寫，心性變創作也變，從少年感覺寫到成人的悲憫與苦辯，寫到渾然天成的大境界，變化不可謂不大，但心性在，則變化必有根有源，而心性之作在當前文學中的缺乏，更反襯出張煒之變的內在性和相對穩定性，對比於外在的隨機應變，內在的自然變化毋寧說更像是一種「不變」。

三

　　在《關於〈九月寓言〉答記者問》中，張煒說：「我想把所處那個小房子四周的『地氣』找准，要這樣就會做得很完整。」這句話可供闡釋的空間很大，至少有這麼幾個問題：「完整」顯然是作爲一種寫作理想來

追求的，它內含了價值肯定性，我們能不能把它解釋得更具體一些？為什麼要找准「地氣」就會做得「完整」？「地氣」又是什麼？

　　《九月寓言》的絕大部分是藏在登州海角一個待遷的小房子裏寫出的，「小房子有說不出的簡陋」，「隱蔽又安靜」，「走出小房子往西，不遠就是無邊的田野、林子。在那裏心也可以沈下來，感覺一些東西。」「那個小房子不久就要拆了，我給它留下了照片。五年勞作借了它的空間、時間，和它的精氣，我怎麼能不感激它。小房子破，它的精神比起現代建築材料搞成的大樓來，完全不同。它的精神雖然並不更好，卻更讓人信賴和受用。」一般來看，這裏說的只是一個寫作環境，其實質卻是探討生存的根基的一種具體和樸素的表達。在這裏張煒提出土地、野地的概念。人本身是不自足、不「完整」的，是土地的生物，也只有貼緊熱土、融入野地，才能接通與根源的聯繫，才能生存得「完整」。「土地精神是具體的，它就在每個人的腳下。」而且，它有其恆定性。但是，「難的是怎樣感知它。」

　　對於當代人來說，土地的精神在很大程度上是被隔離開了。要感知它，必須穿過隔離層，必須有勇氣敢於大拒絕，習慣大拒絕。被拒絕的不僅是吵聲四起的街巷，到處充斥的宣傳品、刊物、報紙，追求實利的願望，蠻橫聚起的浮華和粗鄙的財富，而且是包括所有這一切在內的整個的生存方式。這樣的大拒絕無疑過於艱難，它仿佛是想以個體的力量與整個人類發展的方向相對抗，因為現今的生存本身即是人類社會歷史運作的結果。最常見的情形可能是，這樣的對抗因為力量相差懸殊而使對抗的個體沮喪絕望，失魂落魄。但張煒身上出現了相反的情形，拒絕的個體獲得了無窮的支撐力量，個體因為融入根源而不再勢單力孤，個體的拒絕也就是土地的拒絕，相對於土地，它所要拒絕的東西反倒是短暫的，容易消失的了。

　　然而簡單的道理在當下越來越難以被理解和接受，樸素的東西在離樸素越來越遠的現代人眼裏竟成了最不易弄懂的東西了。這樣的狀況潛在地影響著張煒的創作。張煒不大敘述情節曲折複雜的故事，在許許多多中短篇裏，他常常只是設計一個基本的場景，借小說裏的人物，苦口

婆心，把自己所思所想所感一一道出，像《遠行之囑》、《三想》、《夢中苦辯》等，在此一點上表現得尤爲突出。在另外一些作品裏，張煒更注重展現具體的生命形態，把大地上生存的歡樂與苦難真誠寫出，把大地本身的歡樂和苦難真誠寫出，《九月寓言》是這一類作品的典範之作。

張煒帶著一身清純的稚氣踏上文壇，在一批充盈少年感覺的作品發表之後，當時的批評和張煒本人都產生出不滿足的感覺，曾經有論者指出，「他的人物似乎都被自然淘洗了似的，作品的社會色彩也被自然沖淡了。這曾形成了他的作品的藝術特色，也形成了他的創作的局限。」[2]「所以擺在年輕的張煒面前的課題是，如何在堅持自己藝術個性的前提下，面向複雜激烈的社會矛盾，深化作品的主題。」[3]從我現在的眼光看來，這種被張煒自己在理性上認可的說法，卻未必就特別合乎他本性的自然要求，但另一方面，試著去接受與一己的性情不是一觸即合的東西也未必是壞事；再說，張煒本性中的正義感與善良在他閱歷增加的同時，一定也在衝擊著他的心靈。半是有意識地尋找自己創作上的突破，半是基於作爲一個藝術家基本的責任感，逼得張煒沒法在社會的不義和人間的苦難面前閉上眼睛，《秋天的思索》、《秋天的憤怒》等作品就反映了張煒此種情境中的心緒和想法，這當中包含了種種被壓抑著的痛苦和憤怒。從這一類作品很自然地過渡到了長篇《古船》。

按照常規來衡量，《古船》可能是張煒寫得最具小說形式的一部小說，處理的題材選擇了文學史上的基本話題，寫人間世界，反思歷史，關注現實，檢討人性，懺悔罪惡。在這一切之上，是作家佈滿血絲的眼睛，冥思苦想的神情和悲天憫人的胸懷。在窪狸鎮數十年的苦難歷史包圍和糾纏之中，隋抱樸一個人孤單地守著磨房，不言不語，白天黑夜地琢磨苦難的根源和徹底清除苦難的途徑。他一遍一遍地讀《共產黨宣言》，想從它與窪狸鎮的關聯中尋出真義，找到把生活過好的辦法。在《古船》中，張煒對人性和苦難的反省觸到了根底，具有驚心動魄的力量。趙多多貪婪無度，多行不義，慣於殘殺和剝削，他掌握窪狸鎮人的命根

2 肖平《〈秋天的憤怒〉序》，《秋天的憤怒》，北京：人民文學出版社，1986 年。
3 宋遂良《〈蘆青河告訴我〉序》，《蘆青河告訴我》，濟南：山東人民出版社，1983 年。

子粉絲廠，當然就只能滋生苦難；但把粉絲廠從趙多多手裏奪過來，換一個人，比如隋見素，就會擺脫苦難和流血嗎？隋抱樸並不相信共同承受了太多苦難的弟弟，苦難承受者對苦難的反抗很可能只是導致苦難的延續和擴大，而並不根除苦難。「你這樣的人會自己抱緊金子，誰也不給 —— 有人會用石頭砸你，你會用牙去廝咬，就又流血了。見素！你聽到了吧？你明白了沒有？」罪惡不僅僅只存在於某幾個人身上，人類本身即有孽根，孽根不除，苦難難免。而且，苦難一有機會就會被人「傳染」，「他們的可恨不在於已經做了什麼，在於他們會做什麼，不看到這個步數，就不會真恨苦難，不會真恨醜惡，慘劇還會再到窪狸鎮上。」

　　到《九月寓言》，苦難依然存在於小村人的生活中，但是我們讀《九月寓言》最強烈的感受卻是生存的歡樂和生命的飛揚，《古船》裏那種透不過氣來的緊張、壓抑之感被一掃而空，而代之以自由流暢縱放狂歌的無限魅力。為什麼會有如此迥然不同的藝術效果呢？

　　在某種意義上，張煒慢慢「接受」了苦難。苦難是生活最好的老師這一古老樸素的觀念進入了張煒的意識，更重要的是，張煒對苦難的反省使他產生了一種轉換和杜絕苦難的想法。那就是，苦難經歷所激起的對於苦難的憎恨並不一定導致以惡抗惡，也有可能成為一種向善的力量，人在苦難中學會了真誠和善良，懂得了正義和互愛。苦難在《九月寓言》中的「可接受性」或許包含了這樣的意思。但對上面問題的解答主要還不在於此，我們還需要另尋路徑。

　　回到曾經提出要討論的「完整」的概念，我們可以試著做出這樣的推斷：《古船》的世界是不「完整」的。這一點還可以說得更明確一些。《古船》寫的是人間世界，而人間世界是不「完整」的。這一發現對於一向自居於萬物中心的人類來說可是件吃驚的事。《古船》的世界擁擠不堪，濁氣深重，隋抱樸最後雖然站了出來，但仍讓人擔心他是否真能肩起重負而不被再一次壓垮。對比《九月寓言》，則大大不同。《九月寓言》造天地境界，它寫的是一個與外界隔絕的小村，小村人的苦難像日子一樣久遠綿長，而且也不乏殘暴與血腥，然而所有這一切因在天地境界之中而顯現出更高層次的存在形態，人間的濁氣被天地吸納、消融，人不

再局促於人間而存活於天地之間，得天地之精氣與自然之清明，時空頓然開闊無邊，萬物生生不息，活力長存。在這個世界裏，露筋和閃婆浪漫傳奇、引人入勝的愛情與流浪，金祥歷盡千難萬險尋找烙煎餅的鏊子和被全村人當成寶貝的憶苦，乃至能夠集體推動碾盤飛快旋轉的鼴鼠，田野裏火紅的地瓜，幾乎所有的一切，都因為融入了造化而獲得源頭活水，並散發出瀰漫天地、又如精靈一般的「魅」力。

事實上《九月寓言》所寫，既不神秘也不玄虛，那是最實在的生活。為數不少的當代人因為遠離這種生活而不能理解、不能感受這種生活，我卻在讀這部長篇時獲得了無與倫比的愉悅。不僅因為我童年的生活複現了，更重要的是因此而重新建立起與土地那種與生俱來的親情，重新擁有一些真實的苦難和歡樂並生並存的日子。「誰知道夜幕後邊藏下了這麼多歡樂？一夥兒男男女女夜夜跑上街頭，竄到野地裏。他們打架、在土末裏滾動，鑽到莊稼深處唱歌，汗濕的頭髮貼在腦門上。這樣鬧到午夜，有時乾脆迎著雞鳴回家。」「咚咚奔跑的腳步把滴水成冰的天氣磨得滾燙，黑漆漆的夜色裏摻了蜜糖。跑啊跑啊，莊稼娃捨得下金銀財寶，捨不下這一個個長夜哩。」小說寫基本的食、色，寫真正的歡樂和苦難，這其中的情景應該是每個人記憶中的情景，像張煒說的那樣，「實際上這本書更接近很多人的鄉村生活回憶錄 —— 越是這樣，他們當中有些人越要驚訝地拒絕。這真沒有多少必要。」即使這樣的情景不存在於個體的記憶中，它也應該而且一定存在於一個種族、一個民族甚至是整個人類的歷史記憶中，道理簡單到再也沒法簡單，我們人類就是從這裏、從這樣的情景中走過來的。也許，我們已經走得太遠了。

走得太遠就需要返回。歷史發展、社會進步和人的進化的觀念向來是只承認、只宣導向「前」的，一味地向「前」，甚至顧不上、想不到應該不時回過頭來校正一下方向，那麼，走得越遠就可能偏得越遠。在張煒的小說中，有不少篇章是用一個基本定型的結構來展開敍述：一個城裏人，在城裏生活得煩躁不安、無聊乏味，或者是因為一個很偶然的原因來到農村，通常的情況是他到的地方就是他出生或成長的地方，於是他在這裏才恢復了對生活的真切感受，人生才似乎可能有所為。這裏往

容易出現一種不加仔細思索的「誤讀」，似乎是張煒明顯地提供了一個現代工業文明和農業文明對立的模式，在價值取向上表現出田園主義的歷史反動。這一許多人都耳熟能詳的說法套在張煒身上過於牽強，不僅僅不說明問題而且掩蓋了張煒一己的思考和感受。張煒想表達人對於自我的根源的尋求，而自我的根源也就是萬物的根源，即大地之母。張煒竭力想要人明白的是，大地不只是農業文明的範疇，它是一個元概念，超越對立的文化模式，而具有最普遍的意義。短篇小說《滿地落葉》情節很簡單，是說「1985 年秋天我在膠東西北部小平原的一個果園裏住了一個星期」，遇到一個從城市跑到果園深處做鄉村教師的姑娘蕭瀟，兩人之間有這樣一段對話：

> 蕭瀟貼著一株梨樹站下來。她問：「你剛踏入果園的時候，沒有什麼奇怪的感覺嗎？」
>
> 我回憶著剛來那天的印象。她自語似地說下去：「我第一次出差路過這兒，簡直給驚呆了。這麼大的一片，完全是另一個世界呀。在那座城市裏我老有一種做客的感覺，原來是這個世界在等待我。我就要求調到了這裏。」
>
> 「那座城市是我們的出生地，它變得生疏了，而這裏倒好像是生活了幾輩子的地方。」我說道。
>
> 她熱切地看著我：「真是這樣。」

在「我」告別果園和蕭瀟的時候，心裏是這樣想的：「此行以及關於此行的一切只是生活中的一瞬，但又似乎包含了人生的全部歡樂和全部悲愴。」

到長篇小說《我的田園》，《滿地落葉》中對一片果園的精神感念強化成直接有力的行動，主人公來到鄉下，承包了一片殘敗荒涼的葡萄園，用幾年的時間使葡萄園變成了豐收的樂園和身心的棲居之地。「我的田園」是一個精神烏托邦，同時，尋找它和建造它又是人在現實中的急務。事實上，對於大地來說，這樣的烏托邦卻是最實在不過的，它保證每一個走向大地的人都不會兩手空空，一無所獲。

大地是什麼？它默默無語，只有走向它、投入它，才能感知、領受

它的恩澤和德性，它的柔情和力量。大地不是理智的物件，更不是等而下之的實利和技術的物件，人越來越會按照知識、權力、利益、效率、速度等等以及其他一切相關的現代法則來言說和評價，對於無法用這樣的法則來言說的事物常常持強烈的拒斥態度，似乎是，不可言說的，就是無關緊要的，就是可以忽略不計的。大地的真義隱而不顯。如果說當代社會還熟知這個詞，那也只是熟知它被現行的言說法則所歪曲後的意義，而這個意義是可以圖謀、可以計算、可以分割的，於是大地的厄運就自人間降臨，人類這個大地的不肖之子就成爲大地肆無忌憚的暴君。即使是反對對大地施暴、反省人類行爲的人，也不免對於大地的真義茫然無知，保護環境的用意不就是「利用」環境嗎？人類自我中心的頑症怕是到了無法醫治的地步，自我中心主義的庸俗、膚淺大行其道，在賢明的君主和暴君之間將會有一場曠日持久的爭鬥。然而，大地就是「環境」嗎？人與大地之間就是這樣的關係嗎？在當代文學絕少見到的至性深思的散文《融入野地》中，張煒把他一直在感受著的一個想法明確地表達出來：「人實際上不過是一棵會移動的樹」，人只不過是大地的一個器官。「我跟緊了故地的精靈，隨它遊遍每一道溝坎。我的歌唱時而蕩在心底，時而隨風飄動。」「我充任了故地的劣等秘書，耳聽口念手書，癡迷恍惚，不敢稍離半步。」「從此我的吟哦不是一己之事，也非我能左右。一個人消逝了，一株樹誕生了。」

正是跟大地重新建立起根本性的聯繫，才能使自身不能「完整」的人間「完整」起來。而意識到人是大地的生物或器官，是大地之子，才能進而破除人類自我中心主義的迷障，放寬視野，看到大地的滿堂子孫，再進而反省人類在整個宇宙結構中的恰當位置，反省人類對待自我之外的生命和事物的態度和方式。大地養育萬物，而人類只是其中之一，絲毫也不意味著人類的渺小和微不足道，恰恰相反，對大地的親情和尊重正引導出對自我生命的親情和尊重，同時也特別強調出對大地之上其他生命的親情和尊重。在我們這片土地上，大概到處都發生過的一件事對張煒刺激很大，它甚至曾經成爲規模浩大的「活動」或者「運動」，那就是打狗。張煒幾次提起過它，還以此爲因由寫成了小說《夢中苦辯》。對

似於打狗這樣的行為會被一再重複，「因為它源於頑劣的天性，殘酷愚昧、膽怯猥瑣，在陰暗的角落裏咬牙切齒。」進一步的事實是，「對其他生命的不寬容，對自己也是一樣。」而任由仇恨蔓延，必然激起大自然的反擊，夢中苦辯的老人淚水滾燙，「真的，我總覺得大自然與人類決戰的時刻就要來到了！……」《問母親》、《三想》都是張煒充滿揪心之痛的醒世之作，他為被殘暴對待的大地上的生命和殘暴對待大地的人類泣血長歌，憂憤不已。特別是《三想》，並置了一個在大自然中流連忘返的「奇怪的城裏人」、一隻遭受人類傷害的母狼、一棵閱盡大山的榮辱興衰的百年老樹的所思所想，三種生命形式並舉，共同反省歷史和現實。在一個軍事封鎖區，「我」發現，「這個世界恰恰是因為拒絕了人、依靠著大自然的湯水慢慢調養，才滋潤成今天這個樣子。這真是令我無比震驚的又一個事實。」母狼對人類的至高無上質疑：「人如果真是至高無上的，就除非沒有太陽和土地」；老樹則無比寬厚地呼籲：「我熱愛的人們啊，你們美麗，你們神聖，你們就是我們。你們的交談就是我們的交談，你們的生育就是我們的生育，你們的奔跑就是我們的奔跑！」張煒在小說中又一次強調，人的一切毛病，「實在是與周圍的世界割斷了聯繫的緣故。」置身大山，面對那些可愛的生靈，「我在這兒替所有的人懇求了，……」在《融入野地》裏，張煒明確表示，「我所提醒人們注意的只是一些最普通的東西，因為它們之中蘊含的因素使人驚訝，最終將被牢記。我關注的不僅僅是人，而是與人不可分剝的所有事物。」「我的聲音混同於草響蟲鳴，與原野的喧聲整齊劃一。這兒不需要一位元獨立于世的歌手；事實上也做不到 我竭盡全力只能仿個真 以獲取在它們身側同唱的資格。」

　　張煒從自己的切身感受出發，上升到對「完整」世界的思想上的探索和精神上的呼喚，其意義我們一時還很難做出充分的估計和評價。阿爾貝特·愛因斯坦稱讚「敬畏生命」倫理學的宣導者史懷澤的事業，認為這種事業「是對我們在道德上麻木和無心靈的文化傳統的擺脫」，善良的心會「認識到史懷澤質樸的偉大」。阿爾貝特·史懷澤提出，「只涉及人對人關係的倫理學是不完整的，從而也不可能具有充分的倫理動能。」「只有體驗到對一切生命負有無限責任的倫理才有思想根據。人對人行

爲的倫理決不會獨自產生，它產生於人對一切生命的普遍行爲。」而「根本上完整的」「敬畏生命」的倫理學，使「我們與宇宙建立了一種精神關係。我們由此而體驗到的內心生活，給予我們創造一種精神的、倫理的文化的意志和能力，這種文化將使我們以一種比過去更高的方式生存和活動於世。由於敬畏生命的倫理學，我們成了另一種人。」[4]「成爲另一種人」，也就是張煒「融入野地」之後所感受到的「生命仍在，性質卻得到了轉換。」達到這樣的境界，「自我而生的音響韻節就留在了另一個世界。我尋求同類因爲我愛他們、愛純美的一切，尋求的結果卻使我化爲了一棵樹。……但我卻沒有了孤獨。孤獨是另一邊的概念，洋溢著另一邊的氣味。從此儘是樹的閱歷，也是它的經驗和感受。」

四

　　寫作行爲的發生一開始是出於作家個體的內在必然性，當然這裏所指的是那種「真誠」的寫作；但這種內在必然性究竟包含了哪些成分，頗費猜摸。而對於寫作目的的自我設置和對作品意義的自我期待，在化爲寫作的內驅力推動寫作的同時，也極大地影響著寫作的方式和作品的構成。張煒顯然不是那種「自賞」的作家。他不僅把寫作當成自我表達的形式，更看重它作爲一種影響和滲透周遭世界的存在方式。他反復強調自己的寫作是一種回憶，亦即要從「沈澱」在心靈裏的東西去昇華和生髮；他也常常說到創作就像寫信，是跟自我之外的廣大世界連結的途徑，在這種連結中獲得生命的色彩、生氣、意義和歡樂。

　　張煒說，「我覺得藝術家應該是塵世上的提醒者，是一個守夜者。」張煒還說道，「當你坐在一個角落時，你就可以跟整個世界對話。」(《蘆青河四問》)這兩句話放在一起，令人怦然心動。張煒所選擇的參與世界的方式是一種與世俗的取向背道而馳的方式，它以對被棄的時間和空間的鍾情和擁有來表現。俗事的中心，喧囂的白晝，社會和現實掩沒了自然

---

4 阿爾貝特‧史懷澤：《敬畏生命》第8-9頁，上海社會科學院出版社，1992年。

和大地，功利和欲望遮蔽了隱密和本質，紛繁多變的表像喧賓奪主，而千萬年不曾更移的根基默然退避。只有當俗事休息的時候，夜深人靜，大地才自由地敞開，永恆才自在地顯露。而塵世的角落，正在大地的中央。人通過返回故地而走向大地，而「故地處於大地的中央」，每一個人的「整個世界都是那一小片土地生長延伸出來的。」然而，要與大地和永恆交流和溝通，用世俗的語彙卻沒法進行，因爲在自然萬物聽來那是「一門拙劣的外語」，現代人的感知器官被各種各樣的訊息媒介狂轟亂炸，怕是失去了基本的辨析和感受能力，所以我們必須重新尋找能夠通向隱密和本質的感知方式，在這一點上，大概也需要一個返回的過程，恢復人在還沒有完全從自然的母體上剝離下來時具有的與大自然對話的能力。這種能力本來是人與生俱來的，但卻在人的「發展」和「遠行」中不經意失落了。

> 在安怡溫和的長夜，野香熏人。追思和暢想趕走了孤單，一腔柔情也有了著落。我變得謙讓和理解，試著原諒過去不曾原諒的東西，也追究著根性裏的東西。夜的聲息繁複無邊，我在其間想像；在它的啟示之下，我甚至又一次探尋起詞語的奧秘。……還有田野的氣聲、迴響，深夜裏遊動的光。這些又該如何模擬出一個詞並匯入現代人的通解？這不僅是饒有興趣的實驗，它同時也接近了某種意義和目的。我在默默夜色裏找準了聲義及它們的切口，等於是按住萬物突突的脈搏。(《融入野地》)

大地的隱秘落實到語言作品中，其存在形式如同它在大地上的存在一樣，「不是具體的故事、事例，而是沈澱到這一切之中的東西。它們才能構成奧秘，比如時代的、人性的、宿命的、風俗的、禁忌的……是這些說不清的方面。」張煒小說裏的事件一般都很簡單，甚至簡單到每每讓人以爲不足以構成小說的程度，卻又常常產生厚重和使人沈醉或歡樂、使人悲憫或苦思的效果，想來是大地的隱秘和本質源源不斷的輻射透過張煒的敍述被我們真切地感受到了。

五

大地的隱秘和本質、人類生存的永恆根基通過張煒的敍述被感受，這是既讓人欣慰、又讓人悲哀的事。欣慰的是我們還能感受，還沒有完全麻木不仁，我們有幸還能成為張煒作品的受惠者；悲哀的是我在心裏一直有這樣的疑問，我不知道如果我們不通過張煒，我們會不會產生像張煒那樣的感受和敏悟，哪怕只是產生那樣一種衝動？我們自己有能力、有勇氣直接融入大地，獲得第一性的感受、思想和精神嗎？在張煒的感受、思想和我們通過張煒來感受、來思想之間，是有不少差別的。我現在明白，正是這種差別，阻塞著我對張煒、對自我復活的歡樂的理解和敍述。但大地的力量引導我走到這裏了，它透過張煒的作品依然強大無窮。追求「簡單、真實和落定」的現代遊子，我們能夠找到一個去處嗎？我們能夠在張煒「融入野地」之後也踏上那迢迢長路嗎？

這條長路猶如長夜。在漫漫夜色裏 誰在長思不絕？誰在悲天憫人？誰在知心認命？心界之內，喧囂也難以滲入，它只在耳畔化為了夜色。無光無色的域內，只需伸手觸摸，而不以目視。在這兒，傳統的知與見失去了原有的意義。神遊的腳步磨得夜氣發燙，心甘情願一意追蹤。

六

《九月寓言》在表達上的自由、流暢、豐厚、圓滿，實在是個令人吃驚的事實。這些年文學上的新變使以往程式化的僵硬敍述不再佔據話語形式的主導地位，其明顯的意識形態內核更是遭到冷遇。使此一點顯豁的文學原因，主要應該歸功於反叛者各種各樣的文學試驗和探索。然而，僅僅靠反叛不足以撐起一片文學新天地。我們當然不能說當代中國的文學探索僅僅立足於反叛陳規，先鋒文學自有一己的文學新空間，在文學史的進程上功不可沒，這一點當毋庸置疑；但也正是在先鋒文學勞苦功高的地方，埋下了自我難以超越的障礙，即一種物件性的制約和自

我意識的制約。反叛者的文學在其邏輯起點上是先設定（或是實存的，或為虛擬的）了反叛的對象，在這之後的文學行為中，即使是在最肆無忌憚的文學表現中，自我意識中的對象性仍然是一個厚重的陰影，仍然是產生焦慮之源，先鋒文學的極端化傾向或根於此。因此，先鋒文學是爭取自由而不自由的文學，同時，也是在爭取自由的過程中不得不犧牲了許多正常權利的文學，而它本身，也是為了開路而犧牲的文學。一般說來，先鋒文學是尖銳的，同時也就不具有包容性和「大氣」；先鋒文學是時段性的，相對性的，那麼強加在它身上的永遠的期望也就未必是它負擔得起的，也未盡合理。先鋒文學的這些特徵沒有張煒作品的比照也能夠被認識到，以張煒作品做參鑒，會看得更清楚一些。但我想弄明白的是，為什麼會有這麼一種差別存在。

在先鋒文學分化，不少當年的先鋒掉頭向俗的時候，一位未被通行的先鋒概念「納入」的作家張承志，卻仍然在堅持他的孤獨長旅，跋涉於艱難的朝聖之路。張承志和張煒這兩位元作家，從作品所表現出的面貌看，一陽剛，一陰柔，但兩個人都拒絕了俗事和現時，都獨立站在文學的潮流之外做自己的探索。對於這兩位作家來說，他們所選擇的地理位置也正是心靈和精神的位置。張煒在海邊的農村守望著自己的精神家園，張承志更是跑到了漢文化的邊緣地帶，在內蒙古草原、新疆文化樞紐和伊斯蘭黃土高原尋找立命的根基。但張承志的文學表述仍然讓人感受到強烈的現實壓迫，也就是說，他還是很在乎一直被他拒絕的現實，他的孤傲和憤怒正是在乎的表徵。問題確實是兩個方面的。一方面，孤傲和憤怒幫助成全了張承志的文學表達，舍此則張承志不再是張承志；另一方面，孤傲和憤怒使張承志沒有辦法很好地表達自己，在躁動不安的狀態中他沒法全心全意投身於他的立命根基，他幾乎總是不忘發洩對現實的敵意，他的敘述在很多時候呈現一種向兩端撕扯的緊張狀態。具體到這兩位作家之間的互相參照，我仍然是為了想弄明白張煒的《九月寓言》為什麼會產生圓滿的表述效果。

先鋒作家想「創造」一種東西，張承志想「尋找」一種東西。張煒像他們一樣不能在俗事裏、在隨波逐流中獲得精神的安定，但他既不存

「創造」的妄念，也用不著到自我之外去「尋找」。現代人盲無目的地尋找精神家園的努力很可能是無效的，而靠試圖去「復活」某種已經死了的東西來醫治現代的病症更是白費力氣，真死了的東西再也活不了。張煒所做的工作是「發現」和「發揚」不死的東西，它是生命、是精神、是自然、是傳統、是歷史，不死的東西難以命名，只能排列很多的詞語來捕捉它，而它就是《九月寓言》裏所寫的那種生生不息。《九月寓言》裏的時間很模糊，但一定要確定它的時間跨度也不難，然而確定的時間跨度卻並不一定比感受到的時間跨度更加真實、更有意義，這部書的時間擋板是不存在的，它好像就是一部亙古以來的故事，或者說它是一部活在我們身上的歷史的故事，因爲它是生生不息的，所以它是我們的祖先的故事，同時也是我們自己的故事。比如小說中寫到長長的、動人的、流光溢彩淋漓盡致的憶苦，村民們把這種意識形態化的形式徹底改造成了一種最自然不過的生命活動和原始節慶，而對它的最基本的感受，就是我們的祖先從那漫長的苦難中一步一步走過來，在生生不息的苦難中生生不息地走過來，代代相傳，綿延不絕。張煒想要表達的就是這樣一種活的東西，而要發現活的東西，只能在活的東西身上發現，生生不息的東西在死物身上找不到。可歎的是，我們的文化和文學確實有許多時候和這個樸素的道理對著幹。

這裏還有一個很大的問題，那就是，張煒所發現的活的東西，是不是我們每個人都可以找得到？對於張煒來說，對生生不息的東西視而不見要比深切感受它更加困難，也許在一段時間裏，世俗塵物遮蔽了張煒的深切感受，但生生不息的東西是不會被永遠遮蔽的，它自己就會動起來，幫助張煒抖掉身上的遮蔽之物，牽引他返回他生長的大地，而只要融入這片亙古的土地，順從自然和天性敞開心扉，歷經千年而不衰的生生不息就會立刻在個體之我的身上強烈地湧動。這時他敏悟到，大地的本質或生生不息事物的最深、最基本的內裏都不是一個硬核，而是一個綿長不絕的流程，並且要流到自我的身上，還要通過自我流傳下去。生生不息肯定不是孤立的個體的特徵，它歸從於一個比我更大更長的流程。讓生生不息之流從自我身上通過，也即意味著自我的消融和歸從，

我不再彰顯，因為我是在自己家裏，我與最深的根基恢復了最親密的聯繫。我不再彰顯但我心安氣定，我消融了但我更大更長。原來自我也像本質一樣，也不應該是一個堅硬不化的核，個性和卓立不群只能突出一個孤單的、勢單力薄的局限之我，要獲得大我、成就大我就不能硬要堅持個性之我，讓生生不息通過我充實我，我才活了。

　　如果不考慮可能性，只就現實而言，並不是每個人都能夠找到從千古流傳到自己身上的活的東西。事實是，歷史所曾經擁有的許多東西確實已經死去，它們不再與我們相關相連，復活它們在本質上是不可能的。但歷史本身不死，只在於每個時刻的現實中的人能否在當下即感受到活的歷史的勃勃生機。我們在現實中的許多困窘是由於拒絕歷史造成的，常常我們害怕被歷史吞沒，被歷史壓倒或禁錮，我們不把歷史當成柔軟之物，不把歷史視為母性，我們往往由於膽怯而對歷史扮出凶相，對它強硬，和它一刀兩斷。我們有意識地讓歷史在我們身上死掉，很難說我們不是蓄意謀殺。但這樣一來，我們的生存就變得單薄、孤弱，喪失了生生不息的本源，喪失了生存的強大後盾。先鋒文學當然不能簡單地說成如此，但無可否認先鋒文學非常明顯地表露了這樣的傾向。接下來再看作家張承志。張承志強烈地渴望復活他所衷情的歷史，同時又強烈地渴望自我的皈依和融入，換句話未嘗不可以說成是，孤傲的個性需要強大的精神支援。在《心靈史》的代前言裏，他這樣解釋自己：「也許我追求的就是消失。」「長久以來，我匹馬單槍闖過了一陣又一陣。但我漸漸感到了一種奇特的感情，一種戰士或男子漢的渴望皈依、渴望被征服、渴望巨大的收容的感情。」而基本的形式就是「做一支哲合忍耶的筆」。這樣的人生形式與張煒在《融入野地》裏的表述是相通的，張煒是化為了故地上的一個器官，充任大地的「劣等秘書」，一己的吟哦從此變成與大地萬物的共同鳴唱。但比較張承志和張煒在個性之我的融化過程中的基本感受，卻能夠發現不少的差別。張承志所做的是人生的「選擇」，其情勢猶如「站在人生的分水嶺上」，抉擇時「肉軀和靈魂都被撕扯得疼痛；張煒則更自然和率性，他投入大地時神情癡迷，滿溢著一種返回了闊別多年的家鄉、撲到日思夜念的母親懷裏的欣喜和激情，又散發出一種重

新接通了本源之後頃刻間充沛旺盛的生機。

事實上，當代社會中的人或多或少都存在一種表達上的文化障礙，這種障礙的普遍性使它很難被僅僅看成是某一些個人的問題，它應該算作是一個時代的病症。然而張煒在寫作《九月寓言》時獲得了強大的免疫力，一些基本的思想、感情，表達得幾乎是不可思議的流暢、圓潤、充沛，而且從容、飛揚、率性，而且富有特別的光彩和魅力。張煒在《九月寓言》裏的表達，躲躲閃閃、扭扭捏捏、怪裏怪氣、聲嘶力竭的時代流行病是見不到的，他就有這樣的能力和勇氣，把真誠直接平和地表達出來，同時也自然地表達出身在角落、心與世界對話的願望和大氣。張煒從哪里獲得這樣非凡的力量？與永恆的大地相依，身上湧動著千萬年以來的清流活水，時代病症的障礙在張煒那裏也就不是障礙了。這樣的境界一點也不玄虛，它就在《九月寓言》這樣的世界中，這個世界普通而不是個別，真實而不是（不需要）隱喻和象徵，這裏就是生生不息的自然、歷史、傳統、現實、生命和精神。

2003 年 3 月拼合舊文

堅硬的河岸流動的水

── 《紀實和虛構》與王安憶寫作的理想

一

　　長篇小說《紀實和虛構》讓我去重溫王安憶寫作小說的理想，它是以否定的形式表達的：一、不要特殊環境特殊人物，二、不要材料太多，三、不要語言的風格化，四、不要獨特性。這「四不要」沒有各自的對應項，也就是說，與之相對應的不是四項，而是一個理想整體。這個理想整體被作家感覺到了，卻沒辦法以正面肯定的形式直接表達出來，而且也沒辦法「一下子」表達出來，所以要分開來一項一項去說，像圍繞著一個幾乎是不可企及的中心打轉 然而也正因為沒有直接地「整體性」地表達這個理想整體，而採取一種分割否定的方法，這種表述反而顯得乾脆、俐落、明確。王安憶看重小說總體性的表達效果、自身即具有重大意義的情節、故事發展的內部動力，而對於偶然性、趣味性、個人標記、寫作技巧等等的誇大使用持一種警惕和懷疑態度。從這裏不難看出，王安憶有意識地要摒棄一些不少當代作家所孜孜以求的東西。在探究當代長篇小說創作的困境時，王安憶試圖從更根本處著眼，她說：「我們的了悟式的思維方式則是在一種思想誕生的同時已完成了一切而抵達歸宿，走了一個美妙的圓圈，然而就地完畢，再沒了發展動機。因此，也可說我們的思維方式的本質就是短篇小說，而非長篇小說。」與此相分立的是一種邏輯式的思維方式，在小說物質化的過程中，它被王安憶當作一件有力的武器抓在手裏，意欲憑藉它來解決創作中的頑症，特別是打

破長篇小說的窘局。

由王安憶的這些想法肯定可以引發出有關小說創作和小說理論的非常有意思、有價值的討論，但現在還是先來看看《紀實和虛構》這部作品，有作品作實證，回過頭來再探討一些理論問題。

二

《紀實和虛構》是一個城市人的自我「交待」和自我追溯，一部作品，回答兩個問題：你是誰家的孩子？你怎麼長大的？小說很清楚地分成兩個部分，一部分是「我」的成長史，另一部分是「我」尋找自己生命的最初根源。兩部分交叉敍述，最後接頭，合二而一，有渾然成體的效果。成長和尋根，在這幾年的小說創作中都算得上被集中開發的題材，特別是對於八十年代在文壇上崛起的一批青年作家來說，自我經驗的世界可能是他們最迷戀也最容易向文學轉化的世界，其中成長與啓悟的主題一再被各具特色的敍述展開，像蘇童的香椿街少年系列，像余華的《呼喊與細雨》，像遲子建的《樹下》，甚至於王朔的《動物兇猛》等等；至於尋根以類似文學運動的形式成爲文壇一時的中心現象和話題，就不必再說了。王安憶本人身處其中，在這兩個向度上的探索都有不凡成就，也不必再說。但是《紀實和虛構》把成長和尋根結合起來，貫穿起來，不是把兩種性質的內容簡單拼湊，而是把兩個分裂的世界弭合成一個世界，這樣的本領就不太一般了。

從結構上講，《紀實和虛構》好像是「誰家的孩子怎麼成長」的邏輯展開，由此建立起作品的縱和橫的關係，形成作品的基本框架，邏輯的起點是尋找答案的提問，然後就順理成章，一路寫將下來。但是，這並非創作的完整過程，我們或許有可能從邏輯起點往前追問，即：這樣的問題怎樣提出來的？爲什麼會有這樣的問題提出來？在密密麻麻的書頁間，語詞有時會指示、會釋放，有時又會掩飾、會遮蔽一個仿佛幽靈般的影子，它的名字叫焦慮。按照一般的說法，焦慮總是喜歡跟性格內傾、習慣冥想、懶於行動的人纏在一起，我們的敍述者似乎恰好正屬於這類

人。但這種一般的說法幾乎不說明任何問題，對於作品的敘述者來說，她敏感到的自我困境才是最突出的：時間上，只有現在，沒有過去；空間上，只有自己，沒有別人。這樣一種生存境況本身並不足以引發焦慮，不在乎的人完全可以反問，沒有過去，沒有別人又怎麼樣？但敘述者卻很在乎，她要確立自我的位置，而位置的確立，在她看來，必須依靠一種有機的關係，這種關係既包括時間上的，又包括空間上的，即「她這個人是怎麼來到世上，又與她周圍事物處於什麼樣的關係。」

這樣看來，無根的焦慮好像是個人的，作品也是從此出發：在上海，她是個外鄉人，是隨著革命家庭一起進駐城市的，沒有複雜的社會關係和歷史淵源，沒有親戚串門和上墳祭祖之類的日常活動。也就是說，她喪失了自己的「起源」，而「起源對我們的重要性在於它可使我們至少看見一端的光亮，而不至陷入徹底的迷茫。」「沒有家族神話，我們都成了孤兒，淒淒惶惶，我們生命的一頭隱在伸手不見五指的黑暗裏，另一頭隱在迷霧中。」為緩解焦慮，改變孤兒的身份，她試著開始自己動手建立一個家族神話。王安憶從母親的姓氏「茹」入手，追根溯源，確立自己是北魏的一個遊牧民族柔然的後代，柔然族歷盡滄桑事變，歸併蒙古族，劫後餘生者後來又從漠北草原遷至江南母親的故鄉。王安憶在浙江紹興尋到「茹家漊」，家族神話最終完成。

另一方面，成長的焦慮好像也是個人的。在小說裏，成長可以具體化為敘述者與周圍世界的關係。這一敘述至少有兩個方面的特徵：一、與敘述者建立關係的任何人事都不具有自主性，他們只是因為與「我」發生關聯才有意義，這種意義是「我」的，而不是他們自身的，因此他們中幾乎每一個人都是「無名」的；二、敘述者成長的社會文化背景對成長本身來說完全是偶然的，不重要的，因此作品根本無心為某個時代留影，無心成為特定社會的反映，外在的現實世界只不過碰巧為成長提供了某種情境，只是因為與成長有關係才有意義。這種意義也是關係性的意義，至於其本身的獨立性完全超出了關心的範圍。比如說寫到文革奇遇，文革只是為奇遇提供了機會，其他一切俱無關大旨。敘述有意無意對關係性存在本身特質的忽略，正突出了一種「自我中心」的關注熱

情，換句話說，自我的焦慮幾乎壓倒了一切，成長過程中當下的迷茫與孤獨、對將來的幻想和恐懼，乃至一絲一毫纖細無比的感受，只要對自己意義重大，哪怕在別人看來枯燥乏味、囉裏囉嗦，都一一道來，使敍述者無暇它顧。

但是，上述兩方面焦慮的個人性又都是可以推倒的，也就是說，其本身並不多麼獨特，它可以抽象化，能夠被普遍感受到。敍述者成長史未嘗不可以看成是一部分城市人的心史，而且，王安憶敍述成長時把與外界的關係歸納分類，比如奇遇、愛情等等，這種類型化的關係不可避免地要消除其中部分的獨特性，使之普泛化。從根本上說，類型化的成長焦慮每個人都無法迴避，它是成長的必要條件。成長期間出現一些問題，包括自我追問，都該視爲應有之義。城市裏外鄉人的漂泊感自然可能激發對自我根源的尋找，其實，每一個城市人都是外鄉人，每一個城市人的根都不在城市，因爲城市本身即是後來者，是自然地球的外鄉。城市人/外鄉人看來是空間上的分立，本質上可以視作時間上的差別。以歷史的眼光來看，社會的每一步發展都使人類遠離自己的根源，而現代社會更可能把每一個人的根剷除乾淨。因此，偶然的個人的尋根行爲，實質正反映出社會普遍的無根焦慮。這樣，分屬時間和空間上的問題彌合了，成長與尋根的分裂消失了，所有的焦慮其實只是一個基本的現代性焦慮，「誰家的孩子怎麼長大」其實也只是一個問題，換成一種普遍的表述方式，即是：我是誰？我從哪裏來？我到哪裏去？

寫作既是面對焦慮，又是逃避焦慮的一種方式，借助於寫作，將焦慮釋放，把內在的東西外化，把無形的東西符號化、物質化，似乎是，文字具有某種特殊的「魔力」，用它可以把遍佈生命每一處的焦慮「寫出來」。當王安憶完成了這部作品，那歡欣鼓舞、溫柔激動的感受當然是因爲「創造」了一個世界，但仔細分辨，那歡樂其實包含了很大一部分焦慮「寫出來」之後的輕鬆。家族神話建造起來了，歸「家」的路雖然漫長，但「家」終於找到了；成長史完成了，人生也告一段落。

然而，輕鬆和歡樂很快就會推動，因爲寫作的魔力其實是一種幻想，不可能把焦慮「寫出來」後內心就不再存在焦慮，釋放之後還會有新的

焦慮來充滿，重新爬遍生命的每一處。這種局面必然降臨的原因是，以一種個體行爲的寫作去解決普遍的現代焦慮是一種妄想，這個問題本身即不可解決，雖然「我是誰？　我從哪里來？我到哪里去？」是以個人之口去發問的，但卻是問了一個涉及全體生命境況的基本問題。

三

　　《紀實和虛構》交叉寫成長與尋根，客觀上即形成兩種生存的對照。「紀實和虛構」作爲「創造」小說世界的方法，在作品中不可能截然分開，王安憶自己的本意是在紀實的材料基礎上進行虛構。但是我總擺不脫一己的感受，即從基本的精神面貌上來確認，在祖先的歷史與虛構、自我的歷史與紀實之間，可以發現相對應的性質。對於歷代祖先的敍述神采飛揚，縱橫馳騁；對於自我的敍述則顯然窒悶、瑣碎、平常、實在。敍述風格的明顯不同，正根源於兩個世界本身的不同，而虛構一個世界與當下世界相對照，滿足一下人生的各種夢想，尤爲現代社會的一種文化病。我個人非常欣賞有關祖先世界的那一部分，而王安憶也把這一部分虛構得栩栩如生，令人神往，都可能是這種文化病的症候。王安憶虛構家族神話的時候，有意識地趨向于強盛的血統，選擇英雄的形象和業績作爲敍述核心，「我必須要有一位英雄做祖先，我不信我幾千年歷史中竟沒有出過一位英雄。沒有英雄我也要創造一位出來，我要他戰績赫赫、眾心所向。英雄的光芒穿行於時間的隧道，照亮我們平凡的人世。」這後一句話，正中一個普遍的現代人情結。於是，「那時的星星比現在的星星明亮一千倍，它們光芒四射，炫人眼目，在無雲的夜空裏，好像白太陽。」「那時的日頭比現在的大而且紅，把天染成汪洋血海一片，白雲如巨大的帆在血海中航行。」於是，大王旗下，鐵馬金戈。既有天地精靈之氣的凝固與顯現，又有生命本能的洶湧澎湃。相比之下，現代人猶猶豫豫，缺乏行動，「與人們的交往總是淺嘗輒止，於是只能留幾行意義淺薄小題大作的短句。」

　　不知道話是不是可以這麼說，也許沒有比做一個作家本身更能代表

現代生活的巨大匱乏了，紀實和虛構，抒發和創造，無不是在虛幻、自得的世界裏升潛沈浮、歡樂悲哀，王安憶用整整一章的篇幅敍述自己的寫作生活，解釋自己的作品，其實這是與愛情、奇遇等在同一個層次的生活，寫作是一種職業，是一種生存方式，如同古人的躍馬揮槍，搏戰疆場。

王安憶的家族故事，到了後來，神采漸斂，英氣漸弱，而尋根與成長能夠合二而一，也正是由於家族的歷史變化，從遠祖那裏，一代代下來，到了我們，就成了現在這副模樣。整部作品的結構，到最後也就從兩個世界的對照變成了頭尾相接。

兩個世界的銜接其實是一種不祥的徵兆，祖先的世界是無可挽回地消失了，自我成長的世界也正緊跟而去。從創作主體的心理著眼，除去我們剛才講到的焦慮，還有一種藏匿在全篇每一個字背後的心情，這種心情面對世界的消失無可奈何，有的是絕望，是傷痛，是事後一遍遍的追憶、分析和喃喃自語。但是另外一方面，這個小說世界之所以能夠誕生，恰恰是因爲現實世界的不斷消失。文字的起源本身即有與外在世界不斷消失相抗衡的因素，它要把轉瞬即逝的東西固定住，保存下來。在文學作品與現實的關係中，文學本身即是對曾經發生的現實再度現實化。兩相比較，以物質的形式存在的作品確有可能顯得比曾經發生然後又消失了的世界更真實，對於王安憶來說，那曾經發生然後又消失了的世界其實是一個假設、一種虛構，更可信的還是小說本身。

但是這樣說，完全有可能陷入對文字物質性的過分崇拜。上面曾經提到作家生活的匱乏性質：作家傾向于認爲文字現實比真實的現實更重要，但是對於一個以從事寫作爲存在方式的人來說，這兩種現實的界線已經模糊了，寫作活動本身是一種真實的現實活動，但結果卻是產生一個紙上的現實。在《紀實和虛構》裏，王安憶堅持讓敍述人進進出出，貫穿始終，以一種後設的形式，不僅展示虛構的世界，而且清清楚楚地表示虛構世界是怎樣誕生的，這其實不是一件輕鬆快樂的事：讓活生生的血肉和情感、讓自我的生命活動文字化、物質化，其中隱含了一種焦慮式的期待：期待它會長久於事。但是即使如此，它還能保持原初的鮮

活性嗎？

應該有另外一種清醒的認識：現代人的文字崇拜與較早時代的文字崇拜存在著很大的區別。在久遠的時代，人們因為崇拜文字而珍惜文字，現代人卻正相反，一切皆可入文，不僅文字的神聖性蕩然無存，而且已有氾濫成災之勢。在這樣一種文字環境下，真正的寫作日益尷尬，要顯示出來一部分有些不同，有點珍貴，誠然是件很難的事情。而且，文字的過度使用使它們的彈性、內涵、表現力減弱到了非常低的程度，且不論對文字糟蹋，正常的使用已經把文字磨損得非常「舊」了，對於一個作家來說，要向「舊」的文字灌注多少生命的血，賦予多少生命的肉，才能使它們「活」起來，而且「活」下去？《紀實和虛構》讀起來有些沈悶，尤其是個人成長史的那部分，也許文字本身該對此負很大的責任，每一個字都張著嘴吞噬作家的血肉、情感、想像，但是它們卻並不承諾作同等程度的還報，它們從作家那兒吞蝕的和向讀者散發的並不等值，作家不免有些「冤枉」。

四

在對《紀實和虛構》做了上述理解之後，回頭考慮本文開始提出的問題，一時覺得有些接不上話茬。為什麼會這樣呢？

沒有可以量化的標準用來測定這部作品和王安憶的寫作理想之間究竟有多大的距離，但不妨說作品基本接近「四不要」的要求，「誰家的孩子怎麼長大」這樣一個從自我出發引出的問題，被上升為一個基本的現代性問題，特殊環境、特殊人物、獨特性和語言的風格化等都被普遍性大大減弱了，而這個問題按照邏輯原則向兩個方向不斷滾動、鋪展，使作品成為一部氣勢恢巨集、容量豐富的長篇，在形式上也具備了長篇小說的結構形式和規模，這一點不在話下。

如果這樣問一句，即便如此又如何？該怎麼回答呢？

本質上王安憶對邏輯力量的強調與「四不要」的說法是相通的，甚至是在表達一個東西，邏輯即是不要特殊性、不要風格化的硬性力量，

從另一方面來講，這種力量也正可以用來補充個人經驗的積累和認識，突破個人性的限制。在現代寫作中，小說物質化的過程是不可避免的，「並且，由於越來越多的作者成為職業性的，而推動最初時期『有感而發』的環境，強迫性地生起創造的意識，因此，長篇小說的繁榮大約也不會太遠了。」同時，王安憶指出，「然而，創造，卻是一個包含了科學意義的勞動。這種勞動，帶有一些機械性質的意義，因此便具有無盡的推動力和構造力。從西方文學批評的方式與我們的批評方式的比較中，也可以很清晰地看到，他們對待作品，有如對待一件物質性的工作物件，而批評家本身，也頗似一位操作者與解剖者，他們機械地分解物件的構造，檢驗每一個零件。而我們的批評家則更像一位詩人在談對另一位詩人的感想，一位散文家在談對另一位散文家的感想。」

　　這些想法出語不凡，確實可能擊中了當代長篇創作和文學批評的某些癥結，但是理性化的表述是一回事，創作本身又可能是另外一回事。雖說職業寫作中有感而發的衝動越來越少，對小說物質化的認識也越來越必要，但是物質化本身不足以構成小說，「四不要」和邏輯力量本身不足以成就文學。以否定形式表達的乾脆、俐落、明確的寫作理想，絕不拖泥帶水的邏輯力量，以及所有的關於文學的理性化認識，如果把文學作品看成是流動的、波瀾萬狀的水，它們就可以比作堅硬的河岸。堅硬的河岸本身即可以成為獨立的風景，而且別有情致；但是當流動的水和河岸組合在一起的時候，人們往往觀水忘岸。事實上文學河岸自覺地從人的視野中退隱並不意味著它的屈辱，它該做的就是規範水流的方向，不讓水流盲無目的或者氾濫成災。再說，無論如何優秀的河岸本身都不能產生流水，《紀實和虛構》從「誰家的孩子怎麼長大」這一問題進行邏輯展開，但這個問題的提出，如上面作品的分析，本身不是邏輯的結果。比喻的表達方式不免有些隔靴搔癢，但《紀實和虛構》確實讓我感覺到了小說物質化的認識對於小說本身的侵害，在這部作品中，確實有一部分過於堅硬，未能為作品本身融化。話又說回來，也許整部作品從中頗多獲益，利弊相依，哪裏就容易取此捨彼。

　　從王安憶的整個創作歷程來看，對於小說物質化的清醒認識是她的

創作曆久不衰、筆鋒愈健、氣魄愈大、內涵愈厚的重要原因，像《叔叔的故事》這樣的大作品，也有賴於此。而且王安憶的創作生命要堅持下去，此種清醒的認識不可或缺。事實上這一點對整個當代創作都有啓發意義。但是在具體作品中，物質化不應該成爲鐵律，不能用它過分壓抑特殊性和個人性。王安憶寫作理想的否定式表述形式本身可能隱含了某種危險，表述上的乾脆、俐落、明確的特徵如果不自覺地過渡成爲表述內容的特徵，就可能是不恰當的，寫作理想本身不該是乾脆、俐落、明確的。泛泛地說，理想應該「軟」一點，向寫作的多種可能性敞開而不是壓抑可能性；但另一方面，不切實際地強調可能性又或許會使理想顯得過於虛幻，不著邊際。這兩方面的恰當平衡需要從寫作實踐的不斷調整中獲得。

　　文章寫到這裏，本打算就糊裏糊塗地結束了。不想翻新出《讀書》雜誌 1993 年第 4 期，看到費孝通先生的一篇《尋根絮語》，考證自己費姓的來龍去脈，與王安憶的個人尋根頗有不謀而合、異曲同工的意味。文章最後說：

> 尋根絮語不是一篇學術論文，耄耋之年不可能有此壯志了。寫此絮語只能說是和下圍棋、打橋牌一般的日常腦力操練，希望智力衰退得慢一點而已。當然，如果一定要提高一個層次來說，尋根就是不忘本。不忘本倒是件有關做人之道的大事。在此不多嘮叨了。

　　「歪讀」此文，頗覺「日常腦力操練」之說與小說的物質化認識相通；至於尋根有關「不忘本」和「做人之道」，此話可以看成泛泛而談，也不妨嚴肅一點、形而上一點來理解。不管是「本」，還是「道」，都是需要不斷去說卻總也說不清的，《紀實和虛構》就在說這總也說不清的問題，尋根是不忘「本」，成長史是「做人之道」，「道」，既是冥冥中的「大道」，也是無限展開的「道路」。由此，似乎也找到了爲自己的文章寫得糊裏糊塗開脫的理由。

1993 年 5 月上海沙地

（載《當代作家評論》1993 年第 5 期）

「我們」的故事

── 王安憶在九十年代後半期的寫作

不像小說的小說

1996 年，王安憶發表了頭年完成的《姊妹們》，接下來，1997 年發表《蚌埠》、《文工團》，1998 年發表《隱居的時代》，到 1999 年，在與《喜宴》、《開會》兩個短篇一塊兒發表的短文裏，她明確地說：「我寫農村，並不是出於懷舊，也不是爲祭奠插隊的日子，而是因爲，農村生活的方式，在我眼裏日漸呈現出審美的性質，上升爲形式。這取決於它是一種緩慢的，曲折的，委婉的生活，邊緣比較模糊，伸著一些觸角，有著漫流的自由的形態。」(《生活的形式》，《上海文學》1999 年第 5 期)

這期間王安憶還在寫著另外不同類型的作品，像短篇《天仙配》、中篇《憂傷的年代》和斷斷續續進行著的長篇《屋頂上的童話》，還有事先沒有一點聲張，等到出來時不禁讓人驚異的《富萍》：又是一個長篇。這些作品不僅與上述一組作品不大一樣，而且各自之間也差異明顯。這裏我們暫不討論。且讓我們只看看那一組不少人覺得不像小說的小說。

爲什麼會覺得不像小說呢？早在九十年代初，王安憶就清楚地表達了她小說寫作的理想：一、不要特殊環境特殊人物，二、不要材料太多，三、不要語言的風格化，四、不要獨特性。這「四不要」其實是有點驚世駭俗的，因爲她不要的東西正是許多作家竭力追求的東西，是文學持續發展、花樣翻新的趨動力。我們設想著卻設想不出抱著這一理想的王安憶會走多遠。現在讀王安憶這些年的作品，發覺我們這一設想的方向錯了。小說這一形式，在漫長的歲月裏，特別是在二十世紀，本身已經

走得夠遠了，甚至遠得過度了，它腳下的路恐怕不單單是小路、奇徑，而且說不定已經是迷途和險境。所以王安憶不是要在已經走得夠遠的路上再走多遠，而是從狹窄的獨特性和個人化的、創新強迫症（「創新這條狗」在多少創作者心中吠叫）愈演愈烈的歧路上後退，返回小說藝術的大道。

於是在王安憶的這一系列小說中，我們讀到了內在的舒緩和從容。敍述者不是強迫敍述行為去經歷一次虛擬的冒險，或者硬要敍述行為無中生有地創造出某種新的可能性。不，不是這樣，敍述回歸到平常的狀態，它不需要刻意表現自己，突出自己的存在。當「寫什麼」和「怎麼寫」孰輕孰重成為問題的時候，「偏至」就難免要發生了。而在王安憶這裏，敍述與敍述物件是合一的，因為在根本上，王安憶秉承一種樸素的小說觀念：「小說這東西，難就難在它是現實生活的藝術，所以必須在現實中找尋它的審美性質，也就是尋找生活的形式。現在，我就找到了我們的村莊。」（《生活的形式》）

好了，接下來我們要問，「我」從「我們的村莊」，還有「我們團」、「我們」暫時安頓身心的城市、「我們」經歷的那個時代，找到了什麼？

理性化的「鄉土文明志」

作為新文化運動重要組成部分的中國新文學，從它初生之時起就表明了它是追求現代文明的文學，它的發起者和承繼者是轉型過來的或新生的現代知識份子，文學促進國家和民族向現代社會形態轉化並表達個人的現代性意識和意願的方式。今天回過頭去看，在這樣一種主導特徵下，新文學作品的敍述者於諸多方面就顯示出了相當的一致性，就是這種一致性，構成了今天被稱之為「宏大敍事」的傳統。舉鄉土文學的例子來說，我們發現，諸多作家在描述鄉土中國的時候，自覺採取的都是現代知識份子的標準和態度，他們的眼光都有些像醫生打量病人要找出病根的眼光，他們看到了蒙昧、愚陋、劣根性，他們哀其不幸怒其不爭。他們站在現代文明的立場上，看到這一片鄉土在文明之外。其實他們之中大多出身於這一片鄉土，可是由此走出，經受了文明的洗禮之後，再

回頭看本鄉本土，他們的眼光就變得厲害了。不過，在這一敘事傳統之內的鄉土文學，與其說描述了本鄉本土的形態和情境，倒不如說揭示了現代文明這一鏡頭的取景和聚焦。這些作家本身可能非常熟悉鄉土生活，對本鄉本土懷抱著深厚的感情和眷念，可是，當他們以一個現代知識份子的眼光並且只是以一個現代知識份子的眼光審視這一片鄉土的時候，他就變得不能理解自己的鄉土了 —— 如果不能從鄉土的立場上來理解鄉土，就不能理解鄉土。

　　所以並不奇怪，我們的鄉土文學常常給人以單調、沈悶、壓抑的印象。民間的豐富活力和鄉土文明的複雜形態被敘述者先入為主的觀念遮蔽了，被單純追求現代性的取景框捨棄了。不過仍然值得慶倖，所謂「宏大敘事」從來就不可能涵蓋全部的敘述，我們畢竟還可以看到沈從文的湘西，蕭紅的呼蘭河，乃至趙樹理的北方農村，這些作品畢竟呈現出主導特徵和傳統控制之外的多種有意味的情形。

　　說了這麼多，本意只是為了以一種敘事傳統與王安憶的小說相對照，這一對照就顯出王安憶平平常常敘述的作品不那麼平常的意義來：從中我們能夠看到，她發現了或試圖去發現鄉土中國的文明；而若以上述敘事傳統的眼光看來，這樣的鄉土是在文明之外的。在二十世紀的中國，我們顯然更容易理解後一種文明：西方式的，現代的，追求進步和發展的外來文明，而對於鄉土文明，卻真的說不上知悉和理解了。

　　正是在這種一般性的認知情形中，王安憶的小說成為一種不被視為文明的文明的知音和載體，成為一種探究和理解，一種述說和揭示，一種鄉土文明志。你知道《姊妹們》是怎樣開篇的嗎？「我們莊以富裕著稱。不少遙遠的村莊嚮往著來看上一眼，這『青磚到頂』的村莊。從文明史的角度來說，我們莊處處體現出一個成熟的農業社會的特徵。」 —— 這就是了。

　　和九十年代初《九月寓言》這樣的作品相比較，張煒的膠東鄉村生活回憶錄把一種自然的、野性的民間生命力張揚得淋漓盡致，它的背後是一種抒情的態度，那野歌野調的唱者不僅投入而且要和歌詠的物件融合為一；王安憶的淮北鄉土文明志則是守分寸的、理性化的，它的背後

是分析和理解的態度，因而也是隔開一點感情距離的。這樣一種經過漫長歲月淘洗和教化的鄉土文明，遠離都市，又遠非自然，有著一幅世故的表情，不那麼讓人喜歡的，可是必須細心去瞭解，才可瞭解世故、古板、守規矩等等之下的深刻的人性：「這人性爲了合理的生存，不斷地進行著修正，付出了自由的代價，卻是真心向善的。它不是富有詩情的，可在它的沈悶之中包含著理性。」立基於這樣寬厚、通達、有情的認識，《姊妹們》才把那一群出嫁之前的鄉村少女寫得那麼美麗活現，又令人黯然神傷。

「兩種文明」的奇遇

　　王安憶甚至發現，在被普遍視爲保守的、自足性極強的鄉土文明中，其實潛藏著許多可能性和強大的洇染力，譬如對並非出自這種文明的人與事的理解和融匯。《隱居的時代》寫到一群「六・二六」下放到農村的醫生。王安憶在文中說，「當我從青春荒涼的命運裏走出來，放下了個人的恩怨，能夠冷靜地回想我所插隊的那個鄉村，以及那裏的農民們，我發現農民們其實天生有著藝術的氣質。他們有才能欣賞那種和他們不一樣的人，他們對他們所生活在其中的環境和人群，是有批判力的，他們也有才能從紛紜的現象中分辨出什麼是真正的獨特。你看接下來描述的「兩種文明」的奇遇：「現在，又有了黃醫師，他給我們莊，增添了一種新穎的格調，這是由知識，學問，文雅的性情，孩童的純淨心底，還有人生的憂愁合成的。它其實暗合著我們莊的心意。像我們莊這樣一個古老的鄉村，它是帶有些返樸歸真的意思，許多見識是壓在很低的底處，深藏不露。它和黃醫師，彼此都是不自知的，但卻達成了協調。這種協調很深刻，不是表面上的融洽，親熱，往來和交道，它表面上甚至是有些不合適的，有些滑稽，就像黃醫師，走著那種城裏人的步子，手裏卻拿著那塊香噴噴的麥面餅。這情景真是天真極了，就是在這天真裏，產生了協調。有些像音樂裏的調性關係，最遠的往往是最近的，最近的同時又是最遠的。」

　　《隱居的時代》還寫了插隊知青的文學生活，寫了一個縣城中學來歷特殊的老師們，這些都清楚不過地表明，在大一統的意志下和荒漠時期，精神需求，對美的敏感，知識和文化，潛藏和隱居到了地理的夾縫和歷史的角落裏，這樣的夾縫和角落不僅使得它們避免流失散盡，保留下相傳承繼的文明火種，而且，它們也多多少少改變了他們棲身的所在── 一種新的、外來的因素，「很不起眼地嵌在這些偏僻的歷史的牆縫裏，慢慢地長了進去，成為它的一部分。」── 就像下鄉的醫療隊和黃醫師，「它微妙地影響了一個村莊的質質。」

　　《文工團》也寫到了不同文明的相遇，只是其中所包含的掙扎求存的能量左衝右突，卻總是不得其所。「文工團」是革命新文藝的產物，可是「我們這個地區級文工團的前身，是一個柳子戲劇團。」新文明的團體脫胎于舊文明的戲班子，譬如說其中的老藝人，他們與生俱來的土根性，他們代代承傳的老做派，將怎樣委屈求全地適應新文藝的要求，而在歷經改造之後卻又脫胎不換骨？這個由老藝人、大學生、學員、以及自費跟團學習的等帶著各自特徵的人員雜糅組成的文工團，在時代的變幻莫測中風雨飄搖，顛沛流離，終於撐持到盡頭。

「我」隱退到「我們」

　　現在，讓我們回到與王安憶這些小說初逢時的印象。這些作品，起意就好像置小說的傳統規範和通常的構成要素、構成方式于不顧，作者就好像日常談話似的，把過往生活存留在記憶裏的瑣屑、平淡、零散的人事細節，絮絮叨叨地講出來，起初你好像是有些不在意的，可是慢地，你越來越驚異，那麼多不起眼的東西逐漸「累積」（而不是傳統小說的「發展」過程）起來，最終就成了「我們莊」和自由、美麗地表達著「我們莊」人性的姊妹們，就成了一個萍水相逢的城市蚌埠和「我們」初涉艱難世事的少年歲月，就成了文工團和文工團執著而可憐的驚心動魄的故事。「發展」使小說的形態時間化，而「累積」使小說的形態空間化了，開始我們還只是認為敍述只是在不斷填充著這些空間：「我們莊」、文工團、隱

居者的藏身之處，後來才驚異地看到這些空間本身在爲敍述所建造的主
體，那些人事細節就好像這個主體的鼻子、眼睛、心靈和一舉一動的歷
史。能夠走到這一步，不能不說是大大得力於一個親切的名之曰「我們」
的複數敍述者。「我們」是揚棄了「我」—— 它往往會演變成惡性膨脹的
敍述主體，嚴鋒在《文工團》的簡評中說，在新時期的文學中到處可見
一個矮揉造作的敍事者，或洋洋得意，或顧影自憐，或故作冷漠，怎一
個「我」字了得 —— 而得到的。

　　「我」並非消失了，而是隱退到「我們」之中。

　　1999 年 9 月

（載《文學報》，1999 年 9 月 16 日）

知道我是誰

—— 漫談魏微的小說

一

有那麼幾年，說起來是上個世紀九十年代的事了，和幾位師友編小說年選，整天讓小說搞得昏頭脹腦。忽然有那麼一會兒，讀到《一個年齡的性意識》，那麼短，那麼尖利又那麼平實，還那麼不像小說，就感覺，哎，真不錯，應該編進當年的選本裏。好長時間我一直以為選了這篇小說，直到不久前想再看看，一本一本翻《逼近世紀末小說選》，沒找到，還驚訝了好半天。現在已經回想不起來為什麼最終沒有編進去了。

這是我第一次讀魏微的小說，而且，往後好幾年，就沒讀過她的作品。這往後的幾年，正是七十年代出生的女作家成了關注的熱點，有些熱鬧的時候，我卻興致盎然又苦不堪言地做另外的事情去了。今年夏天讀魏微的長篇《流年》，一下子就讀了進去，久違了的愉快閱讀經驗好像又回來了。

其實這幾年我也常常逼自己讀小說來著，但通常的情形是，讀了個開頭，就堅持不下去了。例外的情況不是沒有，但不多。我就想，是我的問題吧？又想，是小說的問題吧？到底問題在哪兒呢？理不出個頭緒來。可是魏微的小說怎麼就讀得那麼有味呢？好，大問題想不清楚，就從這個具體的問題想想，想到哪兒說到哪兒。

二

《一個年齡的性意識》發表在 1997 年第 4 期的《小說界》上，這個雜誌正在推出一個命名爲「七十年代以後」的專欄，刊出出生在七十年代的新人作品。《一個年齡的性意識》好像有些低調「宣言」的性質；低調是低調，骨子裏卻是強硬的，不肯妥協和苟同，突出區分和差異——「代」的區分和差異。裏面有這樣的段落——

> 我和小容是同齡人，我們站在我們文字的廢墟上，一點點地長高了。我又想起了我們看錄影的那天下午。
>
> 我能夠想像著在她家的陽臺上，倚著欄杆，和她說話的情景。
>
> 我們說起了林白、陳染等女性小說。她們是上一輩人，長我們約十歲。她們至今仍在樂此不疲地寫同性戀、手淫、自戀，帶有強烈的女權主義傾向。
>
> 小容懊惱地說：「不是不能那樣寫，然而總有地方讓人覺得不對勁的。」我說：「她們是激情的一輩人，雖疲憊、絕望，仍在抗爭。我們的文字不好，甚至也是心甘情願地呆在那兒等死，不願意嘗試耍花招。先鋒死了，我們不得不回過頭來，老實地走路。」小容說：「她們是女孩子，有著少女不純潔的心理。表現在性上，仍是激烈的、拼命的。我們反而是女人，死了，老實了。」那是吉慶路一帶的房子，有小街，隱隱約約能看見灰塵。小販剛挑了兩籮筐青菜過來，上面潑了水，哩哩啦啦撒了一路。

這裏面雖然不是沒有情緒化的東西，但總體的特徵是反省式的。反省「她們」與性，同時也反省「我們」與性。其實是爲了弄明白「我們」與性，才去想「上一輩人」的「她們」與性的。更準確地說，這個反省是文學性的反省，也就是，「她們」怎麼「寫」性，「我們」怎麼「寫」性。

這有什麼意義呢？

說這個話的時候，「我們」還剛剛處在寫作的起點上。這個起點是，

「我們」得寫出「我們」自己的東西來。不是說「我們」自己的東西就是性，這個「她們」早在「我們」之前就寫了，而且以此確立了文壇上的位置；同樣寫性，別人的路不是「我們」的路，「我們」不能「耍花招」，「得老實地走」自己的路。

這個起點可不是自動就到了腳下的。在到達這個起點之前，已經走了一段路，而且並不容易走，「大約也是一路上厮殺吶喊過來的，帶有點無端報復的性質。」「對於我們不熟悉的性，真是有太多的話要說……性成了一種支柱，甚至不能不寫。」「激情以另一種方式恣意地表達出來── 雖病態，也有它不得已的道理。為了免受傷害，我們也只能這樣。」只能哪樣？「我們終於在文字裏找到了一種解決方式。我們在自己的筆下和異性談戀愛，竊竊私語。我們在自己的筆尖下跳搖擺舞，尖叫，做各種怪異動作，活蹦亂跳又快樂不已。」

這個描述，本來是小說裏的人說自己最初的那些文學「習作」的，不過你卻可以在多個七十年代出生的女作家的作品裏得到驗證，而且，在魏微的這篇小說發表之後，一些引起廣泛爭議的同齡作家的作品，也在不斷地一次一次地驗證這個描述。這多少可以從一個方面解釋她們為什麼動不動就要寫到性。這裏面有動人的東西，從類似於「厮殺吶喊」的反抗報復衝動裏流露出來；但這文字的性愛，終究是虛幻和本末倒置的，她們也許並不真的像文字表現的那樣熱衷於性，這甚至是她們並不怎麼熟悉的東西。有一次聽人閒聊，說，別看那個小說老是寫性，其實作者不懂，光看寫的總是那麼些胡亂的動作就知道。我登時有悟，覺得這人目光如炬。

也許她們自己並不知道，她們的那些成為關注熱點的寫作，是處在一個自覺的文學反省起點之前的東西。我這麼說不是有意要抬高魏微在同齡作家中的位置，她也經歷過同樣的階段，只是，這樣的階段和經驗只構成她寫作的「前史」，我們也只能從她對這一階段的自我敍述中略有所窺，而在不少作家那裏，我們卻可以直接面對這類性質的作品；魏微之所以能夠對這樣的階段和經驗進行自我敍述，我想是因為她多少有些脫離和克服了這一階段和這種經驗的制約，她多少可以分身來打量自

己，也就是說，她逐漸地卻是較早地獲得了反省的能力，從而確立一個自覺的起點。

有了這樣一個自覺的起點，寫性或者不寫性，就不是問題了。就魏微來講，非常有意思的是，她以這樣一個篇名如此醒目的作品開始爲很多人注意，還以爲她要就此縱放突擊，沒料到她卻不怎麼寫這個年齡的性了。因爲這已經不是問題了。她通過對「我們」怎麼寫性這一文學寫作「前史」的反省，脫離和克服了以性爲「支柱」、「甚至不能不寫」的被強制狀態，到達一個起點：這個起點不是接下去「我們」怎樣寫性的起點，而是「我們」怎樣表達「我們」、「我們」怎樣從事文學寫作的起點。

<h2 style="text-align:center">三</h2>

人往往容易產生一種錯覺，以爲當一個新作家或一代新作家出現的時候，會自然而然地帶來一些新的因素。特別是那些自我標榜爲「另類」或被別人貼上「另類」標籤的作家，常常能夠造成新奇異樣的震驚和迷惑，人們不假思索地認爲他們很「特別」。不過，他們是不是寫出了只有他們自己才有的感受和經驗？他們是在寫別人沒有寫過的東西嗎？假如這是過於嚴格的提問的話，那就退一步問，他們追求寫他們自己、追求寫別人沒寫過的東西嗎？他們願意建立這樣的意識嗎？

二十世紀九十年代中後期以來的青年文學，好像有一大批的作品寫一代（或者已經不止一代了）新人的新生活。他們在一個新的時代，進出穿梭於新的空間場景，以新的姿態和方式進行新生命的活動。寫這些，難道還不是寫他們自己的感受和經驗？這不是中國文學裏以前未曾有過的東西嗎？

這當然不好做一個整體的肯定或否定，但其中一個很明顯的傾向，「新」和「特別」的「另類」追求，其實是：和一些人不一樣，但要和另一些人一樣；和一種生活不一樣，但要和另一種生活一樣；和一種文化不一樣，但要和另一種文化一樣；和一種文學不一樣，但要和另一種

文學一樣。這另一些人，就是目前他們還不是但渴望是的人，這另一種
生活、文化、文學，就是他們目前還沒有置身其中但渴望置身其中的生
活、文化、文學。有些時候他們會產生一些幻覺，以爲自己已經是渴望
成爲的那群人中的一員了，以爲已經置身於他們傾心的那種生活、文化、
文學中了。他們以趨赴奔跑的姿態來表達他們的嚮往，同時表達對他們
腳下現實的否定。他們激烈地不認同他們其實真正置身其中的人群、生
活、文化、文學，他們反抗，掙扎，驚世駭俗，你還以爲他們要成爲他
們自己，要成爲他們個人，其實他們只是要成爲另一類人而已。

　　他們決不想成爲他們自己，決不想成爲他們個人，他們極力抹去和
掩飾自己的歷史和現實特徵而以一個全新的面貌出現。你不知道這些另
類生活的人是從哪兒冒出來的，關於他們的文學回避這一點是一點也不
奇怪的（陳思和老師曾經在一篇文章裏探查追索他們的成長史，但這樣的內容只是他
們當中的一兩個偶爾不小心洩露的[1]）。這樣的文學寫酒吧、咖啡館、俱樂部，
寫性亂、吸毒，在很大程度上並不是因爲這就是他們自己的生活，而是
因爲這是另一類的生活，而且另一類的文學已經寫過這樣的生活。他們
沒有勇氣去寫別人沒有寫過的，他們寫的，一定是他們所傾心的那種生
活、文化、文學中已經有的。

　　我們在上面提出了文學起點這個說法。如果說，對於一個寫作者而
言，一個自覺的起點應該是寫出自己的東西來，那麼，這個我們老是掛
在嘴邊的「自己的東西」，到底是什麼呢？差不多每個作家都聲稱他寫的
是「自己的東西」，在這一點上，「另類」的文學也不例外。可是，我們
還是應該繼續追問一下，到底「自己的東西」是什麼呢？

　　維・蘇・奈保爾，2001 年獲諾貝爾文學獎。在很多年前的某一天，
他正在爲英國廣播公司編輯一個文學節目，一個來自特立尼達的男子來
見他，說：「我叫史密斯。我寫性。我也是一個民族主義者。」他的性是
微溫、毛姆式和椰子汁式的；但民族主義卻十分進取。女人搖晃如椰子
樹；她們的皮膚是人心果色，她們的嘴巴內側是切開的星蘋果色；她們

---

1 這篇文章題爲《現代都市社會的「欲望」文本》，收入陳思和的文集《談虎談兔》，桂
　林：廣西師範大學出版社，2001 年。

的牙齒白如椰子仁；當她們做愛，她們的呻吟聲就像勁風中的竹林。這位作家抗議英語強加在他們身上的東西。這使奈保爾回想自己的寫作歷程。奈保爾十八歲之前生活在特立尼達，讀英語文學長大。當他想自己寫東西時，他絕望地意識到他自己的那個社會，那個不重要的小地方，遙遠，雜亂，「沒有形狀」。「要我把在特立尼達熟悉的生活寫進書中，似乎是不可能的。就像風景要等到藝術家把它畫出來才開始顯得真實一樣，沒有被寫過的社會也顯得沒有形狀和令人難堪。」英語文學給了他視野，可「那視野是外來的；它削弱我自己的視野，不能給我勇氣去做一件簡單的事，例如提到西班牙港一條街道的名字。」[2]

其實就是這麼簡單的事。你裝作很自然，自然到沒有意識地寫出了棉花俱樂部或三裏屯某些酒吧的名字，可是你不敢寫出你成長的家鄉小鎮或某條城市弄堂的名字。當然，如果這條弄堂是在上海的淮海路，那就是另一回事了。

二十世紀九十年代以來的某些「另類」寫作，其實是社會總體想像的一個組成部分。這個總體想像指向域外、接軌、全球化，指向俗話所說的「現代」，對於自身的現實，已經不是不滿因而要改變它，而是，根本就不想認識自身的現實而渴望用另外一種全新的現實來整個地替代它。這個總體想像不僅影響政治、經濟、文化等各個領域，而且日益深刻地滲透進人們日常生活的方方面面，甚至於欲望的方式。在文學上，出現了一種所謂國際化寫作的渴望和實踐。這其實是非常虛幻的，但問題是，真實已經淪落為一個不再有效的概念，如果說它還沒有完全作廢，那恐怕也只是在沈浸於虛幻中的人宣稱虛幻就是真實的時候。

魏微寫過一篇叫《喬治和一本書》(《小說界》1998 年第 5 期) 的小說，裏面起到很重要作用的這一本書，是風行一時的《生命中不能承受之輕》。在同齡作家的作品中，你會發現，對於外國作品，主要是歐美作品 (不僅是文學，還包括音樂、電影等) 的穿插引用，非常普遍頻繁，而且，恐怕也是時髦的。這種「互文性」，是一種特別表面化但同時也特別醒目的

---

2 見維·蘇·奈保爾的散文《素馨》，黃燦然譯，《書城》2001 年第 12 期。

國際化寫作的標識。可是魏微在這裏開了一個玩笑，一個善意的調皮的玩笑，但也不妨看成一個嚴肅的反諷，或者是一個多層涵義的寓言。名字叫喬治的香港人，生活在北京，是個花花公子。他引誘女生的方式是拿英文版的《生命中不能承受之輕》來念。當他念到湯瑪斯式的性愛指令「脫！」的時候，他好像由此獲得了在現實中發出「脫！」的命令的能力，而且，這時候，每一個被他成功引誘的女人眼睛裏都會流露出崇拜的神情。可是終於有一次他失手了，原因是那本英文小說找不到了，整個過程他慌張失措，甚至整個人都垮了下來。

什麼是自己的東西什麼不是呢？什麼是自己的現實、自己的能力而什麼不是呢？什麼是虛幻的什麼是真實的呢？什麼時候虛幻不是真實呢？什麼是外來的視野削弱了自己的視野以致沒有勇氣去做一件簡單的事呢？瞧瞧這個傢伙。

四

說了那麼多糾纏不清的話之後，現在，終於可以談談《流年》這部長篇了。想到這部作品，我自己的心情一下子好起來。

《流年》寫的是一個女孩的童年記憶，她在江淮之間的一個小地方，名叫微湖閘的水利管理所，和爺爺奶奶度過了人生的最初時光。那是在七十年代，小女孩從出生到五六歲之間的光景；八十年代當她變成一個少女時，也曾在暑假回去過兩次。當她回頭述說過去的人和事，已經是三十歲的人了。從這個意義上說它是一個「光陰的故事」，名字叫做《流年》，也好；不過我讀的時候，強烈地感覺到它應該就叫《微湖閘》，這個具體的、清晰的、實實在在的地方和它所包容的人、事、物，要比那個抽象的、模糊的、有那麼點文人氣的時間感慨，更好些，更讓人踏實和放心。後來我才知道，小說最初在 2001 年的《收穫》長篇增刊發表時，名字就叫《一個人的微湖閘》。花山文藝出版社 2002 年出版單行本，從銷路考慮，改題《流年》 —— 這當然是個一廂情願的想法。

魏微是個用字儉省、簡潔的人，可是這一回，她以第一人稱敍述一

個四五六歲小女孩的經驗，竟然寫成了一部長篇。對有的作家來說這未必是多麼值得特別注意的事，可對魏微，這個「寫很少的字」的人（幾年以前，她在一篇《看得見風景的陽臺》的短文裏，曾這樣說到自己），就不一樣了。她寫得傷懷，感恩，顯見是動了深厚感情的，可這感情，又是平靜的，通達的，自然節制的，就像一個人細說家常，那感情就在家常裏藏著露著，不必單挑出來明說，也不必刻意掩飾壓抑。什麼是家常啊，那裏面真是什麼都有了的。

　　家常，或者用魏微用的詞，日常生活，就不同於故事。這個小說寫的不是故事，也就是說，它不是線性展開的，不是時間性發展的。一般我們說一部小說的發展如何，這部小說的構成不是發展的，而是累積的，一點一點的累積的，逐步建構成小說的空間。一些平行的、互不相干的人物，事件，場景，一些聲音，某種氣味，陽光，陽光裏的灰塵，諸如此類，瑣屑，斷續，沒有邏輯，可就是這些，點點滴滴的，呈現出微湖閘的世界。也許我們可以想像，微湖閘的世界是小的，日復一日的生活是枯燥的；可是，在魏微的敍述下，就像那樣的生活在那裏的人 —— 譬如楊嬙 —— 的安排調理之下，「竟變得如此遼闊，生動，細微。」

　　一個孩子的眼光看到的世界，是表面的，局部的；而我們成人，總是在探求深入的東西，總是要把握完整的世界。可事實怎麼樣呢？不知道是不是可以這樣說，我們每個人，甚至沒有例外，當我們越來越遠離孩童時代的時候，我們就過著越來越表面化、越來越分裂破碎的生活。關於這一點，還有什麼疑問嗎？我們今天的生活，不就是破碎、分裂、表面化的例證？為什麼我們總是要探求表面的背後、渴望完整地把握世界，還不就是因為我們總是在表面上，總是在破碎分裂中？

　　說到這裏，我多少有點明白了，我為什麼喜歡這部小說。它呈現了一個完整的世界。完整，是什麼意思？讓世界完整起來，這是一個多麼不可能的恒久的內心衝動。怎麼可能呢？可是這部作品，借助一個孩子的眼睛和心靈，一種看上去似乎是表面和局部的感知，呈現了一個完整的生活世界。這樣說也許不太容易讓人明白，可是，咳，就是這樣了。

　　我喜歡這部作品還因為它明白人情物理。明白了，就能接受，能容

得下世界，能產生感情，能愛，甚至能憐憫。明白人情物理還可以說成是明白日常生活，更恰切地，與其說是我們明白了日常生活，還不如說是日常生活使我們明白了。

　　當然，這是一個成年人的作品，你可以說一個人經歷世事滄桑，之後她回頭看去，明白了她的童年經驗；可是我更願意反過來說，是她童年感知和認識的人和事和所有的一切，是她童年的完整的世界，幫助成年的她明白了，明白了記憶中的世界和現實裏的世界。

五

　　按照「成長史」的順序，《一個人的微湖閘》之後，是短篇《姐姐和弟弟》（《作家》1999 年第 7 期），再接下來也是一個短篇，《鄉村、窮親戚和愛情》（《花城》2001 年第 5 期）。

　　《姐姐和弟弟》寫的是少女陰鬱的青春期，在這一時期，她和家人互相折磨，特別是，她對深愛的弟弟常常沒有緣由地施之以暴力。這一完全無法自我控制的對弟弟的折磨，同時也傷害和折磨著她自己。小說題記說，「在我們每個人心中，都有一條蛇。」作品就寫了這條蟄伏在我們內心不知什麼時候會醒來的「蛇」。

　　雖然可以按照「成長史」的順序把這幾個作品勾連起來，但它們不是成長小說，《一個人的微湖閘》不是，《鄉村、窮親戚和愛情》也不是。可是它們之所以能夠聯繫到一起來看，是因為它們共同構成了一個人從哪里來到哪里去的基本歷史因素。這是比個人的成長更廣泛和深厚的東西。從這個意義上講，《鄉村、窮親戚和愛情》這個不長的短篇，分量其實是重的。

　　個人與家族、家族與土地之間的聯繫，並不是個令人愉快的話題。城裏的孩子像冷淡、生疏鄉下的窮親戚一樣本能地拒絕這種血脈因緣，時間久了，你以為這血脈就冷卻了，睡著了，甚至沒有了；可是有一天，或者就是某個瞬間，它一觸即發，它在你身上復活了。這時候，你就有了感情，甚至，你產生了愛情。這篇小說發掘了個人身上累積沈澱的歷

史因素，並且復活了對它的複雜感情。但這卻並不是現代人廉價的感傷浪漫和田園懷想，不，不是，這愛情在心裏不爲人知地擦出火花，又令人疼惜地熄滅了。因爲，個人是無力的。寫出這種無力來，有些冷酷，但是誠實。因而那愛情，雖然短暫，也是誠實。

上面曾經說到九十年代以來社會總體想像的指向，這個指向是只向前不向後的，而且，它隨時不斷地抹去身後的痕跡。它也會製造懷舊的潮流，但那抽空了歷史真實的懷舊不過是又一個虛幻的新景象。它願意你看到的社會，總是最新的社會；你看到生活，總是最新的生活；你看到的人，總是最新的人 —— 你看到的你自己，當然也是最新的你。可是，社會、生活、個人、感情，實際都是累積的、沈澱的，都有歷史的痕跡和層次。魏微的小說，包括這裏很遺憾沒有談到的其他一些作品，能夠讓人看到社會、生活、個人、情感中累積、沈澱的痕跡和層次。我想起她江蘇的同鄉詩人卞之琳將近七十年前的詩，《水成岩》，水都沈積成岩石 ——「『水哉，水哉！』沈思人歎息/古代人的感情像流水，/積下了層迭的悲哀。」現代人呢？很現代很現代的現代人呢？

六

文章就要結束了，發現談的魏微的幾個作品，都是第一人稱的，這個第一人稱的我，有時候是我們，帶來一種自然的親切感。當然，這個我其實是幾個不同的我，處在幾個不同的層次上，作者的我，小說的敍述者我，小說裏的人物我，有區別有差異，但也常常重迭著，混合著，交叉著，真要分得清清楚楚，恐怕很難，而且，沒有必要。這樣的作品，探究和敍述自己的東西，想告訴自己也告訴你我是誰，雖然不可能全弄個明明白白，但有心讀，差不多就能知道、瞭解個大體，心裏也就踏實了。

這個我到底是誰呢？在上面曾經提到的那篇《看得見風景的陽臺》的短文裏，魏微說，她也許會寫上十年、十五年，她會走過許多城市，會在一些城市生活下來，生活於市井中，結交不多的市民朋友，親熱地

打著招呼，然而他們「不知道我是誰」。[3]這話有那麼點孩子氣，可它確也是一個成人的內心語言。讀到這裏我心裏笑了一下，我想到了崔健的歌，至少字面上它們相像：「我要從南走到北/我還要從白走到黑/我要人們都看到我/但不知道我是誰⋯⋯」但崔健是八十年代的個人英雄，魏微呢，是人群中的人，是我自己卻並不孤立于現實、人群、日常生活之外，她自己知道我是誰，這個我有時候會隔著一點距離看人們的生活，看自己的生活，發覺自己是熱愛生活的，發覺生活的蠱惑力，發覺淚水汪在眼裏。

2002 年 9 月 27 日　客居釜山大學

（載《當代作家評論》2003 年第 1 期）

---

3 魏微《看得見風景的陽臺》，《「七十年代以後」小說選》第 478 頁，上海文藝出版社 2000 年。

小說精神的源頭、生活世界、現代漢語創作傳統

—— 林建法編《2003 中國最佳短篇小說》[1]序

一

　　小時候，小到還不知道世界上有小說這種東西，甚至連字也不識的時候，就聽了許許多多故事。講故事的人，是寵愛我們的祖父，是走南闖北的銀匠，是左鄰右舍沒上過一天學的老太婆。現在回想起來，好像周圍每個大人都會講故事，只不過有的講得多，講得好，有的講得少，講得不太好而已。當然了，這些故事不是《海的女兒》、《白雪公主》和《快樂王子》，它們是屬於中國自己的，民間的，口口相傳。假設有一天，那些聽故事的孩子中有誰讀了點書，譬如說他讀《聊齋》，發現某個故事和他小時候聽到的差不多，他會有點疑惑，他不能肯定是蒲松齡寫的故事在民間流傳，還是在民間流傳的故事被蒲松齡寫進了書中。

　　有這樣的疑惑可真是好。這至少說明，讓人產生出疑惑的故事有那麼活潑綿長的生命力。

　　不過，即使那孩子以後再飽讀書卷，最終也不得不承認，他聽到的更多的故事卻從未被寫成文字，沒有變成小說，沒有成為文學。

　　為什麼一開口就說小時候、說這些陳年老話呢？不是「懷舊」，而是想從這裏尋找 —— 小說的精神。

　　我的想法是，我們的文學教育從那個時候就開始了，自由，活潑，

1　《2003 中國最佳短篇小說》，林建法編選，瀋陽：遼寧人民出版社，2004 年。

不知不覺地開始了；等到有一天我們知道世界上有小說、有文學這樣的東西，而且開始有意識地去瞭解、去學習什麼是小說、什麼是文學的時候，最初的文學教育中的自由活潑的精神就開始一步一步地受到拘束和擠壓，最壞的結果就是這樣的精神喪失殆盡。

　　這個想法需要解釋。

　　首先就會有很多人不同意，那種民間講述的故事怎麼可能和小說、文學相提並論？那樣的故事怎麼夠「資格」成為小說、文學呢？這豈不是「高攀」？

　　二十世紀八十年代的文學新潮，大力破除的一個觀念就是把小說等同於故事；九十年代，反過來，又有人說小說不好看，小說家連個故事都講不好，提倡「好看」的小說，主要強調要有好故事。

　　這裏面有多重的誤解。不論反對故事還是提倡故事，都把故事當成了情節性強的東西。其實是把故事簡單化、狹隘化了。這種對故事的認識和民間講述故事的豐富的實際情形比較起來，其簡單和狹隘尤其明顯。一個農民閑來講個故事，哪里就一定把情節看得那麼重。他完全可能隨心所欲，不切題地東拉西扯，說到哪是哪。會說話的人還往往有意識地不切題，東兜西轉，正不知所至的當口，他又轉回來了。那些故事，刺激，傳奇，道聽塗説，真假難辨，奇思異想；但也並非全都無稽，其中也有相當切近的，周圍的，甚至是親歷的，因而再怎麼離奇也是平易的，現實的，就譬如那東家長西家短的閒言碎語。

　　但這樣的方式和狀態，一碰到「正規」的小說和文學就完了。什麼是小說、什麼是文學的觀念的建立，是和不斷把不是小說、不是文學的因素排斥出去的過程合而為一的。小說，總得講究個寫了些什麼、寫這些有什麼意義吧，總得講究敍述的語言、結構什麼的吧，這樣一來，很多東西就不夠格了。譬如一個離奇的故事，就是離奇，可有什麼意義呢？譬如那種枝枝蔓蔓地進行講述的方式，結構怎麼樣呢？這麼搞將起來，越來越複雜，小說就變成了「大說」，本來這東西是「小道」，現在可是和「大道」聯繫緊密了。

　　語言啊，結構啊，意義啊，「大道」存焉。這個「道」，是政治立場

也好，是人性深度也好，或者是其他的什麼什麼也好，有了它，小說可就不能「胡說」了。自由活潑還有嗎？有，也是在「大道」劃定的範圍內，偶爾冒險到了圈子外面，還是要趕緊回來。

我是覺得中國人應該特別反省關於文學、關於小說的觀念，我們的這些觀念是二十世紀建立起來的，它的基礎是移植過來的西方文學和小說的觀念，中國傳統的小說觀念遭到完全的排斥。這種排斥不僅抹掉了我們自己的傳統的文學資源，而且抹掉了大多數中國人在自己的生活世界中最初所受到的自由活潑的小說教育、文學教育，這樣的教育將在後來的成長過程中被糾正、被壓抑、被認爲根本就不是小說的和文學的教育，最終被抹掉。

這個過程的性質是什麼呢？如果我們承認了這個過程，就等於承認文學教育和小說教育是與我們自己的生活世界無關的，是不可能在我們自己的生活世界中發生的，即使發生了，也是錯誤的；我們得到另外的地方去學來什麼是小說、什麼是文學。推到極端便是，小說、文學，與我們自己的生活世界無關。

不幸的是，在我們今天的文學中，能夠看到的，多是對這個過程的承認、屈服、接受，甚至，早就忘了或者壓根就不知道曾經有過這樣一個過程。

這也就是我爲什麼要從小時候聽故事說起、要從那裏開始尋找小說的精神的一個原因。

另一個原因是，我要對自己解釋爲什麼讀莫言的小說有一種不知道從哪里來的親近感。現在我有點明白了。很多年前，我還是個學文學的學生，在閱覽室讀完剛發表的《紅高粱》，最強烈的感覺竟然是，這個故事我小時候聽過，即使不一樣，也非常相似。但那時我還完全不明白這個感覺的意義。讀了那麼多莫言的作品之後，今天，又讀 2003 年發表的《木匠和狗》，我好像抓住這種感覺了：它是莫言作品所喚醒的小時候聽故事的感覺。《木匠和狗》的故事我是第一次讀到，但這一點兒也不妨礙它喚起我童年時代最初的文學感受。也就是說，莫言的作品能夠讓我與最初的文學感受重逢。再進一步說，就是莫言的作品裏有這種東西，有

這種被「正規」的小說觀念排斥掉的、與自己的生活世界相聯的、與民間講述方式相聯的東西。

這篇小說寫故事，也是寫講故事。管大爺對小孩鑽圈說：「賢侄，我給你講個木匠與狗的故事吧。」這一開口，可真有離題萬里之妙，講的是他爹管小六和鳥的故事，占了小說的五分之三；木匠與狗的故事鑽圈當然也聽過，不然他老了不會有孩子纏著他翻來覆去地講；再後來，聽鑽圈講故事的小孩能寫作了，他寫出了個木匠與狗的故事：狗吃了木匠的肉，被木匠痛打，就結了仇；狗偷偷用高粱秸量了木匠的身體，在木匠的必經之路上給他挖好了葬身之地；然後就有一場人與狗的搏鬥，結果木匠打死了狗。木匠跟剛剛親眼看了搏鬥的管小六說這個事，說你不知道狗的智慧。他躺到坑裏，仰面朝天，對管小六說：你現在相信了吧？管小六一腳把死狗踢到坑裏，連人帶狗一塊埋了。木匠最後的話是：小六，也好，也好，我現在想起來了，知道你為什麼恨我了。

莫言經常採用的童年視角（這篇《木匠和狗》不是特別典型），其實不僅僅是敘述角度的問題，而是由此獲得了整體的解放，從關於小說、文學的各種「正規」觀念中解放出來，恢復到小說最初的不受拘束的狀態。這個狀態的精神，也就是我上面說的童年最初的文學教育的狀態的精神。

小說是應該有「精」有「神」的，應該有點「精神頭」；可是在長久的拘束狀態中，小說難免不無精打采，無神少氣。

二

小時候再值得留戀，也很快就過去了，聽來的木匠與狗的傳奇，或者親眼目睹的一條毛巾打敗一把刀子的事件（余華《朋友》），諸如此類，都有可能成為文學精神的種子，埋下了，以後或者發芽、成長、結實，或者埋在那裏就爛掉了，死了。成長中的人還沒有意識、沒有能力、沒有閒暇來理會這些，他要長大，涉世，面對生活，認識別人和自己，認識歷史和現實，曲曲折折，歷經滄桑。這個漫長的人生時期，問題是那麼得多，一個一個接踵而來。

相對應、呼應的文學也就來了。這樣的文學，是現今文學的主要構成部分，是現今文學的主要成績所在。

從尤鳳偉的《冬日》、鐵凝的《逃跑》、格非的《戒指花》、孫春平的《包工頭要像鳥一樣飛翔》等作品裏，我們能感受到怎樣冷峻的現實，以及這種現實對人的生活的極度擠壓和剝奪，對人性的強力扭曲；而一個普通的人，不管他一直生活在社會的最底層還是終於變成了一個「體面人」，他的人生和命運，會凝結彙聚起多麼沉重的社會變遷內涵和「文明化」的代價，讀讀張學東的《送一個人上路》和須一瓜的《雨把煙打濕了》，就不能不有些震動。再讀張煒《父親的海》、陳昌平《特務》、嚴歌苓《拖鞋大隊》、張抗抗《何以解憂》，有些人會不耐煩吧，怎麼老是糾纏於歷史呢？這樣問，好像誰有受虐狂傾向似的。這習慣上被我們稱為「歷史」的東西，真的就成了過去的歷史嗎？我們的現實真的已經從這歷史中逃了出來，從此沒有瓜葛了？還有，那被我們用兩個字 ——「歷史」—— 打發了的東西（同樣我們也用「現實」這兩個字打發一些東西），到底有怎麼紛繁的樣相、怎樣具體而微的形態呢？到底又有怎樣的感情溫度和人性的展開形式呢？也許正因為有了堅實的文學的糾纏不休，我們的歷史和現實才沒有淪為空洞的歷史和現實吧。

不過，短篇小說和生活世界的糾纏，雖然有可能隱喻、暗示、指向頭緒繁多、潛隱深藏的巨大的複雜性，卻因其篇幅的短小，它的特長倒並不在於細緻展示和充分呈現複雜性。也許簡單和樸素更見它的本色。當然也有不簡單不樸素的短篇，而且也好，正如不本色也有不本色的好。可是在這裏，我更願意談幾篇簡單和樸素的小說。

一篇說，一個男人，離了婚，又談了個女朋友，兩個人和諧甜蜜；這個男人每天上下班，不坐公車，步行穿小巷。男人的前妻是個需要別人照顧的嬌弱的人，以前都是他做家務，離婚以後不知道她是怎麼對付做飯提水之類的事的。男人走小巷，有意無意都要朝以前那扇窗戶看幾眼。這天，他又不經意看了一眼，站住了。好長時間沒看到油煙從那個視窗冒出來，現在卻有了。他看到一個男人的身影，低著頭，好像在切菜。以前都是他每天這個時候在視窗切菜。一瞬間，心裏有塊東西呼啦

一下，開始鬆散了。有些喜悅的東西來得突然，他想笑一下，卻沒笑出來。他想，終於有人來照顧她了。他再次笑了笑，心裏那塊鬆散開來的東西就在他笑的時候消失得沒了蹤跡。回到自己的住處，打電話把女友約來，喝了點酒，說我們結婚吧。彼此都能感到對方的心動。他還想，明天下班要坐公車回家了。柳營的這篇《視窗的男人》，讀了讓人溫暖。這種溫暖不廉價，不誇張，因為它並不回避生活中的問題，但它也沒有被問題沖散，它還能在生活的問題中保持著素樸的心，並且生出溫暖來。

還有一篇，說一個農村的女孩子，為了買一條紅圍巾，去地裏扒紅薯。生產隊已經把紅薯出過一遍又抄過一遍了，地裏已經沒有什麼紅薯了；但萬一哪塊土裏還包著一塊呢？這第三遍，就叫扒紅薯。這篇叫《紅圍巾》的小說是劉慶邦寫的，我設想，要是換一個對鄉土生活和勞動沒有很深感情和體會的人來寫，會怎樣呢？也許就把這個事處理成一個窮困的女孩子為了一個卑微的願望去付出不成比例的艱苦勞作。這樣就糟蹋了。可是劉慶邦不，他寫土地踩上去的感覺，寫土地分兩層，熟土層和生土層，寫女孩映在夜幕上的動作重複單調，寫女孩扒著扒著忘了自己在幹什麼，就那麼機械地扒，似乎只要扒，就過得去，不扒，就過不去；寫朝霞出來了，寫喜鵲飛來飛去，寫她終於扒出一塊，寫那塊紅薯的大小、體型、表面、顏色，紅薯的顏色是嫩紅的，嫩得像新生嬰兒的皮膚一樣；女孩對著紅薯又看又聞，差點把紅薯親一口。劉慶邦寫出了人和土地、作物、勞動之間的親密關係，這種關係並不只是人通過勞動解決物質上的問題，而且還是人通過勞動去獲得精神上的成長、喜悅和依託。

在這樣的小說中，我們能夠看到生活世界的底色，能夠接收到日常人生的實在資訊。這樣的小說，當然也風貌各不相同，厚重蘊藉如遲子建的《一匹馬兩個人》、強悍激烈如紅柯的《野啤酒花》、不動聲色如蘇童的《垂楊柳》大動聲色且語詞健旺銳利如張潔的《聽彗星無聲地滑行》、敘社會風習如魏微的《大老鄭的女人》、記個人經驗如吳晨駿的《紅村》、講不遠的過去如薛榮的《1979 年的洗澡》和顧前的《有關往事》、說新鮮的當下如潘向黎的《奇跡乘著雪撬來》和金仁順的《拉德茨基進行曲》、

堅硬如溫亞軍的《硬雪》、迷離如陳染的《離異的人》、惶惑或可解決如朱文穎的《變形》、折磨永無盡頭如盛可以的《魚刺》。一篇篇數過來，就數到王安憶的《姊妹行》了。

　　《姊妹行》寫分田和水做伴去徐州看分田在部隊裏的物件，兩個女孩子第一次出遠門，新鮮興奮自不待言，卻也小心不出差錯，沒想到就要快到目的地之前，在徐州西站被拐走了。分田後來趁機從要她做媳婦的地方逃了出來，回到村裏，卻什麼都變了，村裏人很生分，連水家的大人也不願分田說她們出事那一節，分明流露的是難堪、羞慚，部隊裏的那個物件也退婚了。如果小說就寫到這裏，可以說是「問題小說」，觸及了近些年來中國屢打屢犯的拐賣婦女的嚴酷現實；再深一步，借描述分田回鄉後的遭遇，可以檢討反省中國鄉土文化，做成凝重的「文化小說」。但王安憶志不在此，她繼續寫下去：她寫分田一次又一次往縣婦聯跑，試圖通過她們來勸說部隊的物件，跑到一點希望也沒有了，跑到最初熱情的婦聯幹部最後見了她都要躲為止。寫到這裏，就有點兒意思出來了；再寫下去，分田一個人又返回她們被拐的地方，找到和人販子一塊兒吃飯的一個路邊飯店，住了下來。她要找回水，可她怎麼找得到呢？她就賴上了開飯店的霞姐，霞姐不告訴，她就住著不走了。到這裏，整個意思全都出來了。這個意思就是一個普通人的不屈不撓的求生意志。真是不屈不撓，毫不含糊。霞姐沒辦法，只好說出了水的下落。

　　王安憶的敘述細緻綿密，她那樣有耐心地寫點點滴滴、細枝末節、來龍去脈，一字一句，不厭其詳，不嫌其煩，不少讀者甚至說她囉嗦了。可是，寫到最後，簡潔來了，而且簡潔得令人震動：分田找到水住的地方，見「院子裏坐了個小媳婦，懷裏抱個未出月的毛孩，正餵奶，聽有人來，小媳婦便抬頭。太陽旺旺照著，遍地是光和影，她就像坐在花影裏，臉顯得很白，很小。兩人對著呆一會兒，分田叫了聲：水，水就哭了。分田到她跟前，蹲下身子，問：水，過得好不好？水說，不好。跟不跟姐走？分田問。走！水將乳頭從毛孩嘴裏拔出來，毛孩力氣卻很足，將水的乳頭拉得老長。水掩好衣服，將小孩往地上一張小棉被上一放，站起來就跟分田走。」要說驚心動魄，也不過分。兩人趕到徐州火車站，

水才想起問：咱們去哪里呢？分田說：去上海。「進候車室，水才又『哇』一聲哭了，哭她的小毛孩。分田說了聲：莫哭！水應聲就止住了。」「兩個姊妹淹進人海，看不見了。」

　　有了前面的細密堅實做鋪墊，簡潔乾脆的文筆的力量就一下子出來了；那種不屈不撓的求生意志的力量也就出來了。魯迅在蕭紅的《生死場》裏所感受到的人民「對於生的堅強，對於死的掙扎，卻往往力透紙背」[2]，差不多也正是這種情形吧。

　　這種不屈不撓的求生意志，平時淹在人海裏看不出來，可正是這樣的看不出來卻蘊含著不可思議力量的東西，做成了廣闊的生活世界的底子。

三

　　開始我們講小說在起源上具有活潑自由的精神；但它不可能一直呆在起源那兒，它要出發，不能不跟生活世界發生各種各樣的關係，所以就又在這種關係中講小說。這是有些矛盾的，但矛盾的解決不是彼此互相取代，最好是同舟共濟，一塊兒成就小說；倘若不能和諧，那就讓那矛盾在那兒好了。

　　現在，我又想說另外的問題，當前創作的文學資源問題。大問題，在這裏卻只能簡單說幾句。二十世紀八十年代以來到今天的中國作家，在談到他們的文學閱讀、文學影響的時候，絕大多數人報出來的是外國作家作品。這是符合實際情況的。但這個實際情況卻讓人有些悲哀。對於自己的最近的文學傳統，百年來的現代漢語創作，反而離得最遠，整體上來說所知有限。

　　這有什麼關係嗎？爲什麼一定要知道這個傳統呢？這裏面有多少值得知道的東西呢？

　　我們好像忘了我們是用現代漢語來寫作這個基本的事實。承認這個

2　魯迅：《蕭紅作〈生死場〉序》，《魯迅全集》第 6 卷，第 408 頁，北京：人民文學出版社，1981 年。

事實就得承認現代漢語創作的很短的傳統是當前創作的家，你就是這個家裏的；雖然你認了一些闊親戚，他們還可能給了你莫大的幫助，但沒辦法，你就是屬於這個傳統的。貧瘠也好，富裕也好，你總得去摸摸這個家底吧。用闊親戚來傲視自己的家，像什麼呢？

這不是文學的民族主義，不過是關於自己的基本認識。

也就是從這樣的角度，我願意把魏微的《大老鄭的女人》看成是向現代漢語的小說傳統虛心致敬的作品。小說寫一個小城八十年代以來的風習演變，寫時代的訊息一點兒一點兒具體落實到這個古城的日常生活中，寫這個過程中的人情世故、人心冷暖，人事和背景是不分前後主次的，你可以說小說的主角是大老鄭和他的女人，也可以說是「我們」，更可以說是這個小城。從這個小城，你會想到沈從文的筆下的湘西、蕭紅筆下的呼蘭河，在另外的場合，魏微也明確表示受惠於這兩位中國作家；從那種敍事的細緻、耐心、不驚不乍，你也許還可以說她受惠於王安憶。不是說受前輩作家影響就好，而是，從自己所屬的創作傳統裏發現能夠成為自己的文學資源的東西，這是重要的，重要在於它是一個基本的出發點，而不是目的地。

這就說到葉彌的《明月寺》了。小說寫的是，一個年輕的女孩子，在陽光燦爛的春天去看花。本來就是沒有心事輕鬆看花的，卻到了明月寺，看的是月，和月下不明不白的人與事。人事不論，這裏只說月亮這個核心意象。我們所熟悉的文學月亮，是家喻戶曉的古典詩詞裏的月亮，傳達的多是寧靜安詳的氣氛和親切的感受；可是這篇小說特意提起，說，「月光這樣東西其實是最不安靜的。所以，明張岱說，杭州人避月如避仇。」我們可以接著說，張岱之後，紹興人魯迅把月光與人的「發狂」直接相聯，那就是現代文學開篇石破天驚的《狂人日記》，劈頭第一句就說：「今天晚上，很好的月光。」三十年不見月光，全是發昏；今天見了，精神分外爽快 —— 然而須十分小心。由此開始，現代文學創作傳統的月亮就變得難以琢磨起來。別的不說，就說似乎誰都讀過的張愛玲，她小說中的月亮，早就有專家長篇大論的詮釋；自傳文《私語》說她被父親監禁，後來讀到一句詩關於狂人的半明半昧：「在你的心中睡著月亮光」，

「就想到我們家樓板上的藍色的月光，那靜靜地殺機。」我們在《明月寺》裏看到的月亮，與人事的不可測度的大秘密相關，是一個「浸了水，形狀和質地就有點怪異起來的」月亮。

最後，說殘雪。今天依然可以把殘雪稱爲先鋒小說家吧，也可以說她的作品依然是「黑暗靈魂的舞蹈」；但說她的先鋒性和她對黑暗的心理風景的探索，在文學資源上，不可以僅僅與西方作家作品掛鈎，這裏有魯迅。看起來談魯迅的當代作家不在少數，但認真對待魯迅的文學的有多少呢？離開魯迅的文學談魯迅的思想或其他的什麼，都不免讓人懷疑。而所以不談魯迅的文學而談魯迅的思想或其他的什麼，一個沒有明說出的想法大概是魯迅的文學沒有多少好談吧。殘雪也談魯迅，她談的是文學家魯迅和魯迅的文學，談「藝術復仇」的《鑄劍》，談不朽的《野草》。不僅僅是談，而且是長期當成心靈和文學的滋養地來汲取力量的，她從十四五歲開始讀《野草》，一直到今天；她說，「有了它，中國現代文學便在世界一流純文學行列之中有了自己的代表。」我以爲更重要的是接下來的話：「可惜的是，我們自己的人民並不能完全認識我們的藝術，這種常規性的誤解在這個國度比在任何其他地方都嚴重。」[3]

至於我們怎樣閱讀殘雪的小說，這篇《家庭秘密》，或其他的作品也一樣，至今仍然是個問題。怎樣克服閱讀的問題，殘雪提供了她自己的經驗：「我本人的經驗，是放棄表面的理性判斷，讓作品中那些觸動自己的迷惑點引領著感覺不斷深入，反反復複地停下來，然後借助自己的人生體驗起飛，向陌生的領域突進，將判斷、辨認留在以後，讓其自然而然地從感覺中昇華，凝聚成新的理性。在這個過程中，作品中的語感是首要的，一定要緊緊跟上作者心靈的暗示，才不會被那激情的、不知要衝向何方的浪濤甩下。這是意志力的較量，也是生命力的測試。」[4]

2001 年 11 月 26 日

（載《當代作家評論》2004 年第 2 期）

3　殘雪：《不朽的〈野草〉》，《藝術復仇》第 234 頁，桂林：廣西師範大學出版社，2003年。

4　殘雪：《精神的層次》，《藝術復仇》第 274-275 頁。

如果文學不是「上升」的藝術，
而是「下降」的藝術

── 談《婦女閒聊錄》

一

　　先是在《天涯》上讀到一部分，接著是《萬物花開》的附錄，現在，它已經完全獨立、自足，它就這樣，自個兒在這裏了。

　　一開始，我們或許只是把它當成有趣的「民間語文」吧；當林白告訴我們《萬物花開》的部分素材自此而來，我們就不能不考慮個人創作和民間敍述之間的關係了。林白說閒聊錄和《萬物花開》的關係，大概相當於泥土和植物的關係。當時我看到這句話就覺得高興，但隱隱又有點兒嫌林白說得還不足，我在心裏反駁說，閒聊錄不僅是泥土，它本身同時還是植物，還是花開。我們的認識不能到這裏為止：在民間的泥土上生長個人的植物和花朵；民間本身就植物繁茂，四野花開。也就是說，如果能夠更徹底一些，閒聊錄就不可能僅僅是「素材」，更不會只是個人創作的「附錄」。

　　我猜想，這樣的想法林白那時大概就隱約意識到了，只是還需要一個明確、清晰起來的過程。畢竟，從《一個人的戰爭》到《萬物花開》，已經是長長的一段行程，林白還能走到哪裏去？到這個時候，真是能夠考驗一個作家的天分、力量和勇氣。長期在個人幽暗的空間裏摸索、挖掘，有一天，開了一扇窗，新的空氣、陽光和可以從視窗眺望的景象，

一下子帶來對一個廣闊世界的新鮮感受，在這個時候，一些新的因素就出現在她的文學裏了。我說的考驗，也就在這個時候出現了。很多作家拒絕這種考驗，他們就停留在這裏，你不能說他們的文學裏沒有活潑的生活和廣闊的世界，但那樣的生活和世界只是在窗邊和門口感受的生活和世界，他們不會走出自己的房間。在我們的文學中，多的就是這樣的窗邊文學和門口文學，當然，我不否認，在這樣的位置上有時候也能夠感受到清新的風和視野可及的多樣風景。但在這個時候，林白卻被強烈誘惑著離開窗邊跨過門檻走進了遼闊的世界之中，表現出性格裏的徹底性。

有了這樣的徹底性，才有了這樣一部獨立的《婦女閒聊錄》。

那麼，文學呢？

作家走進遼闊的生活世界，如果還一直帶著文學的矜持和藝術的優越感，就不可能真正投身和融入其中。他沒有對世界充分敞開，世界也不會向他充分敞開。我們說文學來源於生活，所以作家向生活世界學習，看起來是個低姿態；但我們又相信文學高於生活，所以他面對生活世界的時候不可能不帶著文學的矜持和藝術的優越感。他要從生活世界中提煉出精華，把它「上升」為文學和藝術。這個根深蒂固的觀念，仔細追究起來非常有意思，會暴露出很多似是而非的問題。在這裏我們不能深究，但不妨換個方向思考：如果文學不是一門「上升」的藝術，而是一門「下降」的藝術呢？如果文學放棄了它面對遼闊生活世界的矜持和優越感，它會失去什麼，又將得到了什麼？

《婦女閒聊錄》至少是一次嘗試，嘗試把「上升」的藝術改變為「下降」的藝術，從個人性的文學高度「下降」到遼闊的生活世界之中去。我想，這樣的改變不僅對於林白本人是意義重大的，而且也深刻地觸及到當代創作的某些根本性的問題。

二

馬克思在《路易・波拿巴的霧月十八日》中論述復辟時代的法國農

民，說：「他們無法表述自己；他們必須被別人表述。」愛德華·薩義德把這句話放在《東方學》的扉頁。我在這裏也借用這句話，來討論底層表達和民間敍述的問題。

無論從壓迫他們還是從解放他們的意義上，底層民眾長期以來被視爲沒有能力表述自己，他們被稱爲「沉默的大多數」。沉默，不說話。

可是，他們真的不說話嗎？

當「說話」這個詞換成「表述」、「表達」、「敍述」的時候，似乎就有理由把他們描述成「沉默」的了。也就是說，雖然他們說話，可是他們的說話夠不上「表述」、「表達」、「敍述」的程度，他們的說話不「規範」，沒有太大的「意義」和「價值」。說得更直白一點，就是，他們的話不是話。

那麼，誰的什麼樣的話才算是話？是誰怎麼規定了什麼樣的說話才「規範」，才有「意義」和「價值」，才夠格稱得上是「表述」、「表達」、「敍述」？

關於表達的權力機制在漫長的歷史中被建構起來，並且不斷地被建構著、調整著、鞏固著。在這一整套複雜的大系統中，文學更是通過對其「特殊性」的強調，被視爲非同一般「表述」、「表達」、「敍述」的話語，只有少數具有特殊才能的人才可能掌握和使用這套話語。越是強調「特殊性」，它的排斥性就越強；排斥性越強，「特殊性」也就越突出。文學爲什麼總是喜歡討論「什麼是文學，什麼不是文學」之類的問題呢？其中的一個秘密就藏在這裏。

我想《婦女閒聊錄》也會面臨這樣的問題。它打破了那種農民不會說話、只能由別人代他們說話的假設，讓一個到城裏打工的婦女直接開口。這一開口，就滔滔不絕，神色飛揚。她講現實境遇、留存在個人記憶中的歷史、村莊的人與事、當地的風俗和事物，散漫無際，卻也像流水和風一樣，渾然天成。文人作文，師法流水和風，「隨時隨處加以愛撫，好像水遇見可飄蕩的水草要使他飄蕩幾下，風遇見能叫號的竅穴要使他叫號幾聲，可是他依然若無其事地流過去吹過去，繼續他向著海以及空氣稀薄處去的行程。」(周作人《〈莫須有先生傳〉序》)真正能夠達到這個境界

的文人，恐怕少而又少；不是文人的木珍，倒庶幾近之。她不是文人，不要作文；她開口說話，也並不關心「規範」、「意義」和「價值」，她本就是閒聊而已。

閒聊而且是婦女閒聊，東家長西家短，陳穀子爛芝麻，柴米油鹽醬醋茶，養豬販牛生孩子，說出來就被風吹走了；林白卻把它們整理成文字，而且要讓這樣粗俗的東西登上文學的大雅之堂，這不是冒犯麼？這當然是冒犯。把自己封閉在「特殊性」的圈子裏反芻著優越感和藝術性的文學，太需要冒犯了。如果能夠冒犯出一個缺口，連通真切的生活和遼闊的世界，那就太好了。

在我有限的閱讀中，我並不能舉出幾部當代作品來，使我能夠像讀《婦女閒聊錄》時那樣真切地貼近當代中國的農村、農民，能夠真切地感受到那些以各種各樣方式活著的人的心 ── 雖然木珍們並沒有直接講述他們的心靈史。當代中國的農村，早就不是隔絕封閉的所在，一個像王榨這樣小小的村落，也沒有辦法外在於中國整個社會急劇變化的大格局。這部看似「無所用心」的閒聊錄，所包含的複雜資訊並非可以等閒視之，譬如，開放了的農村在社會形態上幾乎可以說是全面的潰敗，從這裏就能夠看到形形色色光怪陸離的「現代」表現。這個問題和「大勢」，在三十年代、四十年代就困擾著沈從文這樣的文學家和他的文學；今天愈演愈烈的形勢，明裏暗裏更困擾著文學，要求著文學，文學可不應該是沒有知覺的、遲鈍的，或者，文學不應該裝作不知道存在著這樣的困擾和要求。

在我有限的閱讀中，我也並不能找出幾部作品來，像木珍的閒聊那樣樸素、自由、鮮活。木珍說話，我們沒見她的樣子，但從她的講述裏就看得出是眉飛色舞；當今文學的敍述，唉，如果該達到眉飛色舞的狀態就能夠達到眉飛色舞的狀態，那我們的文學就會有魅力得多。

2004 年 9 月 2 日

（載《文匯報》2004 年 9 月 26 日）

輯　五

詩、歌、散文與當代文化

中國當代文化反抗的流變

── 從北島到崔健到王朔

一

　　從七十年代中後期到九十年代的今天，近二十年當代中國文化的變遷亦顯亦隱，巨大而又繁複。人們明顯感受到它的內含和影響，卻又無暇無力徹底條分縷析、追根探源，往往只是在驚奇、震盪、迷惑和驚愕中，來不及作出更充分、更有力的反應，就被一潮又一潮的時代洪流挾裹著向前奔去，奔向意義可能愈發曖昧的世紀末和新世紀。

　　時間之流無法人爲地斬斷，但我們站在今天回頭望，不妨就把我們所站之處暫時定爲一個大的文化時期的終點。按照通常的叫法，這一文化時期被稱作「新時期」，也有人把它命名爲「後文革時期」。對這一文化時期細分，可以劃爲幾個文化階段，每一階段都有自己的文化代言人。文化代言人的出現和確立，有賴於他的文化行爲和時代精神的契合。在這裏用「時代精神」一詞，必須加以強調性說明：它不是冠冕堂皇的官樣文章，不是意識形態的虛構和硬性規定，它甚至也不是席捲社會的潮流 ── 它正好是這一切的對立面。真正的時代精神具有生成性，最初往往是隱而不現的，所以文化代言人的角色最初是一個類似於「先覺者」的形象，他把時代精神「發現」和「發揮」出來，繼而在一定的社會範圍內被接受並引起矛盾和衝突。由此，我們可以確立文化代言人所代「文化」之性質：這種文化伴隨新生的時代精神而生，對於先它而在的社會來說，它是陌生的、異質的，它向已定的社會文化形態、結構、意識挑戰，以便爭取自己的合法存在和權利。那麼，我們在這裏所說的文化代

言人，換成一個更清楚的說法，即是文化反抗的代言人。

　　具體說來，七十年代中後期到八十年代初，取得文化代言人資格的，非那些最優秀的朦朧詩人莫屬，在本文中我選北島爲例；八十年代末到九十年代初，風行中國的流行文化表述則當推王朔的小說。對比一下，其間的差別可能會給人以出乎意料的感覺——

　　　一，（1）「在沒有英雄的年代裏／我只想做一個人」

　　　　　（2）「千萬別把我當人」

　　　二，（1）「卑鄙是卑鄙者的通行證，／高尚是高尚者的墓誌銘。」

　　　　　（2）「玩的就是心跳」

　　從爲了重新確立人類的基本價值而不惜犧牲一切的莊嚴宣告，到價值中心被有意識地消除之後的遊戲與頹廢，這一文化變遷過程的中間跨度是非常巨大的，但其間的發展仍有迹可尋，而且，仍能非常自然地找出橫跨這一中間地帶的文化代言人：搖滾歌手崔健。

　　從北島到崔健到王朔，接受的範圍從小到大，接受者的層次卻從高到低，從先覺者、文化精英到具有反叛意識的青年學生再到社會大衆，基本上都有各自的對應項；從詩歌到搖滾樂到小說，其形式越來越趨向通俗，其精神內含呈現日益「向下」的變化。當三種具有內在關係又分明不同的文化表述在不同時期出現時，它們所遭遇的阻力由大到小，對社會的日常形態和一般意識所形成的挑戰也由強到弱。大致說來如此，但具體的情形則要複雜得多。

二

　　奧斯維辛之後，再有詩，就是野蠻的。駭人聽聞的並不是 Ｔ·Ｗ·阿多諾的斷言，甚至也不是那種剛剛經過的巨大創痛，而是「詩」對於創痛和災難的視而不見、拒不承認和掩蓋、化解。非常奇妙的是，文革的結束，並沒有同時剷除作用于全民集體無意識的這種「詩情」，反而強化了它，使它愈加彌漫，愈加具有籠罩力。所謂「惡夢醒來是早晨」之類的普遍想法即是明證。時至九十年代的今天，對於文革的心靈禁忌也

許越來越少，但仍然很難保證從野蠻的「詩情」對無意識的「催眠」中普遍清醒了過來·仍然很難保證逃脫了意識形態那只神秘的手。[1]事實上確實有些變化令人啼笑皆非，而且不免要染上些絕望情緒：人們終於敢說那些災難和創痛，但災難和創痛無形中卻變了質 —— 它不再是人類的恥辱，而是個人的榮耀。「詩情」所散發的幸福意識不僅讓人以爲從此天下太平，而且掏去了以往創痛中的痛感，把災難變成勳章別在迷醉和昏睡者的胸前。

回顧當前關於朦朧詩的爭論應該是非常有意義的。這場爭論從一開始到最後結束，都不是一場文學觀念之爭，局限於文學這個狹隘的概念中，永遠也看不清爭論的實質。當時指斥朦朧詩不是詩的人無意中點到了要害：朦朧詩人中最優秀的分子所寫的確實不是那種「催眠」的詩，它拒絕同聲合唱，拒絕借許諾未來以達到遺忘過去的目的的幸福意識，它要穿透普遍「詩情」的籠罩，發出不和諧甚至是刺耳的聲音。從主流意識形態的立場上看，它當然是「非詩」。意味深長的是，當時朦朧詩的支持者和反對者中都有相當一部分人有意識地在文學範圍內爭論是非，單就「看不懂」的普遍論調來講，一是暴露出文學基本感受能力的退化，另一方面，未嘗就不是一種巧妙的托詞：不是看不懂所寫的是什麼，而是經過文革摧殘和文革後幸福意識的作用，徹底喪失了歷史感和現實感，喪失了正視真實生存情境的能力。

從朦朧詩本身來看，晦澀的情況也確實存在。但同樣需要強調的是，晦澀仍然不是一個在審美範疇內可以解釋的問題，本質上它是一種受壓抑、受排斥的話語不得不採取的表達策略，順從主流意識形態的話語表

---

1 巴金在最近的一篇短文中，對自文革結束至今一直在用的以文革爲「夢」的隱喻性說法提出嚴厲的質疑。這是一位年近九十的老人在病中寫下的，題爲《沒有神》，載《新民晚報》1993 年 7 月 15 日「文學角」專刊，全文如下：
我明明記得我曾經由人變獸，有人告訴我這不過是十年一夢。還會再做夢嗎？爲什麼不會呢？我的心還在發痛，它還在出血。但是我不要再做夢了。我不會忘記自己是一個人，也下定決心不再變爲獸，無論誰拿著鞭子在我背上鞭打，我也不再進入夢鄉。當然我也不再相信夢話！
沒有神，也就沒有獸。大家都是人。
7 月 6 日

達是不需要而且也不可能晦澀的，晦澀本身即包含對主流意識形態的反抗。

在新時期伊始，一切向前看的主流導向下，北島絕決地發表著一首首向後看的詩，詩成爲抗拒個人或民族自發或被迫失憶的「法門」，成爲自覺地承擔歷史和現實的陰暗重量的心靈形式。

> 我，站在這裏
> 代替另一個被殺害的人
> 爲了每當大陽升起
> 讓沈重的影子像道路
> 穿過整個國土
> ── 《結局或開始》

作爲歷史的見證者和受難者，當一種新的現實開始的時候，「我」都要出場，都要在場，不僅是爲了提醒，更是爲了使現實真實起來。這幾行詩，可以概括北島幾乎全部作品的內含，可以揭示北島的寫作和寫作時代之間的一種緊張關係，正是與現實和歷史之間的緊張關係，使北島的詩獲得一種既尖銳又厚重的文化衝力和審美效果。

文革結束以後，文學上向後看的視線引發出幾乎是全民參與的轟動效應，一時之間，先「傷痕」、繼「反思」，皆蔚爲大觀。但是，即使如此，北島向後看的詩仍然是獨立特行，有一種核心質的東西使之和一般向後看的文學相區別，傲然自成於潮流之外。這種核心質的東西即是關於時代連續一體的思想，它否認歷史與現實是分裂的，所謂的分裂不過是意識形態的假相，而一般向後看的文學就接受了這種假相作爲自己意識的基礎，向後看成爲一種現實所需要的姿態，歷史成爲新生現實的反襯，文學成爲幸存者的文學 ── 一句話，幸存者存活于新生的現實裏，展示苦難，鞭撻歷史。但是北島拒絕承認自已是幸存者，拒絕承認全部現實的新生性，歷史和現實之間，不是一種對照關係，它們並非各自孤立，而能夠互相通達。正因爲歷史通向現實，所以爲了保持現實感，必須向後看取歷史；也因爲看取歷史的行爲能夠獲得真實的現實意義，所以才能夠與現實之間形成緊張、矛盾和衝突的關係，而不是把本身即具

有重大意義的文化行爲降格爲只有在爲現實服務的大前提下才被允許，
才去實行。

　　而我們追隨的是
　　思想的流彈中
　　那逃竄著的自由的獸皮

　　昔日陣亡者的頭顱
　　如殘月升起
　　越過沙沙作響的灌木叢
　　以預言家的口吻說
　　你們並非幸存者
　　你們永無歸宿

　　新的思想呼嘯而過
　　擊中時代的背影
　　一滴蒼蠅的血讓我震驚
　　──《白日夢》

　　北島出生於 1949 年，1970 年開始寫詩，起初只是在一個很小的圈
子裏傳看；1978 年底他和幾位朋友創辦文學刊物《今天》，共出九期。
1986 年 5 月新世紀出版社出版《北島詩選》，同年 12 月作家出版社出版
《五人詩選》，彙集了朦朧詩最具代表性的詩人北島、江河、舒婷、楊煉、
顧城的重要作品。兩本詩選的出版，表示北島所獲得的社會認可，基本
上達到了它所能達到的最高刻度。自此以後，國內再也沒見過北島重要
的作品集出版。事實上，到 1986 年，文化和文學的形勢都發生了巨大的
變化，視線的轉移就在自然而然中發生了。

　　這一年的 5 月 9 日，以紀念「國際和平年」爲宗旨的中國百名歌星
演唱會在北京工人體育館舉行，名不見經傳的崔健跑到舞臺上發出了「一
無所有」的吶喊，像喊出了一個時代的感受，觸動了時代最敏感的一根
神經。

三

　　我還沒來得及詳細討論北島，就匆匆滑到了崔健。我設想，把敍述放在兩人的「關係」中進行，可能會更容易說明他們自身，揭示一些問題。

　　崔健出生在1961年，比北島可以說差了幾乎一代，他開始產生影響時北島的地位早已確立，但文化反抗的共通性卻消融了一般情況下後來者有意無意的對立傾向，而且強化了一種自然的繼承關係，使當代文化反抗的發展呈現出順理成章的精神脈絡。

　　一般說來，流行音樂免不掉媚俗的品格，它要投大眾所好，大眾才會使它流行。它遷就大眾的思想惰性和審美習慣，又在保證被廣泛接受的前提下，不斷地小打小鬧，花樣翻新。它幾乎不提出重大的歷史、現實和個人的問題，即使偶而有這樣的問題，它也會用一種格式化的方式輕易地把它們解決或者化解掉，使問題獲得廉價的答案或者變成一種無意義、不必要的提問從而使之退場。從某種意義上說，流行音樂是現代社會所需要的一種精美的包裝形式，要揭示生命與存在的本真樣態和情景，揭示隱而不現的時代精神，就必須經過一個艱難的還原過程，穿透層層包裝。如果流行音樂試圖還原和揭示真實，那它就具有了反對它自身的性質。正像任何一種領域和過程都會出現叛逆者一樣，流行音樂的叛逆歌手也並非絕無僅有。從這種特殊的文化形式本身的情況來講，流行歌手之所以能夠成爲某一階段的文化代言人，具有尖銳的批判向度，預示新的文化意識的產生和推廣，重要原因在於它的創作主體和接受主體是青年一代，他們作爲一個社會的後來者，在被主流文化形態馴化的過程中，從受壓抑、受排斥的現實感受中產生出反抗的情緒、思想和行爲是非常正常的事。

　　搖滾樂從它誕生之初，就具有兩方面的叛逆意義：其一是對流行音樂本身的反叛，其二是對廣泛的社會文化的抗議。因此，當崔健第一次以搖滾的形式表達自己的時候，一代青年人，特別是年輕的知識者和受教育

者，似乎一下子發現了恰切表達自我的形式，同時發現了自我表達的替代者。

崔健基本上繼承了朦朧詩的精英式文化心態，在思想的深度、感受性和批判的向度上，二者常有極其相似的地方，特別是北島和崔健，甚至表達時所用的意象，都可能產生異曲同工的效果。比如關於自由，北島說，「自由不過是／獵人與獵物之間的距離」（《同謀》）；崔健來得更直接，「自由不過是監獄」，「你我不過是奴隸」（《這兒的空間》），如此而已。

使崔健和北島容易溝通的基點，是他們都持有一種否定的態度，但北島與他所否定的東西常處在勢不兩立的絕決情景中，「告訴你吧，世界／我 ── 不 ── 相 ── 信！」（《回答》）崔健的否定通常沒有如此的冷峻、劍拔弩張，面對同樣被冠以「世界」之稱的外物，他流露出些許的迷惘：「不是我不明白，這世界變化快」，「過去我幻想的未來可不是現在」，「我曾經認爲簡單的事情現在全不明白／我突然感到眼前的世界並非我所在」。《不是我不明白》是崔健的第一首搖滾作品，從這裏開始的「新長征路上的搖滾」，一直是激情與困惑俱在，反叛與自省同生。

在北島那裏，自我是一個明確的概念，它在與它所否定的東西的對立中確立了文化立場和堅定的形象，它可以用一個類的概念來替換，比如，「在沒有英雄的年代裏／我只想做一個人」（《宣告》），「我」和「人」是同一的。而在崔健那裏，自我則是一個等待明確又不可能明確的概念，它是一個正在展開的動態過程，無法定論。反叛確立了北島的自我，崔健用它展開了自我。《新長征路上的搖滾》就顯示了這樣一個文化過程：

> 聽說過　沒見過　兩萬五千里
> 有的說　沒的做　怎知不容易
> 埋著頭　向前走　尋找我自己
> 走過來　走過去　尋找根據地

這裏出現了一種奇特的「含混」，不僅社會的歷史和個體的現實交結糾纏在一起，而且個體表達的方式似乎都在重複歷史。其實，重復是假相，歷史一開始就被表面溫婉實則堅定地拒絕了 ──「聽說過沒見過」，我所做的只是我自己的事。而「走過來走過去」尋找自我的「根據地」

的形象，內含了深重的迷茫和焦灼。崔健特殊的魅力或許在於，迷茫和焦灼的結合產生出來的不是低調的艾怨，卻是憤怒的吶喊。

北島和崔健的差別根源於他們各自所面對的社會文化背景，進一步說，即是：社會文化壓抑了什麼，文化反抗才會要求什麼，而且，一時一地文化反抗的要求首先總是指向最迫切的內容。北島是站在一片文化廢墟之上的，在最基本的價值規範被踐踏、被摧毀之後，他所要求的，就只能是最基本的內容，合理的社會和人生必須先要有一個前提。這樣的文化反抗的悲劇性，正如北島自己所表達的那樣，「這普普通通的願望／如今成了做人的全部代價」。到八十年代中後期，社會文化的重心已有所變化，崔健追求的，已不是作爲一個類概念的人的價值的恢復和確立，而變成爲個體自我價值的尋找和選擇。這一變化同時表明，北島和崔健的不同，是文化反抗的過程和次序決定的，這個過程和次序無法逆轉，不能顛倒，有了北島那樣的文化反抗，才會有崔健這樣的文化反抗，二者之間隱含了非常緊密的聯繫。

崔健從 1983 年開始寫歌，1985 年錄製了第一盒音帶《夢中的傾訴》，1986 年又錄製了一盒《新潮》，但崔健不願意承認他接觸和創作搖滾之前的作品。他所認可的是真正產生了廣泛深刻影響的作品，第一盒專輯是《新長征路上的搖滾》，收錄了從 1986 年至 1987 年之間創作的九首歌，1989 年才由中國旅遊聲像公司出版，這是中國第一盒搖滾樂音帶。1991 年，崔健第二盒搖滾專輯《解決》由中國北光聲像藝術公司出版發行。

在「新長征」時期，幾乎所有的歌都展示了個體的「我」「走」在「路」上或正要「上路」的情景，一個背叛者的自我尋找和自由追求過程艱難而又漫長，「一無所有」否定和拒絕了歷史、現實以及其他的一切，「我閉上眼沒有過去／我睜開眼只有我自己」（《出走》），自我在一己之外失去了絲毫的依靠和憑藉，但既然上路，就沒有回頭的道理，「我要從南走到北／我還要從白走到黑／我要人們都看到我／但不知道我是誰／要愛上我你就別怕後悔／總有一天我遠走高飛／我不想留在一個地方／也不願有人跟隨」（《假行僧》）。踽踽獨行的困難還在於，自我的內部常處於矛盾和紛爭之中，不像北島那樣，所有的對立只存在於自我和外部世界之間，

這裏有一種撕裂的痛感正基於內心的複雜性，比如《從頭再來》這首歌，「我不願離開，我不願存在／我不願活得過份實實在在」和「我想要離開，我想要存在／我想要活得過份實實在在」，以及「我難以離開，我難以存在／我難以活得過份實實在在」，不同的思想和感受反復交替，互相撞擊，個體心靈必須以非凡的能力來承受。

《解決》專輯顯示出崔健引人注目的變化。如果說在「新長征」時期，精英式的文化心態使崔健必須注意感受性所包含的思想深度，保持一種自省和自律的精神，那麼，《解決》則充分敞開了個體自我的感受性，去掉了精英式心態必然內含的拘緊，淋漓盡致，縱放悲歌，像《解決》，像《這兒的空間》，像《投機分子》，在最基本的意義上，都是力量和欲望以直接、痛快、放肆的方式在絕望中宣泄。就這一點而論，頗接近王朔最早引起文壇不安的那些小說了。

但從骨子裏，崔健仍然保持了他自己的精神內核和表達方式，一以貫之，力避淺俗，更趨深廣。《解決》專輯裏的《一塊紅布》，即從個人的感受，上升爲一代人的精神履歷，一首歷史的悲歌：

> 那天是你用一塊紅布
> 蒙住我雙眼也蒙住了天
> 你問我看見了什麼
> 我說我看到了幸福
>
> 這個感覺真讓我舒服
> 它讓我忘掉我沒地兒住
> 你問我還要去何方
> 我說我要上你的路
>
> 看不見你也看不見路
> 我的手也被你攥住
> 你問我在想什麼
> 我說我要你做主

　　我感覺你不是鐵

　　卻像鐵一樣強和烈

　　我感覺你身上有血

　　因爲你的手是熱乎乎

　　我感覺這不是荒野

　　卻看不見這土地已經乾裂

　　我感覺我要喝點水

　　可你用吻將我的嘴堵住

　　我不能走我也不能哭

　　因爲我的身體已經乾枯

　　我要永遠這樣陪伴著你

　　因爲我最知道你的痛苦

北島在《履歷》一詩中，曾寫到同樣的被愚弄的經驗：

　　我弓起了脊背

　　自以爲找到表達真理的

　　惟一方式，如同

　　烘烤著的魚夢見海洋

　　萬歲！我只他媽喊了一聲

　　鬍子就長出來

　　糾纏著，像無數個世紀

　　崔健沒有北島這樣冷峻，其間有這樣一個差別：北島寫當時的經驗，卻加進了醒悟後的意識，以後來的清醒的眼光審視過去，顯得憤怒而又有理性；崔健更注意直接袒露當時的經驗，那是一種毫無理性可言的經驗，是一種被「幸福」的虛假許諾迷醉了的經驗，它真切地再現了在紅色海洋的歷史氛圍中，人的自我意識徹底泯滅的悲劇情景。崔健這首歌的獨特之處在於，它表達出了歷史和人之間的難言的角色關係：明明是

一出大悲劇，卻在喜氣洋洋的氣氛和對未來的美好憧憬中上演。整首歌隱喻性地道出了一個難以接受的事實，即，人以被動和服從的態度，以和歷史婚媾的方式，而成爲荒唐和苦難歷史的同謀。

　　說到同謀，想起北島有一首詩題目就叫《同謀》。兩個人從不同的角度達成基本一致的認識，從這裏我們也許隱約可以理解，爲什麼兩個人對這一塊上演悲劇的土地都有一種複雜情懷，而決不因爲被欺騙、受壓抑就棄之不顧，或者只抱一種單純、淺薄的仇恨。崔健唱「我要永遠這樣陪伴著你／因爲我最知道你的痛苦」時，該是一種包含了多少辛酸無悔的心情呢？

四

　　王朔曾經這樣談到過崔健：「我非常喜歡崔健的歌兒，我第一次聽《一塊紅布》都快哭了。寫得透！當時我感覺我們千言萬語都不如他這三言兩語的詞兒。它寫出了我們與環境之間難於割捨的、血肉相聯的關係。可是現在又有了矛盾和這種矛盾的複雜的情感。那種環境畢竟給了你很多東西。所以看蘇聯這種情況，我特矛盾。我們青年時代的理想和激情都和那種環境息息相關，它一直伴隨著你的生命。」王朔是 1958 年生人，與崔健年齡相當，他對崔健的認同根源於歷史對於一代人命運和情感的共同塑造。對於當下的社會現實，他們在感受、認識和行爲等方面出現交叉點和重疊的部分，有著歷史的根據和情理。王朔還特別評價崔健，「我看他是我們國家最偉大的行吟詩人。他的反映當代的東西是最準的，比大而無當的、泛泛的文化的那種，我更能理解。」[2]

　　文化反抗者一定不是社會生活中隨波逐流之輩，但卻必能敏感到社會生活的變化，抓住文化潮流和時代風尙的病症，一語擊中，不待後發。《一無所有》可作如是觀，崔健後來的作品《快讓我在雪地上撒點兒野》亦復如是：

2　《我是王朔》第 75 至 77 頁，國際文化出版公司 1992 年 6 月第一版。

> 給我點兒刺激　大夫老爺
> 給我點兒愛情　我的護士姐姐
> 快讓我哭要麼快讓我笑
> 快讓我在雪地上撒點兒野
> Yi Ye ── Yi Ye ──
> 因爲我的病就是沒有感覺

　　當代人在熙熙攘攘聲色犬馬中追逐奔波、放情縱欲，根子上源於一種文化通病：「我的病就是沒有感覺」。

　　可以試著提出一個問題：稱自己更能理解崔健的王朔，是否也會以之爲病呢？

　　王朔 1985、1986 年始引人注目，1988 年走紅運，幾部小說被改編成電影，一時該年有「王朔年」之稱。從此王朔愈發不可收拾，小說與影視俱熱，熱遍中國。

　　從文化反抗的意義上來比較、衡量，王朔在 1985 年至 1988 之間的作品顯然更有價值，其中主要包括中篇小說《一半是海水，一半是火焰》、《橡皮人》、《頑主》和長篇小說《玩的就是心跳》等。當王朔初闖文壇，引起騷動不安乃至於憤怒和指斥的時候，批評界的有識之士卻給以極高的評價，以爲這些作品改變著文學的傳統規範，是「當代文學中的頹廢文化心理」的表現，並對這種頹廢文化的意義予以辯證的論述：「它的反社會反規範反偶像精神不是體現在積極的反叛上，而是一種消極的自我享樂主義。在這種文化心理裏，國家、民族、信仰、道德等在傳統文化中被視爲神聖的東西無不貶值，根本不占任何地位，唯一有意義的就是及時行樂，不需要明天也沒有明天。頹廢文化心理絕對是反社會反規範的，但它沒有任何高尚的內容和悲劇的精神，只是用極其庸俗的方式去吞噬、消耗，甚至腐化社會機能，促使社會的傳統規範在嘻嘻哈哈的鬧劇中瓦解消失。因而，它是消極的反社會的文化現象 ── 研究王朔筆下出現的頹廢文化現象，我想應該認識這種消極的革命因素。」[3]

---

3 陳思和《筆走龍蛇》第 191-192 頁，臺灣業強出版社 1991 年 1 月出版。

　　照崔健的說法，文化頹廢主義是一種無感覺的病，從正面去看這種病的意義，即是吞噬、消耗、腐化社會機體。精英批評的洞見和搖滾歌手的感受在這裏是暗合的。但是王朔本人基本上沒有這種精英式的清醒意識，可能恰恰相反，他正是以平民化粗鄙化來褻瀆任何高於一般層次的事物的，不管它是實體的階層，還是思想意識，不管是政治上的，還是文化上的。這就決定了他和崔健之間的差異。即使他們有的時候看上去特別相像，這種差異仍存在。比如《解決》專輯裏的《投機分子》，很容易看成是王朔小說的搖滾化，或者倒過來說，王朔小說是《投機分子》的文學化。這首歌赤裸裸地唱到：

　　　朋友請你過來幫幫忙　不過不要你有太多知識
　　　因為這兒的工作只需要感覺和膽量
　　　朋友給你一個機會　試一試第一次辦事
　　　就像你十八歲的時候　給你一個姑娘

　　這裏需要持別強調的是，在社會禁忌嚴重、道德僵化陳腐的時代，人的力量和欲望的直接、自由的表達，往往與頹廢主義的行為表現被混為一團。這二者的區別正是崔健與王朔的區別。

　　現在必須來正面回答從一開始到這裏的所有的敍述都一直關涉的問題了：文化反抗是靠什麼來支援的？換句話問，即是，文化反抗者承擔了什麼？

　　北島把自己看成是人類的一員，他以個體的自我來承擔屬於全部人的一切，特別是人的苦難：「如果海洋注定要決堤，／就讓所有的苦水都注入我心中。／如果陸地注定要上升，／就讓人類重新選擇生存的峰頂。」《回答》）到了崔健，個體自我的存在不強調人類的屬性，而突出其獨立自由的意義，承擔變成了自己對自己的事，同時指涉當下的社會現實，沈重仍然是必然的，自我的矛盾和困惑、焦灼和憤怒，一切難以承擔的東西都必須承擔。那麼王朔呢？他拒絕承擔一切，拒絕超越性的關懷，他的個人主義也是虛假的，因為他缺乏自我審視的意識，回避個體內部的分裂性，他的文化反抗的形式就是他是時代的一種病，而這種病有可能產生反社會的意義。王朔不承擔重量，因為這會很「累」，而怕累正是

一種時尙。他曾比較崔健和艾敬的歌，說聽了艾敬「一首所謂後現代的民歌」《我的一九九七》，「再聽崔健的，咣咣咣，你會覺得有點誇張。哪兒有那麼多有意義的痛苦？」跟艾敬的笑嘻嘻的具體小苦惱相比，「你會覺得那種大的泛泛的痛苦很累，她這小問題反而很真實。」[4]

　　一無承擔的文化反抗能持續多久？文化反抗實質上正是靠所承擔的文化重量來支援的，拒絕重量，等於拒絕了自我創生的根源。進入九十年代，最初頗讓一批人惱怒的王朔不但讓大眾習慣了，而且熱得發燙紅得發紫。本來，文化反抗的社會化適應過程是個規律，一種後起的與主體文化相對立的文化意識逐漸爲社會大眾所適應和接受，進而取代主體文化的位置，形成新的中心。然而王朔的情況顯然不是如此。他的「病」似乎好得很決，「病」好了就主動地從文化反抗的邊緣位置上逃走，頗爲自得地向中心地帶擠靠，以媚俗代替了反叛，屈從和投好於商業潮流、主體文化、大眾媒介、市民意識，其間雖然還保留了具有王朔式特徵的反諷、調侃、弦外之音、插科打諢，但是其性質發生了根本的變化，成了爲博得廣泛讚賞而佈置的精緻的小擺設。王朔的「成功」正是從逃走開始的，他失掉了最先爲他叫好的幾個稀稀拉拉的具有自覺文化意識的敏感者，卻贏得了整個民眾的歡呼。

　　文化反抗在王朔身上的夭折，提醒我們注意消極的反社會行爲進步意義的限度。文化反抗的實質存在於對立雙方的緊張關係中，這決定了被反抗者對反抗者的「牽制」，文化反抗必須在這種不自由的關係中進行。但是，反抗者只是採取一切對立的態度和行爲方式，而不能另外創生新的東西，那麼也只能是被反抗者的「犧牲品」，因爲消極反抗的方式其實是對被反抗者「牽制」的認同和無能爲力，只不過是以完全走向其對立面的形式來表現這種認同和無能爲力的。文化反抗必須不甘於被「牽制」，必須具有自我創生的意識、能力和文化實踐，在不自由的關係中爭取自由，確立新的超越性的文化價值，實現文化反抗的意義。文化反抗不止於爲反抗而反抗，它在開闢一條無限展開的道路，從那上面不斷地

4　《我是王朔》第 75 至 77 頁，國際文化出版公司 1992 年 6 月第一版。

有新的意識、思想和精神通向現在和將來的現實。

五

　　本文自始至終避免使用一個已經在中國被部分接受的西方術語,「反主流文化」或「反文化」,而取「文化反抗」這樣一個樸質的說法,當然是因爲中國特殊的歷史和現實賦予了這一個大的文化時期的此種文化現象以不同於西方的內涵和形式。北島是從廢墟和苦難之上站起來呼喚和捍衛人的基本價值與尊嚴的英雄,起點和性質俱迥異於西方的「反文化」。當然也不必否認中國當代的文化反抗過程中有西方文化（不僅只是西方的「反文化」）的影響,而且確有與西方「反文化」相溝通的地方,但它畢竟是「後文革時期」的文化自覺意識的產物。不管是北島、崔健,還是搖身一變而爲所謂的後現代社會的明星王朔,他們都是在新中國的政治、經濟和文化環境中成長起來的,用崔健一首新歌裏的叫法,就是「紅旗下的蛋」。這樣一種基本的身份和由這種身份帶來的自我意識,決定了他們文化行爲的獨特性。隨著世紀末的來臨,中國社會的世界性因素越來越強大,後現代的特徵越來越明顯,特殊的身份意識也就越來越模糊,特殊的歷史也將成爲遙遠得有些虛幻的背景,「後文革」之類的術語將失去現實的指涉意義,文化反抗之路也就出現了新的困難,也會有新的力式和內容吧。

　　也許真如有人所說,這一個大的文化時期終結了。

1993 年 7 月底

（載《文藝爭鳴》1995 年第 3 期）

張楚與一代人的精神畫像

崔健 1994 年的專輯《紅旗下的蛋》最後一首歌《彼岸》，像似要討好聽眾一樣，「友好」地唱道：「今天是某年　某月　某日／我們面對共同的現實／這裏是世界　中國的某地／我們共同高唱著一首歌曲／啦啦啦……」突然間就可能感到，在大家一起高聲合唱含義不明的「啦啦啦」的時候，以往的崔健正離我們而去。

我們越來越不滿足了，我們越來越失去了那種被替代表達著的痛快淋漓的感覺；而就在幾年前，在《新長征路上的搖滾》時期，甚至在《解決》時期，我們還一次又一次地被喚起這種感覺，並且在心靈深處爲這種感覺激動不已。《紅旗下的蛋》並非不表達我們，比起那些無關痛癢卻唱遍了全中國每個角落的「熱門歌曲」── 其實壓根就不應該產生這樣的比較 ── 它與我們的關係才稱得上是一種關係，它的表達才觸及精神，才是精神的表達。但是現在，我們不再覺得它表達了我們精神中最強烈、最敏感、最需要表達的部分，現在我們和崔健之間有了一種距離。

把這種距離的造成歸因於崔健，如我上面所說，他正離我們而去，可能是一種非常不公正的情緒化的說法。相反，真正的原因在我們自身。相對而言，變的不是崔健，變的是我們，我們正離崔健而去。我們不能要求崔健隨我們變化而同樣、同步發生變化。在我們身上，生長出了一些新的東西。我們還在生長。這就是我們與崔健的不同。

也許清楚了，這裏說的我們與崔健歌中的「我們」不可等同。比較起來，這裏的我們倒頗能認同於張楚所唱的「沒人知道我們去哪兒」的「我們」。張楚的「我們」是比崔健更年輕的一代。

「中國火音樂製作」1994 年春天同時推出三張專輯，有竇唯的《黑夢》、何勇的《垃圾場》和張楚的《孤獨的人是可恥的》。《垃圾場》主要

是何勇八十年代作品的總結，在今天聽來，已經能夠比較冷靜地「吹毛求疵」了。比如說著名的《垃圾場》這一首，很明顯地讓人感覺到崔健的影響；不是說受了影響就不好，從「個人」和「代」的意義上看，僅有受影響左右的表達而沒有化影響於無形的表達，就不是完整的、自然的、由內而外的表達，則無可置疑。何勇聲嘶力竭地唱道：「我們生活的世界／就像一個垃圾場／人們就像蟲子一樣／在這裏你爭我搶／吃的都是良心／拉的全是思想」── 我們在受到震動的同時，會不自覺地湧起這樣的疑問：真的已經絕望到了非聲嘶力竭不足以表達的地步嗎？我想，何勇經不起這樣的疑問。不是說他表達的內容經不起疑問，而是那種聲嘶力竭的方式給人刻意求之的感覺。換句話說，何勇的歌曲，在音樂上（就這首歌而論，更準確地說，是在對音樂的廢棄和破壞上）有不自然的矯飾成分。

相反，竇唯音樂上的表現非常出色和個人化，我們大致上可以認同《黑夢》製作者如下的描述：「就像許多生活在這個時代的年輕人一樣，生命中充斥的迷惑與難題，都藉由『夢』的形式釋放出來。他以比較具實驗性的技法，把所有的歌曲以音效連結在一起，像是重新組合了生活中的片段夢境，強化了聽覺上的幻境感受。每一首歌都像是從夢中傳來，讓你看不太清楚，卻知道有許多光線顏色在變化；每一記鼓聲都像來自於心臟的正後方，你不只聽到了心跳，也聽得見它的殘響。這種強烈的『非現實』特性，就是他這張專輯的創作基調，以一種年輕生命特有的敏銳感受，把自己體會的世界，直接呈現出來，有許多與當時代既存的音樂類型極為不同的新異色彩」。但是竇唯的薄弱之處在於，他用語詞表達自己的感受時相當欠缺，與音樂上的天才造成強烈的反差，像「明天」、「昨天」、「希望」、「悲傷」之類濫俗的辭彙，根本就不足以負載他那特別的感受。我個人有這樣的看法，以為聽竇唯的歌，與其詞曲一起聽，反不如只聽音樂。

張楚的音樂和語詞是作為一體而產生的，是一同從心裏流出來、並且任其自然地流下去的。這種表達上的純熟在根本上不是技巧問題，而是順從天性、認同自我的結果。對於出生於六十年代中後期至七十年代

初的一代人來說，認同自我在當下的文化情境中是一件非常困難的事。
提出這個問題，可能會讓不是這一代的人覺得摸不著頭腦，不明所以。
事實上這一代正處於非常尷尬的情形中。到目前為止，我們還是「無名」
的一代，與上幾代相比，這一問題就顯得特別突出：他們往往與社會結
合得十分緊密，緊密到個人身份由社會共同賦予、由大家共同承擔的程
度，比如「知青」，有幹百萬人把它當成自己的標記和經歷，同時它也就
形成一種強大的社會力量、一種話語系統、一套觀念譜系，一種文化權
勢，它在充分表達自己、甚至過度膨脹的時候，就自覺不自覺地產生出
一套社會壓抑機制。當然，「無名」的一代人的問題，主要倒並不是其他
代造成的，而是自身的問題。這一代經歷平淡，不太可能從經歷或者與
社會的關係中尋找出「命名」的依據，更根本的是，這一代從精神本質
上拒絕被「命名」，拒絕被統一到一個稱號之下，在內部的個體之間，也
沒有像上幾代人那樣，你我他之間有那麼多的共同或共通之處。「無名」
的一代沒有旗幟，不能為某一目標聚集成一種力量。這本身沒有什麼不
好，但因為很難形成一種自己的話語系統，在文化上的自我認同、自我
表達就極其困難，往往需要「借用」屬於其他幾代人的方式來勉強湊合，
常常言不及義。

對於「無名」的一代中的任何個體來說，個人在精神上的困境都可
能與一代人的精神困境密切相關。張楚一個人當然不可能解決一代人的
表達問題，但他在表達上的質樸、自如、流暢，確實並非我們這一代中
的一般人可及。從張楚的歌中，我們可以聽到一代人心靈的聲音，看到
一代人精神的畫像。

非常有意思的是，這種聲音、這種畫像常常不是以直接呈現的方式、
不是以強烈震撼的力量來使人注目的，張楚不是一個激動的抒情者，不
是一個急不可耐的宣洩者，不是一個過於看重自己的宣告者和表白者，
對比一下上一代的崔健，這樣的特徵會更加明顯。與眾多的歌手相區別，
張楚顯示出一個從容不迫的敘述者的良好素質和介入世界的特徵。除了
個別（如《趙小姐》）例外，他一般都是一個第一人稱的敘述者，混迹於他
所敘述的內容之中，不做高高在上的樣子；他 是一個當下現實的敏銳觀

察者,同時也更是一個自我感受、自我經驗的敍述者,在觀察與敍述中,以內在的力量透顯出一己的聲音和畫像。

《和大夥兒去乘涼》敍述了這樣一個頗有意味的世俗情景:「就在街上/碰到一個富人朋友陰沈著臉/讓我很慚愧/還是在這條街上/碰到一個窮人朋友他也陰沈著臉/喔　讓我擡不起頭。」儘管如此,儘管在世俗的街上待得太久手和頭腦都會變髒,但是,「這個夏天我被天上的太陽曬成漆黑/睜不開眼只能回到內心左右看看已經枯乾/街上仍然是那麼明亮那麼富麗堂皇/最後我決定穿上我最於淨的衣服回到街上/和大夥兒去乘涼。」敍述者和世俗世界的關係不是簡單明瞭的排斥或者融入,他這樣安置自己的位置:身處世俗之中,甚至是認同和肯定一些世俗的價值,但自己並不心安理得,精神上的距離和困惑依然非常突出。手髒了可以用肥皂洗乾淨,「可我不能去找個姑娘來洗乾淨頭腦/姑娘　不該是肥皂。」

《上蒼保佑吃完了飯的人民》更明瞭地展示出敍述者和世俗世界的複雜關係。這首歌一開始就描繪出這樣的市民形象:「吃完了飯有些興奮/在家轉轉或者上街幹幹/爲了能有下一頓飽飯　」,對這樣的人民,歌手的態度一點也不曖昧,「不請求上蒼公正仁慈/只求保佑活著的人　別的就不再問/不保佑太陽按時升起　地上有沒有什麼戰爭/保佑工人還有農民　小資產階級　姑娘和民警/升官的升官　離婚的離婚　無所事事的人」;同樣不曖昧的是歌手對這些被保佑者的認識:「請上蒼來保佑這些隨時可以出賣自己/隨時準備感動　絕不想死也不知所終/開始感到撐的人民吧」。

似乎可以感受到張楚性格中柔和、從眾的一面,從外在的表現上,他一般不把自己置於一種強大力量的對立面上,像《孤獨的人是可恥的》所寫,「這是一個戀愛的季節/大家應該相互交好/孤獨的人是可恥的/生命像鮮花一樣綻開/我們不能讓自己枯萎/沒有選擇　我們必須戀愛」;但是,另一方面,歌曲在對那些拒絕從眾的人身上,才傾注了真正的激情 ——

孤獨的人　他們想像鮮花一樣美麗

> 一朵驕傲的心風中飛舞跌落人們腳下
>
> 可恥的人　他們反對生命反對無聊
>
> 爲了美麗在風中在人們眼中變得枯萎

　　不管是這樣的一面，還是那樣的一面，這一代人「冷暖自知」，敍說自己的故事，平平淡淡，散散漫漫，卻也兀自驚心動魄，比如這樣的《愛情》，自有別樣的愛情所未曾觸及之處——

> 你坐在我對面／看起來那麼端莊／我想我應該也很善良／我打了個呵欠／也就沒能壓抑住我的欲望／這時候我看見街上的陽光很明亮
>
> 剛好這時候你沒有什麼主張／剛好這時候你正還喜歡幻想／剛好這時候我還有一點主張／我想找個人一起幻想　——
>
> 我說我愛你你就滿足了／你摟著我我就很安詳／你說這城市很髒／　我覺得你挺有思想／你說我們的愛情不朽／我看著你就信了

但是忽然間就起了令人不堪的驚懼——

> 我躺在我們的床上
>
> 床單很白
>
> 我看見我們的城市
>
> 城市很髒
>
> 我想著我們的愛情　它不朽
>
> 它上面的灰塵一定會很厚
>
> 我明天早晨打算離開
>
> 即使你已經扒光了我的衣裳
>
> 你早晨起來會死在這床上
>
> 即使街上的人還很堅強

　　張楚講述的這樣的故事（這首歌從頭至尾是念白），雖然在事實層面上不一定能與這一代建立起——一對應的關係，但它所勾勒的精神畫像顯然不可能僅僅局限於哪一個個人的經歷和感受。

　　即使通過張楚，我們也無法講清這一代的心事；如果我們能夠的話，這一代也就可以變得「有名」了。我們所能確定的是，這一代已經開始

尋求獨立地表達自己了，這種表達同樣拒絕被歸納、被限定、被命名，它當然可能有自己的界限，但它不承認任何外在的強加的界限，也許我們可以用張楚歌中唱到的行爲來象徵這「無名」的一代的表達：「在沒有方向的風中開始跳舞」

1994 年 11 月 5 日

（載《歧路荒草》，上海人民出版社，1996 年）

困難的寫作

── 述論九十年代的詩人散文

一

　　九十年代詩人散文的「出場」，是在散文已經相當繁盛的情形下發生的。而散文的繁盛，也只是在如下的意義上才可以如此描述：隨著 90 年代整個社會的轉型和社會軸心的變化，文化的消費性日益強化和突出，「文化產品」進入公眾視野 ── 「文化市場」── 轉瞬即成爲「文化消費品」，被大量地、即時性地消費掉；散文的繁盛，整體上說，也正是被大量、即時消費和大量、即時生產的結果，而且我們從中可以觀察到相當直接、簡明的生產與消費之間的互動關係。在這樣的「運作」過程中，我們還可以感覺到一種明顯的變化：伴隨著數量的膨脹和讀、寫的即時性，以往被有意識地避免和排斥的日常性不斷出現和加強，而且愈演愈烈，發展至以此做招徠和標識的地步。日常性包裹了完整的「運作」程式：寫作行爲的日常性、寫作內容和精神的日常性、閱讀行爲的日常性。這樣的情境使以往不成爲問題的問題成爲了問題，僅從寫作這一「運作」過程的一端來說，誰是今天的作家？已經不是一個很容易對付的提問，誰是今天的散文作家？就更讓人頭疼了。不過，站在當今變化的社會文化環境提供的立場上來看，此類的提問幾近於庸人自擾，「作家」的傳統含義可能已經被擊碎，其內部可能已經四分五裂了。

　　正好和散文繁盛的情形相反，詩的冷落依然如故。從某種意義上說，這正是詩的幸運：它還沒有被統攝進「文化市場」的「運作」過程中去。公眾拒絕消費它，詩人拒絕他的作品被大量、即時地消費。詩本來不是

日常性的東西，它今天也還不是，它的意義或者也正在於此。

　　那麼九十年代詩人散文的「出場」又該如何看待呢？它是猶抱琵琶半遮面的妥協嗎？它是詩的自然延續或者是與詩對等的另一種言說方式嗎？它在鋪天蓋地的散文中有多少獨特的品性？它的獨特品性能夠突現出來而不被同化、淹沒掉嗎？這對於散文、對於文學、對於時代和社會又有多大的意義和價值呢？

　　在我將要談到的幾位詩人中，大都讀過布羅茨基論述茨維塔耶娃的《詩人與散文》一文，因而我想他們不會不注意到布羅茨基的這種說法：「如果這裏談的不是茨維塔耶娃，那麼，一個詩人的轉向散文，就可以被視爲一種文學上的 nostalgie de la boue（「對卑俗的眷念」），一種與（寫作的）群體融爲一體、最終『與衆人相同』的願望。但是，我們這裏談論的是一位從一開始起就明白該往何處走、或者將被語言引領向何處的詩人。我們談論的是『詩人從遠方帶來語言／詩人又被語言帶向遠方……』這兩句詩的作者，這裏談的是《捕鼠者》的作者。散文決不是茨維塔耶娃的避難所，不是一種解脫 —— 心理上的或風格上的解 —— 方式。對於她來說，散文是對孤立的環境、亦即語言的可能性的明顯拓展。」[1]我並非要把即將談論的幾位當代中國詩人和他們的散文作品與茨維塔耶娃及其散文相提並論，但布羅茨基在這裏無疑爲我們樹立了一個參照的尺規。靠著這杆尺規，我們選擇將要討論的詩人的散文作品，而同時可以對另外一些詩人的散文作品不予以討論。

二

　　陳東東談到「詩人受到散文的誘惑」，在隨筆集《詞的變奏》[2]的自序中，他似乎有些激動和極端地說道：「說具體點，散文對詩人的誘惑來自散文有待被詩人重新發明，以更爲嚴格的寫法去剔除散文文體中的散

1　《詩人與散文》，劉文飛譯，編入《復活的聖火》，廣州出版社 1996 年 11 月第一版。
2　《詞的變奏》，陳東東著，「詩人隨想文叢」之一種，東方出版中心 1997 年 6 月第一版。

文渣滓。 —— 詩人真的企圖是把散文也處理成一件作品。」儘管陳東東認爲，如果把詩人散文僅僅當作其詩歌的延展或彌補，「散文對詩人的誘惑就沒有散文寫作和詩學的意義」，但可以看出他的出發點和落腳點仍然是詩而不是散文，所以他才會說，只有詩人才有能力賦予散文作品那些屬於詩歌的特質，「只有詩人才會通過其散文寫作重新發明散文，並把這種被重新發明的散文賦予詩歌。」顯然，這樣的思想是有感於散文本身的性質和實際現狀而發的，然而這種思想似乎是轉了一個圈子又回到了起點，從詩出發又回到了詩，那麼這個封閉的圓圈對於散文又有什麼意義呢？被詩人重造的散文如果就此變成了詩人的專利（因爲只有詩人才能重造它，甚至只有詩人才能懂得它），那麼這種散文被賦予的強烈的隔絕性究竟於散文本身和散文的現狀有什麼益處呢？ —— 我們是不是可以說，在陳東東的設想中，這其實是發明了另一種詩的寫作和形式，而不是重新發明了散文。

這樣的質疑對於陳東東來說或許是不夠公正的，因爲這多少有點像站在散文的立場上對詩或詩的想象進行質疑；如果撇開這個問題不談，就我個人而言，我非常喜歡陳東東那些獨具一格的隨筆，這些隨筆集成了一冊《詞語的變奏》。也許要公正地談論陳東東的想法，只能在詩學的範疇內展開。而詩人散文，畢竟是散文。散文不是一種孤絕的文體，它似乎先天地就願意向讀者敞開，我們不能因爲追求散文寫作的精神高度就傲然地把它關閉和孤絕起來。在這裏我們又一次遇上了布羅茨基，他驕傲卻又不失溫和地向我們說道：「在詩人轉向散文、向這一先驗地被視爲是與讀者交流的『正常』方式的轉向中，總有某種減速、換檔的動機，試圖闡釋事物、闡釋自我的動機。因爲沒有創作中的共謀就沒有理解：這理解不是共謀又是什麼？惠特曼說過：『只有憑藉偉大的讀者，才可能有偉大的詩歌。』在轉向散文時，茨維塔耶娃幾乎把散文中的每個詞都拆卸成配件，以便向讀者表明，詞 —— 思想 —— 句子是由什麼構成的；她嘗試著（常常是違背自己的意志）讓讀者接近自己：讓讀者變得同樣偉大。」[3]

---

3 《詩人與散文》。

三

如果不能把讀者變得偉大 —— 因爲作者並不能肯定自身就是偉大的 —— 那也應該把讀者帶進有意義的精神氛圍中，把讀者提升到力所能及的精神高度上。也就是說，我們在這裏所注重的散文，既不是孤高地向讀者封閉的散文，也不是趨向朝下、將就、討好讀者的散文，而是能夠超出生活的日常性，具有提升力量的散文。超出生活的日常性，並非與日常的生活脫離，反倒恰恰是置身其中，從中產生出脫俗的勇氣和寫作的力量，最終又能出乎其外。

王家新的散文和他關於寫作的一些思想，把許多問題和其中包含的意義推到了我們面前。像一切不回避嚴正問題的文學從業者一樣，王家新也深深爲時代與個人、時代與寫作這個根本的難題所困擾。但王家新不是一個憤事者，他沒有採取一種簡單的犬儒式態度：「當別人從道德的角度把今天看作一個混亂、敗落的時代時，我卻寧願從文學角度把它視爲一個蛻變、重構的時代；一個痛苦的，但卻富於激發性的時代。我想我已經聽到了某種召喚。」(《夜鶯在它自己的時代》) [4] 寫作要對時代發言，就必須自覺地置身於時代之中，卻又必須不混同於時代。王家新由此而強調寫作是做一種雙向運動：把個人、寫作與時代聯繫起來的同時，又從根本上區別開來。這樣就形成了寫作和時代之間的張力，而這種張力，在只認同雙向運動的任何一端的寫作那裏，是不可能存在的。

保持這種張力毫無疑問地意味著巨大的困難。一方面，它拒絕了精神的蹈空，思想的輪子與其在高高的空中漂亮地空轉，毋寧降落下來，與粗糙、堅硬的地面吃力地磨擦；另一方面，在對時代的關注中反及自身，即使今天文學面對世界似乎什麼也不能做，它也應該有能做的：「在世俗的歡樂中繼續它自身的痛苦，在時代的喧囂中進入它自身的寧靜

---

4 《夜鶯在它自己的時代》一文，收入作者同名的散文集中，該集爲「詩人隨想文叢」之一種，東方出版中心 1997 年 6 月第一版。本文所論、所引王家新散文，皆根據這本書。

── 其軟弱與力量、不屈與高貴，都在於此。」由此而誕生了一種「生活與寫作的藝術」：它「就體現在這種對自身的限制與敞開，對時代的投入與游離之中。」（《對隱秘的熱情》）

說到底，在時代中堅持精神的想像力和可能性，追求文學寫作的張力與高度，最終只能是個人的事情。在這個意義上，「個人寫作」意味著從眾人中抽身而出，與普遍性話語規範偏離、背馳，以個人的方式、個人的歷險來承擔人類的命運和文學自身的要求（《對隱秘的熱情》）。這裏突出出來的個人，並非抽象的個人，也並非限於個人的個人，而是個人的存在勇氣和個人的承擔意願與能力。個人的存在勇氣，也就是「獨自去成爲」的勇氣；而對於個人的承擔，王家新有著相當透徹的意識，他說道：「在我們的這種歷史境遇中，承擔本身即是自由。我們不可能再有別的自由。這是我們的命運，同時這也提示著中國現代詩多少年來最爲缺乏的能力和品格。這種『承擔』當然屬一種難以簡單界定的詩學行爲，但我想它首先意味著的是把我們自己置於歷史與時代生活的全部壓力下來從事寫作；同樣，這種承擔也不限於某種道德姿態，它在今天還會要求我們從一個更爲開闊的視野來反觀我們自身的文化構成……正是通過這種承擔，我們的寫作才有可能積極介入到目前中國的話語實踐中並成爲其中富於變革、批判精神和詩性想象力的一部分。」（《闡釋之外》）

正是通過承擔，寫作才獲得了超出個人、見證時代的闊大意義。而且，寫作的見證本身就構成了它自身的現實，「或者說見證到什麼程度，時代便呈現出什麼樣子。我相信時代就是這樣來期望於一個詩人的。」基於話語創造意識和寫作與歷史關係的重新確認，「一個時代不是從別處而是從自己的寫作中開始。」（《重讀奧登》）

個人承擔的展開與實施依靠的是具體的勞作，王家新強調寫作的「工作」和「勞動」性質，是因爲他清楚個人自主選擇的精神空間「並非烏托邦，它首先是地獄。」寫作，就是「把終生的孤獨化爲勞動」，「深入黑暗、再深入，直到你能夠在那裏忍受無名。」（《誰在我們中間》）從那些文學先輩，特別是從卡夫卡身上，王家新產生出在黑暗中、在文學的核心地帶、在文學的「秘密心臟」中工作的自覺意識，因爲只有在文學的

中心工作的人，才能對文學說話；同時，從「饑餓藝術家」的堅持中，他看到，「依然有人拒絕把文學降爲一種改變命運或曰『改善生活』的手段。而把寫作保持在一種難度裏，也就是把文學保持在它自身的高度裏，把人類運轉不息的精神保持在一種不滅的光輝裏。」（《饑餓藝術家》）

在《卡夫卡的工作》一文裏，王家新由文學分類對卡夫卡的失效，提出一種混合的寫作，「是一種能夠將自己置身於一個更大的文化語境中，不斷地吸收、轉化，將各種話語引向自身、轉化爲自身的寫作；是一種將對人類各種知識的洞察與對文學自身的意識相互作用，最終在文本中達到一種奇妙的混合的寫作。」這是一個非常富有挑戰性的問題。對此，我曾經有過這樣的思考：文學分類的失效，是必然的，即使不遇到卡夫卡，這種必然性也會日益突出地顯現出來。追溯寫作的歷史，回到寫作發生的最初源頭，一定是先有了表達的衝動和寫作行爲，之後才出現分類的，後來才又慢慢形成各個體裁類型的規範；而後來的寫作與源頭之初的寫作，其最大的不同在於，它發生之前就面對著已成陳規的分類範式，它一經産生就會被劃歸到所屬的類型規範裏。但是，已有的分類並不能夠涵蓋文學寫作的全部，比如，在兩種類型的縫隙之間，是不是就不存在寫作呢？如果我們承認文學寫作的多種可能性的話，分類的局限就會顯得更加突出。而且，即使是與最初的寫作遙遙相隔的今天，表達的原初衝動仍然沒有泯滅，並不是所有的人在用文字表達自己的時候，都像循規蹈矩的作家那樣，首先考慮他所表達出來的是小說，是詩，還是散文。

四

文學分類的問題不僅僅在於對自由表達和寫作的束縛，而且它還內含著世俗的等級觀念；這種文學的等級觀念，從傑出的大詩人布羅茨基到平庸的文學寫作者，基本上都是接受的。我們不能說這種等級觀念完全沒有道理，況且當下的寫作現狀似乎更強化了這種積久的觀念。然而，我們必須要問，這種等級觀念給散文帶來了什麼？在我看來，散文正是

這種觀念的受害者。我曾經在一篇文章裏說過：「我們平常想到散文時好像想到的不是文學，而是文學的次品，散文家好像也只是個勉強的文學家。我們的文學意識對待散文，彬彬有禮卻又冷淡之至。……在這種意識下，散文好像是在做小說、詩、戲劇、批評、學問等等不想做的事，做它們不屑於做的事，它們剩下的邊角料，有時就做成了散文。」現在散文熱鬧，氣勢可觀，「但文章作者們的理直氣壯是以低調打底的：散文又不是什麼了不得的東西，怎麼寫不得！熱鬧歸熱鬧，還是脫不了那意識，而且又增添了這個時代流行的習氣。」我的想法是，要根本改變散文的現狀，首先要改變這種觀念和意識，散文要去做其他文類做不了的事情。[5]

從詩人于堅那裏，我看到了基本一致的想法。他在隨筆集《棕皮手記》[6]的後記中寫道：「這本書記錄的是我近十年間寫作的片言隻語。但不是什麼寫作之餘的副產品。我以為作品就是作品，不存在主副之分。如果有意識地這麼做，那麼對一個作家來說，是非常糟糕的事。讀者為什麼要讀一位作家的副產品呢？」

前面我們曾經提出過散文寫作的一種理想狀態：置身於日常生活之中卻又能夠超出生活的日常性。這個問題在于堅的寫作中呈現為一種複雜的樣態，但于堅是以一種簡單、純樸的方式去對付這種複雜性的。日常生活和事物，並不就是我們置身其中的生活和事物，相反，常常是我們置身其中的生活和事物遮蔽了本來應該自然敞開的日常生活和事物。舉一個淺顯的例子，比如說人與詞 —— 我們就挑「道路」這個詞吧 —— 的關係，本來「道路」指的就是通行之地，具體有形，有用途，可是當這個詞走過一條逐漸脫離形而下的具體樣態的道路，越來越是「道」卻越來越不是「路」與我們相遇的時候，我們真的知道它嗎？「一個詞總是來自歷史的形而上中，而我們永遠只能在生活的現場，在形而下中與它遭遇。」通常的情形是，每個人都守著他自己的一份「道理」，而對就在

---

5 《對散文的偏見》，收入隨筆集《歧路荒草》，上海人民出版社 1996 年 3 月第一版。
6 《棕皮手記》，于堅著，「詩人隨想文叢」之一種，東方出版中心 1997 年 6 月第一版。本文所論、所引于堅散文，皆根據這本書。

眼前腳下的「道路」視而不見，因而不能與真正的道路和這個詞建立真正的關係，如同于堅記敍的那件真實發生過的事情一樣（《三個詞》）。于堅的立場就是站在生活現場的立場，用生活現場來反抗和戳穿諸如歷史、文化所形成的所謂形而上的意義、價值等等，從而建立起個人的真正鮮活的意義與價值。

問題的複雜性在於，歷史、文化經過漫長的道路所形成的意義、價值已經融入了日常生活和日常事物之中，成爲日常生活和事物不可離析和分割的部分。如果說寫作「是從既成的意義、隱喻系統的自覺地後退」（《棕皮手記·從隱喻後退》），那麼，能夠後退到哪裏呢？顯然我們不可能退回到原初，不可能退回到自己創造詞語、生成意義的時代。這也就意味著，這樣一種焦慮不可能一勞永逸地解決，而只能是永遠懷著這種焦慮，同時也永遠懷著克服這種焦慮的衝動、希望和絕望。因爲語言、意義系統總是先你而在的，對日常生活的遮蔽和破壞也必然是先你而在的，如果把寫作作爲一個去蔽和療救的過程，這個過程就不能不是永遠的，不能不是時刻警惕的。正是從這個意義上說，「寫作是對詞的傷害和治療。你不可能消滅一個詞，但是你可以治療它，傷害它。傷害讀者對它的知道。」在此之前，首先要「傷害」寫作者自己對它的「知道」。至此也就可以明瞭，「寫作之所以是一件困難的事，就是因爲它必須從一個被想象力所歪曲的世界出發。」（《棕皮手記·1996》）

我們來看一下《回憶》這篇短文，也許有助於理解于堅所力圖揭示的問題的嚴重性。他說，《追憶逝水年華》不如《尋找失去的時間》譯得好，因爲年華暗指追憶的是某種有意義的、閃光的生活，然而，「正是隱匿在年華後面的灰暗的無意義的生活組成了我們幾乎一輩子的生活。」不明白這一點，就不明白普魯斯特。「我發現，很少有人能像曹雪芹或普魯斯特那樣，保持著對日常的無意義生活的記憶能力。二十世紀的中國人，離開歷史的特殊時刻，或生活的不尋常事件，可能就無法回憶起自己的任何過去的日子。」這個世紀的文學寫作也充分地依賴於這個世紀的集體的、時代的記憶。正是對生活意義的集體焦慮式尋求，排斥了個人生活 —— 特別是被視爲無意義的個人生活 —— 進入記憶。這也就是

說，失憶並不是後來才發生，而是伴隨著個人生活的整個過程，發生在每一個當下的時刻。問題由記憶轉爲現在 —— 這也就是爲什麼我們要尋找失去的現在。這裏用得上維特根斯坦的洞察和感慨：要看見正在眼前的事物是多麼難啊！而失去了個人生活的現在，失去了充滿私人細節的記憶，我們就只能是「一群喪失了存在的、飄蕩在時代荒原上的孤魂野鬼。」

當于堅說「我們沒有理解無意義生活之意義的能力」的時候，他的意思並不是人應該徹底沈浸或淹沒於無意義的瑣碎、蕪雜、晦暗之中，而是強調對現成的、先在的意義系統的反抗和拒絕，反抗和拒絕之後的個體退回到無意義的現場，依靠自身的參與和創造，生成和呈現出與自我緊密聯繫的意義來。也就是說，意義並不在個體的存在過程之外，而正是在存在過程的展開之中。篇幅較長的散文《戲劇作爲動詞，與艾滋有關》記錄的正是生成和呈現「無意義生活之意義」的過程。《與艾滋有關》是北京獨立的戲劇導演牟森的一個意念，于堅應邀參加演出，這給他提供了一個類似於退回到原初、從自我開始創造意義的機會和強烈體驗。牟森的戲劇不是現成的，沒有劇本，「戲劇」是個動詞，是開始時只有一個方向（「與艾滋有關」）的滾動過程，不是演「戲劇」，而是通過「演」呈現劇本，「將要滾動出來的，一切都不能事先預見，充滿著可能性。」上臺的人不是職業演員，所有的人都作爲他自己、本人出現，他們之間的關係也就是他們之間能夠建立的關係。實際演出的時候，他們自由交流，甚至都極少談到艾滋。三場演出，每一場都不同。在這種充分現場化的活動中，導演、演員、劇場、臺詞被創造出來，劇本最後出現，成爲戲劇的歷史記錄，而且沒有定本。「它像古代的戲劇那樣，首先是人的活動，然後才是文字的記錄。」我們不難發現，這部戲劇其實是一部現代人的「創世記」，「在對『無意義』的呈現中，意義無所不在地呈現了。」

作爲記錄《與艾滋有關》演出過程的散文《戲劇作爲動詞，與艾滋有關》，它本身也是在對「無意義」的呈現中呈現出意義來，也就是說，它和它敍述的物件是同構的，甚至我們可以極端一點，認爲它們是一體的：戲劇的過程也就是散文的過程，對於沒有以其他方式（演出、觀看等

等）參與戲劇過程的散文讀者而言，這篇散文的過程就是這個戲劇的唯一過程。套用作者本人的話說，散文在這裏也是作爲動詞的。

儘管于堅在這個戲劇的演出過程中、在這篇散文的寫作過程中，面對先在的意義系統的焦慮有所緩解或克服，從而體驗到生成或創造新意義的生命愉悅，我們卻很難把這種經驗推廣和普泛化，因爲，無論這個戲劇的反傳統性是如何徹底，它畢竟提供了一個假定的空間、一段特定的時間，畢竟還須依賴於戲劇的基本情境和構成，它還需要劇場、演員和演出。可是「無邊」的現實生活卻不能提供回到原初的假定，歷史、文化已經產生出來的東西不管你如何對待它，它也已經産生了。寫作，無論如何面對的不是一張白紙，好寫最新最美的詞句，而是面對與文化的歷史一樣悠久的羊皮卷，那上面不僅已經寫得滿滿當當，而且已經重疊、複寫了許多遍，過去的痕迹沒有辦法擦得乾乾淨淨，後寫的文字也不可能把先寫的文字完全覆蓋住，先前寫下的仍然能夠或清晰或模糊地透顯出來。說一句喪氣然而卻無比真實的話，就是：你如果不想在羊皮卷上寫，那就沒有別的地方可寫了。

由此我們多少可以理解于堅那幾乎無望的努力：「但到今天，我的舌頭仍然沒有獲救，我仍然尚未說出我想說出的那些。」（《關於我自己的一些事情》）

歷史、文化及其所形成的意義系統，還有積澱着以往全部生活的今天的生活，除了於堅所感受到的一面，當然還有別的方面。處在不同的角度，就會目睹和體會到不同的東西。我們應該遵守一個基本原則：尊重複雜性。

翟永明少有像于堅那樣強烈的歷史負重感，因而她的表述一般也就相當平靜，平靜的表述中常常透出對於歷史、文化的親近的感懷，對於平常生活的樸質的慧心，如果我們還不能讚歎說是「鉛華洗盡」，至少也可以看到作者已然趨向於此了。在散文集《紙上建築》[7]卷首的《作者自白》中，翟永明這樣說道：「真正劃時代的聲音，並不一定在浪尖上。在

7　《紙上建築》，翟永明著，「詩人隨想文叢」之一種，東方出版中心 1997 年 6 月第一版。本文所論、所引翟永明散文，皆根據這本書。

寂靜中磨洗內心的激情，磨洗寫作的基本精神和本質，也才可能磨洗出光可鑒人的文章和詩歌。」

從這幾句話裏不僅可見作者的見地，也可見一種難能的寫作心態和理想。不在浪尖上，用作者另外一處談自己創作的話來解說，就是，「我寫作，並不與時下的傾向有關，也不與當前迫切的哲學思潮有關，它們只是個人在詞語和紙背中向外注視著一個變化的時代，實在無足輕重，不被人所體味與認同，其妙處只被自己和少數喜歡和理解『毫無意義』的事物的人所領略。」(《獻給無限的少數人》)而自認所寫的「無足輕重」和「毫無意義」，有點類似於作者所欣賞的佛吉尼亞‧沃爾夫，「她能夠平靜而客觀地思考、探索、觀察和創造，孜孜不倦地寫出『像蜘蛛網一樣輕的附著在人生上的生活』。」(《生活的訣竅》)

在迄今唯一的散文集《紙上建築》裏，翟永明真沒有寫什麼舉足輕重的東西，這不僅是指所寫內容的性質，更主要是指寫作者的自我意識。我們習慣於從生活中生發出高於生活和大於生活的東西，翟永明卻並不，她的方向是相反的，她要沈入生活之中，而且她似乎總覺得自己對於生活的認識和發現是少於生活本身的。她意識到，寫作的「困難在於將人類生活的內部感受和一刹那的生命在想象的空間裏融爲一體，並從中傳達出生活那秘而不宣的部分」；另一方面，她又能出於生活的可感、可懷、可思、可歎、可親、可近之中，卻並不被「生活掉」。也許正用得上茨維塔耶娃的詩句描述這種寫作和生活之間的觸及過程：「詩人從遠方帶來語言/ 詩人又被語言帶向遠方……」。能夠如此，一定不僅需要相應的精神資質，而且同時一定還需要「生活的訣竅」，翟永明發現的「生活的訣竅」就是，「把自己變成一個罐子，既可以佔據黑暗中的一個角落，又可以接納生活的一掬活水以映照內心的寂靜和靈魂的本性。」(同上)

也許我們可以覺察到，當翟永明說「把自己變成一個罐子」或「在寂靜中磨洗內心的激情」的時候，我們並不能分得清她是在談論寫作還是談論人生的修煉。這根本上是因爲，她把寫作就當成人生修煉的一種形式，而且可能是相當重要的、無法替代和取消的形式。在此種情形中，寫作與個人生命之間非常自然地建立起一種親密關係，對寫作的個人化

體認也就是非常自然地產生的，關於散文，翟永明說了這麼一段頗堪玩味的話：「而散文的空間，是小說和詩歌連接的地點，是兩者之間那一片空曠、寂靜、永恒的空地，是時間和歷史、想像和現實共同圍合的幻想庭院。無意義而又絕對優雅，無目的而又接近真理，是帶有自戀自棄風格的書寫文法。」作者把自己的散文寫作視爲「紙上建築」，這段話和這個意象都指向一種幻美；不過要捕捉和達到這種狀態，卻需要相當艱難的過程，「因爲，我所談到的文章，與我所寫的紙上建築是一樣的，它有著同樣的規律和形式。我把它們視爲一種聖杯式的東西，是需要人們付出代價，付出艱辛的尋找和渴求才能成比例的到手的東西。」(《作者自白》)

六

不管是王家新所說的把寫作保持在一種難度裏，還是于堅的把寫作當作一件去蔽的工作，還是翟永明的對於聖杯式東西的艱辛尋找和渴求，這些思想和寫作實踐在他們顯現的相當差異的散文觀和散文寫作風格的背後，卻表達出一個共通的意識：寫作 —— 當然包括散文寫作 —— 是一件困難的事。在九十年代散文寫作日益「容易」、因而也日益「繁榮」的文化景觀中，詩人散文「出場」的意義，最簡單、最質樸地說，就是他們和他們的作品仍然堅持和維護寫作的困難，堅持和維護散文寫作的困難。我們甚至可以看到這樣一個逐漸清晰起來、逐漸被意識到的事實：散文寫作愈發困難了，這也是因爲日常景觀中的散文寫作愈發容易了。

我並非有意在詩人散文和非詩人的散文之間製造隔閡和誇大區別，我也並非要抹殺詩人之外的人散文寫作的成就，也就是說，我並非要劃一道簡單明瞭的線；然而我也並不想背叛自己的感受，我所認爲的九十年代優秀的散文作品當然並非都出自詩人之手，但無疑都具有詩性的品格和光輝，比如說九十年代最動人的散文作品 —— 史鐵生的《我與地壇》和張煒的《融入野地》，範圍再擴大一點，有一個很好的選本，《王安憶

選今人散文》[8]，除了其中的作品值得特別注意之外，我認爲王安憶爲這個選本作的長篇序言，也是九十年代論述散文寫作的最好的文章，儘管我並不百分之百地贊同其中所有的觀點。你也許會同意，詩性的品格和光輝，本身就是一種困難。

1997 年 10 月 16 日

（載《文學世界》1998 年第 2 期）

8　《王安憶選今人散文》，上海文藝出版社 1997 年第一版。

帶著偏見、麻木和心動

── 《21 世紀中國文學大系‧2001 年中國最佳散文》*序言

6 月的一天，打開電腦，看到信箱裏陳村傳來的一篇文章。文章的前面，陳村寫了這樣幾句話：「梅雨天的早上醒來，百無聊賴地走到沙發前又躺下了，撕開新到的一本雜誌包裝。翻過種種音樂的技術和歷史，看到一篇文章。我起來把它一字字地輸入電腦，校對了一遍。我把它推薦給你。」

陳村推薦的是《北方人的巴赫》，作者馬慧元，我一點也不瞭解。要不是陳村，我大概就不會讀這篇文章。同樣受惠的不只我一個，陳村一定是用電子郵件把這篇文章傳給了很多人。

我來編年度散文選，抱著和陳村抄、傳文章差不多的心情，簡單地說，就是把自己看到的好文章推薦給別人看，與更多的人分享和交流。

這裏所說的散文，取一個相對寬泛的概念，除了狹義的敍事抒情之作外，一般所說的隨筆和雜感，並不刻意當作文章來寫的手劄、日記和書簡，甚至是訪談和對話，都包括在內的。在意的是寫得好，無論寫成什麼樣式。

很遺憾沒有看到很好的書簡編進眼前的這本散文選，毫不諱言，書簡是編選者偏愛的形式；可是編選者一點也不偏愛的對談式的文章，竟然選了三篇，這是事先沒有想到的。形式偏愛與否不論，更在意的還是談出來的東西。這種對談樣式的東西，歸不到通常所說的那些文類裏面，

---

* 《21 世紀中國文學大系‧2001 年中國最佳散文》，春風文藝出版社，2002 年。

誰都不要，什麼都不是，有些好東西就被人爲地「淘汰」了。散文應該是一個最自由、最開放的概念，我想，就讓這些好東西搜羅到這裏面來吧。

說到好，問題就來了。什麼是好？你說好就好嗎？這很容易問出來的問題，卻很不容易回答。

手裏沒有尺規，心中沒有秤。但要說沒有個大致的標準，顯然也是不可能的。我也算是個職業閱讀者吧，自然也免不了犯點兒職業病。職業病也不都一樣，譬如有的人，「專業意識」和「專業標準」特別強，橫挑鼻子豎挑眼，排斥性強，看得上的少。我呢，不覺得好文章就應該怎麼寫或者就是哪些人哪個圈子裏的人才寫得出，所以東看看西看看，眼貪，都成習慣了，也就生出了毛病：麻木。很多文章從頭看到尾，沒什麼感覺，等於白看了。這叫眼貪心不動。這毛病是很難治的，看得越多越嚴重，又不能不看，誰叫你以閱讀爲業呢。幸虧並不總是心不動，還總有好文章能觸碰著神經，麻木的中間也有心動的時候。我自己暗地裏感謝這些令我心動的文章。要說我有什麼編選標準，沒法說得那麼理性和規範，讓我心動，不論是大處還是小處，總該是基本的吧。

選出的文章編排在一起，爲了看上去有個眉目，大致分成了幾個部分。只是要強調一下，分類是文章選出後才有的，並不是先抱著需要某類文章的觀念去挑揀的。

黃裳的《瑣記 —— 和巴金在一起的日子》、錢文忠的《智慧與學術的相生相剋》、史鐵生的《孫姨和梅娘》、李輝、杜高的《關於〈杜高檔案〉的問答》，寫不同情境中人（不同類型的幾個知識份子）的生活和命運，有談親切的日常生活瑣事與述嚴酷無情的苦難經驗之分，落筆、開口，有輕淡、濃重之別，讀者獲得的感受自然也會迥異。對於歷史的記憶、生命的形態及其敍述，本就該有多種視角、形式和內容。

張承志的《與草枯榮》、費振鍾的《失蹤的鄉間手藝人》、楊延康的《陝西鄉村天主教攝影手記》、劉亮程的《荒野上的路》、老威的《賭徒周忠陵》，這長長短短的篇章，呈現出來的是一個廣闊的民間世界，它的人事，它的變遷，它的傷痛，它的掙扎和沈默，它的快樂、活潑和綿延

的生命。

　　馮秋子、張黎、嚴鋒、馬慧元、王安憶、黃燦然、葉兆言和餘斌諸位，談舞蹈，談文學，談電影配音，談音樂，談詞典，談閱讀生活，一篇接一篇讀來，頗給人美不勝收的感覺。這一類的文章現在是越來越多了，我選這幾篇，一個重要的理由，也是這些文章和許多同類文章區別開來的一個重要因素，就是，這些作者並不只是把他們所談的東西當作物件來談的，其中有自我生命的深刻投入，交織著一己寶貴的經驗、記憶、情感和思想。

　　我們講散文，馬上想到的就是敘事和抒情的功能，可是多少年來，大批散文 —— 包括曾經產生過很大影響、流傳很廣的名篇 —— 的敘事抒情是倒胃口的，敘事不踏實，抒情就濫情，就矯情，這種現象到現在仍然觸目皆是。這在根子上不是一個寫作的問題，不可能只限於寫作的範圍就得到解決；但我們卻可能在寫作中發現好的範例，我個人覺得這裏選的史鐵生的《記憶與印象》、周曉楓的《寫給匹諾曹》、朱鴻的《一次沒有表白的愛》、徐津的《丁香樹筆記》、閻連科的《想念》，就是好的範例。

　　歐陽江河的《紙手銬：一部沒有拍攝的影片和它的 43 個變奏》，展現出思想的想像力、思想擊穿現實的尖銳和思想本身迷人的豐富性。

　　很多年以前，我還不知道天高地厚，寫過兩篇談散文的短文，一篇叫「說了四十多年的散文」，一篇叫《對散文的偏見》，少年氣盛地發洩對當時散文狀況的不滿。這麼多年過去了，不知不覺間當年說話的勁頭和激情喪失得所剩無幾，現在已經不會那麼痛快淋漓地指手畫腳了。可是我那時候的偏見至今仍在，我就是帶著我個人的偏見、我的麻木和我的心動，來編這冊散文卷的。

2001 年 11 月 12 日

界外消息

—《21 世紀中國文學大系・2002 年散文》*序言

去年差不多也是這個時候，編完 2001 年度散文選，重新檢點出處，我發現，竟然沒有從專門的散文刊物上選一篇文章。雖然事先也沒有對這些雜誌抱多大的期望，可一篇不選，還是有些出乎意料了。但我並不願意把這個現象說明，以免引起無謂的爭論，甚至連爭論也說不上，只是一些閒話而已。所以我在序言裏，只是說，選取的標準只要是好文章，不論什麼形式，對話也好，日記也好，或者其他的什麼也好，只要好，就可以選。形式的寬泛和多樣，是散文的題中應有之義，本無須多說；但特意強調一下，是希望借此「撑破」狹隘的文學散文的規範，打碎愚頑的觀念，拓寬視野。話說得明白點，就是對狹隘的文學散文的現狀表示不滿。但一本散文年選，能起到多大作用呢？這我是很清楚的，所以不取高調，話也說得含糊；而且坦言，什麼是好文章呢？我沒選的好文章也許多的是，我所選的與我個人的「偏見」緊密相關。

現在，2002 年的選本也編好了，看看出處，除了賈平凹的一篇演講，是從他主編的《美文》上選的，還是沒有從專門的散文雜誌上選文章；而賈平凹的這一篇《對當今散文的一些看法》，又是對現狀很強烈很痛切的批評。去年選本序言有意寫得不夠清楚明白，不料這一點點苦心卻不怎麼被理解，讓我覺得很是多餘；編輯特意囑咐今年的序言要寫得明確一點，那就明確一點吧，想一直含混下去，恐怕也是不可能的。而令我興奮的是，一些尖銳的言辭，一種根本性的反省態度，已經出現在紙面上。賈平凹五月的一篇北大演講以外，今年 8 月《南方周末》上還發表

---

* 《21 世紀中國文學大系・2002 年散文》，春風文藝出版社，2003 年。

了李敬澤的一篇文學觀察隨筆，它的題目就毫不含糊：《「散文」的侏羅紀末期》。爲什麽從專門的散文雜誌選不出文章呢？在這裏我願意借用李敬澤的觀察和論說，因爲如果是我自己來說，恐怕就不會像他那麽勇敢和果斷。他說，「正統的文學散文雜誌更像是前工業時代的文化遺址。讀了《散文》、《美文》、《散文選刊》、《散文海外版》，我覺得對此時的文學散文最恰當的批評方式是進行一次主題調查。」調查的結果，最多的是鄉村童年回憶，「你要在散文家筆下看到今日鄉村之真相，那是緣木求魚，中國鄉村已經成了文人們的案頭清供，它被凍結在時間深處」。還有諸多的症候，這裏也不多引述了，總之，這些症候「可以使我毫無困難地對那個『文學散文』做出判斷：它不過是新舊文人的一處主題公園，它把廣闊的生活排除在外，它甚至與寫作者自身都無甚關聯，在這裏你看不到這個時代人的經驗的複雜和豐富，看不到人的感性的深微變化，看不到人的境遇中隨處即是的疑難。」

　　如果真是這樣不堪，那這散文年選，還有什麽好編的？

　　還真有好編的。不過不一定非得從散文雜誌和散文界裏去找。案頭清供、人生道理、或者滿紙「詩意」、處處「文化」，你不需要，我不需要，但有人需要，它有它的「價值」和「意義」，所以，我這沒性格的人，就覺得，也不必對它動肝火。再說了，它就那樣了，你動肝火有什麽用？你叫它革命它就革命了？

　　如果你我有別的需要，這裏找不到，我們就到別的地方去找。跨出某個界，某個域，你會真切地感到，有那麽多與現實、境遇、歷史、心靈緊密纏繞、息息相關的東西，撲面而來。

　　最初動議這套二十一世紀文學大系的時候，編委會和出版者本想讓我去選小說，我自己提出選散文。我不是從否定散文、而是從肯定散文的基本認識出發，想做一點嘗試。從我自己的平常閱讀經驗中，我不斷感受著一些文章帶給我的衝擊；同時我也發現，這些好文章通常並不被認爲是散文，通常人們在談論散文的好和壞的時候，並不把這些文章考慮在內。這是奇怪的事情。我想試試把這些好文章集結在一起，讓有心的人看看，其實散文還可以是這樣的，其實這些就是散文，其實我們有

好的散文。

　　賈平凹呼籲散文界的變革，以為這個「相對保守的傳統的領域」，「發動的革命在整個文學界是最弱也是最晚。」誠然如此；不過，如果你不是站在散文界之內看問題，如果你的視野更為開闊，你所獲得的經驗和看法也許就會大大不同。其實，在我看來，散文的變革早就發生了，只是大多不在通常所說的散文界內；我甚至想說，許多值得注意的變化甚至不是發生在通常所說的文學界之內。通常我們以為，文學界內分小說界、詩歌界、散文界，諸如此類；而散文又在散文界內。這樣的劃分和概念，一層一層，每下一層，領地就萎縮一塊。這哪里是在談論人的精神領域的自由寫作活動，分明是在描述文學的行政管理結構。這樣的結構，和農業、工業的行政管理，本質上並沒有什麼不同。在這樣一個限制性的結構和框架內，散文能有什麼作為，大致是可以想見的。但是，寫作之為追求自由的精神活動，其重要的特徵之一，就是不斷地挑戰和突破各種各樣的限制和管理，衝撞和動搖大大小小的結構和框架。而近些年來，令人興奮的變化在不斷地發生著，積聚着，它不是革命，不是造反，這不僅是因為沒有革命和造反的旗號，更為根本的，是它一開始就不以散文和散文界、甚至不以文學和文學界自限，它不以此為起點和束縛，也就不必反對這個起點和束縛；它本來就在界外，至於界內的人看它是不是散文，甚至是不是文學，這本非它的關心所在。

　　說它在界外，並非是說它存在於輕飄飄的無限自由和失重的狀態之中，恰恰相反，就是因為它沒有呆在被隔絕的界內，它才有可能與問題叢生的生活世界和紛雜難解的感情世界相遇相撞，才有可能與活躍的思想精神領域心氣相通，才有可能與社會、時代、現實、歷史發生著具體細微而又盤根錯節的聯繫，也只有在這樣的相遇相撞、心氣相通和盤根錯節的糾纏之中，個人，一個寫作者，才有可能察覺和面對自我與寫作，特別是察覺和面對在這樣一個無從把握的時代裏自我的疑惑和寫作的困難。

　　這樣的寫作所產生的散文，大於通常所說的那個散文界的概念；如果我們還要堅持一個與置身其中的複雜境遇相隔離的「純」文學觀念的

話，那我就要說一句違反常識的話：這個散文的概念，還大於那個文學的概念。

明確地說，我的想法就是這樣：與其焦慮地寄希望於不知何時才會發生的界內革命，不如細心傾聽已經傳來、而且仍然在源源不斷傳來的界外消息。

我們生活在這樣一個所謂全球化的時代，無論你願意還是不願意，一些東西在發揮著超乎尋常的深刻影響。不知從什麼時候開始，《國家地理》——當然是美國的——出現在中國有文化懂時尚的部分人士的口耳之間，漸漸地頻率就高起來。當然不只是中國，在我客居的韓國的一所大學，就在兩天前，一個出類拔萃的女生跟我閒談時還很認真地說，她的理想是成爲《國家地理》的記者。爲此她做著切實的準備，學習多種語言，義務爲當地的一份雜誌做攝影記者，以便提高自己的攝影能力。她給我看拍的照片，我說，你的照片太美了。我這話不是讚揚，而是批評。她也懂我的意思。我不以爲她的理想有什麼不對，也不覺得我們中國人就不能談美國的《國家地理》，只是，你得有腦子，有判斷，有心，有自己的感情，甚至，有憤怒。張承志《逼視的眼神》談的是美國國家地理頻道的一個電視片，題爲「尋找阿富汗少女」，這樣一個由攝影師、記者和科學家共同參與的電視行動，與重七千公斤、長二十五米、用巨型 C-130 運輸機運送、用降落傘減速投下的超級震蕩炸彈在托拉博拉山地爆炸同時發生，可是這沒關係，炸彈的煙塵和無辜者的屍體完全可以處理在畫面之外，他們關心和追求的是趣味性和科學性，它們的輕鬆和客觀正在征服全世界。

世界在這樣那樣，散文，或者文學，有能力築一道隔離的牆把世界擋在外面嗎？如果不可能，它又能有什麼作爲呢？差不多每天都可以從電視上看到巴以衝突的新聞，看多了，一些感受反而鈍了，「日常生活」化了。這時候讀到《午夜之門》，一個親身踏上那片充滿恐怖和死亡威脅的土地的人的敍述，會有一種把自身——閱讀者——也置身現場的震撼。這完全不同於看電視新聞，看電視的時候你是在畫面之外觀看，可

是這篇文章有那麼一種力量，把你帶入其中去經歷 —— 對，是置身其中經歷，而不是呆在旁邊觀看。讀過這篇文章不久，又見到香港作家西西的一首詩，《車過巴勒斯坦難民營》，我願意把它抄在這裏，與《午夜之門》相印證 ——

> 國際警察的天秤斜向大衛之星/你們忽然淪爲寄生的賤民/被圈禁在耶路撒冷、安曼、開羅/貝魯特、科威特等地的難民營/喪失一切自由、身份和人權
>
> 遠遠看見擠逼的營地，本來是帳幕/如今是簡陋的磚房，鐵皮屋頂/冬季如冰窖，夏日像蒸籠/較好的樓房，你們不屑去/無國哪有家，所以奮力/爭取屬於自己的家園，而我們/稱你們爲恐怖分子，趕盡殺絕
>
> 你們的聲音我們聽不見/你們的宗教不爲我們諒解/你們的語言，需要翻譯再翻譯/仍不一定進入我們的世界
>
> 上帝是以色列的上帝吧/把你們居住的土地應許給別的子民/流乳與蜜之地，其實貧瘠而荒蕪/除了加利利湖、約旦河穀/只是曠野、死海和沙漠
>
> 你們沒有愛因斯坦、魯賓斯坦/弗洛伊德和夏加爾，沒有一人/選入舒特拉的名單/你們沒有可以哀撫的哭牆
>
> 車子沿著難民營駛過，你們/多容易辨認，約旦人/披紅白格子的頭巾，你們披黑白/守喪的顏色，守喪的年月/一個民族的復國竟是另一個民族的消亡

　　世界，它不是在我們的生活之外，不是在遠方，不是在別處，它就是我們周遭的現實，就是包圍著我們的境遇。《逼視的眼神》和《午夜之門》不是在談論與我們無關的世界熱門話題，即便如翟永明《輕傷的人，重傷的城市》，敘說二戰中受傷的城市柏林，也不是重復與我們今天的現實無關的歷史。這樣的現實會讓我們倍感無力和沮喪，也許我們有辦法視而不見，充耳不聞，有辦法使它看起來與己無關，可同時我們也明白，那不過是自欺欺人。

　　寫作並不具備比別的方式更優越和特別的能力來把握和概括這個現

實，但透過與現實相關聯的寫作，確實應該呈現進入現實情境的隱約線索，哪怕這樣的線索只通向整體現實的某一個很小的部分。譬如說，有這麼三篇與流行音樂有關的小文章，如果放在一起看的話，你會感受到什麼樣的社會變化？1988 年前後，崔健音樂的力量正在蔓延，在江淮之間的小城中學，男生穿著拖鞋、端著瓷碗往食堂走的路上，唱《一無所有》，女生則把《從頭再來》的歌詞抄下來當詩讀（魏微《1988 年的背景音樂》）；到 2002 年 5 月，上海，瀰漫著曖昧色欲的淫雨中，F4 終於來了，臺北的四個「陽光男孩」，更準確的叫法，「花美男」，挑逗起無數青春的尖叫，無數傾慕、無數熱淚（毛尖《雨輕輕地在城市上空落著》）。你能夠想像這個時候崔健在幹什麼嗎？他在搞「真唱運動」和《真唱運動宣言》— 這個歌壇把八十年代的文化英雄逼到了什麼份上。

　　說起從上個世紀八十年代到今天中國社會的轉型和滄桑巨變，我們已經有許多的理論敍述和堪稱激烈的思想論爭，前幾年王曉明等關於「成功人士的神話」的討論還記憶猶新，在這樣的情形下，讀讀《民營企業家自述》，一個下海炒房炒地起家的成功者口述的個人奮鬥史，不由地就會產生出更加真切、同時也比讀理論敍述更加複雜難言的感受。如果我們還能夠把眼光移開一些，從衆所矚目、侃侃而談的成功者，轉向坐在垃圾當中安然吃飯的醜陋的老婦人（《垃圾房裏的老婦人》），轉向在吸毒的痛苦中輾轉沈浮的「邊緣人」（《吸毒者日記》），我們又會產生出怎樣的感受。這裏不需要廉價的同情之類，你我都知道，這樣的現象其實比比皆是，沒有什麼新鮮；可它畢竟出現在文字裏了，在現實之外的另一個層次上又一次刺目地提醒著我們某種現實，它之所以刺目，是因爲我們不知道該怎樣面對這樣的現實。寫《垃圾房裏的老婦人》的張碩果還是個年輕的學生，有一種難得的思想上的坦誠和勇氣。他說，「我失去了妥當地處理這位老婦人的辦法。」「我怕我會恨上她。因爲她既妨礙了我的幸福，又妨礙了我的不幸。由於她的存在，只顧自己幸福地度日不再能心安理得，也是由於她的存在，使我的不幸變得牽強附會，和她相比，我有什麼不幸，我有什麼資格詛咒和抱怨，我和賓館裏製造垃圾、往垃圾桶裏扔避孕套的紳士、淑女原來是一夥。我不願她的存在。這是個很危險的

願望，要是在一年前，我會認為她不應該存在，再進一步的話，就是消滅她的存在！那時候我信奉尼采，當然只是我所理解的尼采。現在自然是不會這樣想了，但現在我該採取什麼樣的態度，現在該怎麼辦呢？」

是啊，現在該怎麼辦呢？有太多的時候，我們應該發出這樣的疑問。發出這樣的疑問，敘述感情上和思想上的困難，就意味著，現實，不僅僅是在我們身外和周圍的，我們進入現實，同時也就意味著讓現實進入我們的內心，進入我們的感情過程和思想過程。否則，現實還是那個現實，我們還是那個我們，彼此分明，不可能在這之間建立起真正有意義的聯繫。

什麼是真正有意義的聯繫呢？當今時代，分明提供了諸多發生聯繫的簡捷、輕鬆、愉快的方式，你敢斷言這樣的聯繫就不是真正有意義的聯繫嗎？譬如說，地理，這個詞因為越來越多的「旅行」或者更加普遍的「旅遊」而變得生活化和時尚化了，也就是說，如果高興，我們就可以用旅行或旅遊來和一個地方發生聯繫。以前說「在路上」，會想到跨掉的一代之類的叛逆式精神和生活，可今天，差不多每一個現代人不是已經「在路上」就是準備著「上路」了。聯繫，不就這樣發生了嗎？而且，如果還有雅興，當然可以用文字或者圖像來敘說和證明這種聯繫。事實上此類的文章和圖書也正顯示出方興未艾的勢頭。

根據專家的研究，旅行或旅遊的興起是一個現代性事件。現代性？又是現代性。這麼一說就複雜了。我們不必在這裏糾纏，卻需要意識到這正成為我們的生活和文化現實的一個部分。處在這樣的現實意識中來讀周曉楓的《鋸木場》、蘇童的《南方是什麼》、張承志的《匈奴的讖歌》、王朝陽的《無法拒絕的傳說》，你會感受到另外一種一個人和一個地方的聯繫。這些文字不是旅行或旅遊的副產品，我清楚，和把它們和這樣的副產品比較本身就是不公正的；但我之所以用這樣不公正的方式來談論，也許是期望，這另外一種文字，說不定就能夠提示我們產生並非多餘的警覺和反省，意識到某些簡捷、輕鬆、愉快的現代性方式及其所產生的相關文字、圖像、閒話、傳言，扭曲和傷害著與之發生聯繫的地方，

扭曲和傷害著這些地方的地理、歷史和人文。這另外的文字，提示著另外一種聯繫，就如張承志咀嚼那匈奴的讚歌，「失我祁連山，使我六畜不蕃息/失我胭脂山，使我婦女無顏色」：這悲亢的古歌，總結滄桑，結論絕境，豈只敍述過去的地理和歷史，豈只與一個已經消亡的民族有關？

今年夏天，北京大學山鷹社登山隊的五名隊員攀登雪峰遇難，引起多方關注衆說紛紜。事外人的議論多屬無謂。有兩篇簡潔、稚拙的文字，《窮母現身》和《慕士塔格遺事》，出自兩個學生隊員之手，是早在這個事件發生之前的文章，前一篇是去年寫的，後一篇更早，1996年。這是一些「和雪山緊密相連的故事」，也是一些和年輕的心靈緊密相連的故事。

我看到報上關於散文研討會一類的報道又在重彈真情實感之類的老調。我不是懷疑真情實感本身有什麼不對，而是想問，爲什麼我們老是強調散文要有真情實感，而散文老是缺乏真情實感呢？爲什麼我們的散文老是想打動讀者，而讀者大多不買帳呢？誰的真情實感？什麼樣的真情實感？發生在什麼情形中的真情實感？真情實感能夠從具體的歷史、現實中抽象出來，想要就要嗎？離開具體的歷史、現實，從哪里產生歡樂、痛苦和種種複雜的感受？但你要說他們不關心現實，那又錯了，他們分明還在不斷地討論散文如何表現現實之類的問題，甚至現實到討論「散文創作如何與市場經濟接軌」 —— 如果不是大報上的白紙黑字，我一定以爲這是誰的編造。

《巴金：一些說不出的隨想》，作者在寫和編者在用的時候，都不會把它當作散文，它出現在報紙的文化版上，本意就是一篇「特約記者」的稿子，可是它卻能喚起讀者不平靜的感情。它的筆調儘量客觀，克制，它只是敍述了一個事實：在上海華東醫院的病床上，九十八歲的巴金已經躺了三年多，他要爲別人活著而不是爲自己活著，他病痛中的生存令人心疼，他曾說，長壽對我是一種懲罰。這個事實與什麼樣的現實相關聯？我們掛在嘴上的散文表現現實的現實包含這樣的現實嗎？

《感天動地夫妻情》是陳思和記賈植芳和任敏的文章，這一對老人的

非凡情感，是和他們一生的苦難命運相伴而生、難解難分的，不僅過去和他們的坎坷歷史相連，而且今天和他們的現實困境相連；不僅和他們與苦難不屈抗爭的人格力量相連，而且和他們在困境中艱難生存的種種具體而微的行為相連。如果文章沒有揭示出這些內容，如果文章沒有對這些的深刻洞察和感同身受的理解，根本就無從呈現和想像那樣的夫妻情深。

我非常疑惑，當我們不斷重複一些非常正確的說法，就譬如，散文需要真情實感，散文要表現現實，等等，會不會是這一遍又一遍無數張嘴的重複，使得本來具有真實意義和具體所指的想法，變得越來越模糊，越來越空洞，越來越無聊，甚至，越來越像一句假話？

2002 年 10 月 26 日

（載《天涯》2003 年第 1 期）

可以一篇一篇讀下去

── 《新世紀編年文選‧2003 年散文》*序言

編這樣一本年度散文選需要多長時間？

我的回答是，需要一年的時間。這跟我的編法有關係。我不是到了年底來集中閱讀、挑選，而是平時，看到一篇好文章，就把它存起來。我大概可以說是一個喜歡雜覽的人，雜覽的過程，多是平庸乏味的，但你也會有意外的驚喜，有心動的時刻。能夠帶來這樣感受的文章，就應該挑出來了。也正是因爲有了不斷的驚喜和心動，那個漫長的平庸乏味的過程不僅變得可以忍受，而且，似乎正是這平庸乏味蘊含了、孕育了對驚喜和心動的期待。

對於編選以年度爲限的散文選來說，這個混合了乏味、心動和期待的過程，就是一年的過程。

並不是說這一年就幹這一件事不幹別的事，不如說，這一件事是在不需要用特別的時間和精力中完成的。即使不編這本年度選，我還是會照習慣地雜覽，這已經是我日常生活的一部分，我還是會經歷驚喜和心動，會在心裏把帶來這樣感受的文章存起來；編這本散文選，是給驚喜和心動一個物質的存在形式而已。

所以，對於一開始的那個問題，另一種回答是，不怎麽需要時間。最多，需要爲那個物質存在形式 ── 一本有形的書 ── 付出些時間和精力。這包括，重讀那些挑出來的文章，對照，比較，有的就淘汰了 ── 這

---

* 《新世紀編年文選‧2003 年散文卷》，山東畫報出版社，2004 年。

也說明，有時候那種即時的驚喜和心動是靠不住的，需要一點時間來冷卻和淘洗，雖然這時間最長不過一年；還包括，去讀那些日常的閱讀所不及的報刊雜誌，希望有發現，有補充。

這樣的做法使我自己愉快。這樣我就不會覺得自己是在一件額外的事，也不覺得自己是在草率應付。它是用一年的有心完成的，卻也似乎是在無意中完成的。有心無意，我想，這是好的。

記得一天夜裏讀葉兆言的《郴江幸自繞郴江》，寫他父輩的作家高曉聲和汪曾祺，真是見性情，見風采。當時很衝動，很想第二天的當代文學課上就講這篇文章，同時用這篇文章講高曉聲和汪曾祺。可是，怎麼講呢？除非把這篇文章讀一遍，一復述就要損失不少。猶豫多時，最後作罷。現在編進書裏，也算抵償了一個小遺憾。

寫人的好作品，這幾年不少。2003 年流傳甚廣的楊絳的《我們仨》，就是其中一例，但因爲已經風行，也就不需要選在這裏了；章詒和寫的人物往事，爲這一年讀書界特別關注，本來打算選一篇《正在有情無思間 — 史良側影》，可因爲結集的《往事並不如煙》包含了這一篇，且書一露世就暢銷，最終還是決定不選。選在這裏的幾篇，雖然未必能夠積聚那麼多的熱眼光，但我以爲都是特別值得一讀的，也就構成了這個選本的第一輯。

第二輯的四篇文章關涉歷史。可是這裏說歷史，一不是「講古」，非但並不久遠，而且與我們今天的生活恐怕仍然緊密相連；二不是「講章」，而是從具體入微的切實敘述中透露出活生生的資訊。一位老學者在「思想改造」中的自傳式檢討（錢基博《自我之檢討》），一個人和一本書的「小緣分」（辛豐年《滄桑之後又相逢》），一篇「不像」序的序（章培恒《自請寫序》），一幢老房子和與老房子有關的人的命運（程怡《老房子》），所敘內容或有輕有重，敘述者則都是「我」，親歷親證 — 這也是把這幾篇不同風格的文章編在同一輯的一個原因。其中《老房子》一篇，最初刊登在國外的雜誌上，後來在網上發表，這裏就是從網上選來的。

　　一個平時不怎麼激動的朋友，知道我編散文選，就激動地跟我說，你一定要選李零的「學校不是養雞場」！其實我早在心裏對自己說過了，我一定要選那篇《讀網有感 —— 學校不是養雞場》。我還對自己說，我一定要選什麼什麼和什麼什麼。現在好了，已經選在這裏了：幾篇關於現實問題的雜感，涉及到大學體制改革、鄉村教育、電影、社會風尚、語言的新變，編爲第三輯。

　　第四輯的文章，張煒記敍一座當代書院的建造、張承志說明關於蒙古草原的十張畫、筱敏回憶舊時鄉間的木偶戲、楊一報告尚存於偏僻之地的道情皮影、嚴鋒興致盎然地談似乎具有無限趣味的天文，在我讀來，受觸發深。

　　第五輯的文章展現的是廣袤的民間生活世界，在這個世界裏，有已經消失了的獵手，有在孤老院裏苟度殘生的臺灣老兵，更有擔當平凡艱辛日子的普通百姓。芳菲的《草根經濟》寫普通百姓的日子，好在前半細緻實在，如一些數位、生活細節；後半又寫出了那種深厚堅韌的生活態度和精神 —— 態度和精神這樣的東西，要像這樣才踏實、才可靠。同樣內容的文章，容易前面寫虛了，後面流於空泛的感慨批判之類。《婦女閒聊錄》本是林白的長篇小說《萬物花開》的附錄，是《萬物花開》的「素材」，林白說得好，「閒聊錄和《萬物花開》的關係，大概相當於泥土和植物的關係吧。」我想進一步補充的是，閒聊錄不僅僅是泥土，它本身也是根深葉茂、搖曳多姿的植物。

　　第六輯的文章主題或深或淺與自我探索和個人生活的主題有關，糾纏著各自不同的現實處境和精神處境。我曾經表示過對散文界創作現狀的不滿，以爲好的文章，大多在散文界外，至今我也不想改變這個看法；不過，同時我也保持著對少數幾位散文作家的敬意，有文章選在這一輯裏的劉亮程、周曉楓、馮秋子就是，當然也還有其他人。

　　有心的讀者看得出，這六輯的分類編排，其實多少是有些勉強的，只是爲了使這個選本看上去有個眉目，也爲方便讀者。讀者對這種做法當然可以不領情，就是一點兒也不領情，我也不覺得委屈。

　　我希望有心的讀者更多地去注意選在這裏的文章本身，去注意這些作者寫出了什麼，也注意他們是怎麼寫出的。譬如巴金的《懷念振鐸》，1989 年春動筆，又在 1998 年 12 月到 1999 年 1 月續寫，用筆、用聲音工作到力所能及的最後一刻，但最終還是沒有完稿。這樣一個寫作過程和寫出的文字一樣具有打動人心的力量。寫了一千五百多萬字的巴金，他的最後一段文字是這樣的：「今天又想起了振鐸，是在病房裏，我已經住了四年多醫院了。病上加病，對什麼事都毫無興趣，只想閉上眼睛，進入長夢。到這時候才知道自己是個無能的弱者，幾十年的光陰沒有能好好地利用，到了結帳的時候，要撒手也辦不到。悔恨就像一鍋油在火上煮沸，我的心就又給放在鍋裏煎熬。我對自己說：『這該是我的最後的機會了。』我感覺到記憶擺脫了我的控制，像騎著駿馬向前奔逃，不久就將留給我一片模糊。」最後一句記憶奔逃的話，是一個老人在衰病中掙扎著思想和寫作卻又愈發無力的真切感受。2003 年的散文選有這樣的篇章，就加上了特別的重量。

　　一個朋友看過選目和稿子後，說，這本散文選，可以一篇一篇讀下去。

　　這是多麼實在的話。我個人覺得，對選在這裏的文章和這個選本，沒有比這句話更好的褒獎了。

2003 年 12 月 26 日

張新穎著作、編選、翻譯簡目

著　作：

《棲居與遊牧之地》(評論集)，上海：學林出版社，1994 年

《歧路荒草》(隨筆集)，上海人民出版社，1996 年

《迷失者的行蹤》(隨筆集)，上海：復旦大學出版社，1998 年

《少年鮑柏》(雜集)，海口：海南出版社，1999 年

《二十世紀上半期中國文學的現代意識》(專著)，北京：三聯書店，2001 年

《火焰的心臟》(評論集)，石家莊：花山文藝出版社，2002 年

《文學的現代記憶》(論文集)，臺北：三民書局，2003 年

《讀書這麼好的事》(專書)，桂林：廣西師範大學出版社，2004 年

《默讀的聲音》(隨筆集)，廣州：廣東教育出版社，2004 年

《沈從文精讀》(專著)，上海：復旦大學出版社，2005 年

編　選：

《魯迅印象》，上海：學林出版社，1997 年

《陳獨秀印象》(署名陳木辛)，上海：學林出版社，1997 年

《綴網勞蛛》)(許地山小說集)，珠海出版社，1997 年

《儲安平文集》(上、下卷)，上海：東方出版中心，1998 年

《中國新詩：1916-2000》，上海：復旦大學出版社，2001 年

《二十一世紀中國文學大系・2001 年散文》，瀋陽：春風文藝出版社，2002 年

《二十一世紀中國文學大系・2002 年散文》，瀋陽：春風文藝出版社，

　2003 年

《新世紀編年文選‧2003 年散文》，濟南：山東畫報出版社，2004 年

　　翻　譯：

《人之子》，海口：海南出版社，1998 年

《人之子》，臺北：業強出版社，1999 年

《人之子》(插圖珍藏本)，桂林：廣西師範大學出版社，2000 年

《人之子》(插圖修訂本)，桂林：廣西師範大學出版社，2002 年

《叢林之書》，海口：海南出版社，1997 年

《叢林之書二集》，海口：海南出版社，1997 年

《叢林之書》，桂林：廣西師範大學出版社，2002 年

《莎士比亞戲劇故事集》(署名陳木辛)，海口：海南出版社，1999 年

《莎士比亞戲劇故事集》(署名陳木辛)，桂林：廣西師範大學出版社，2004
　年